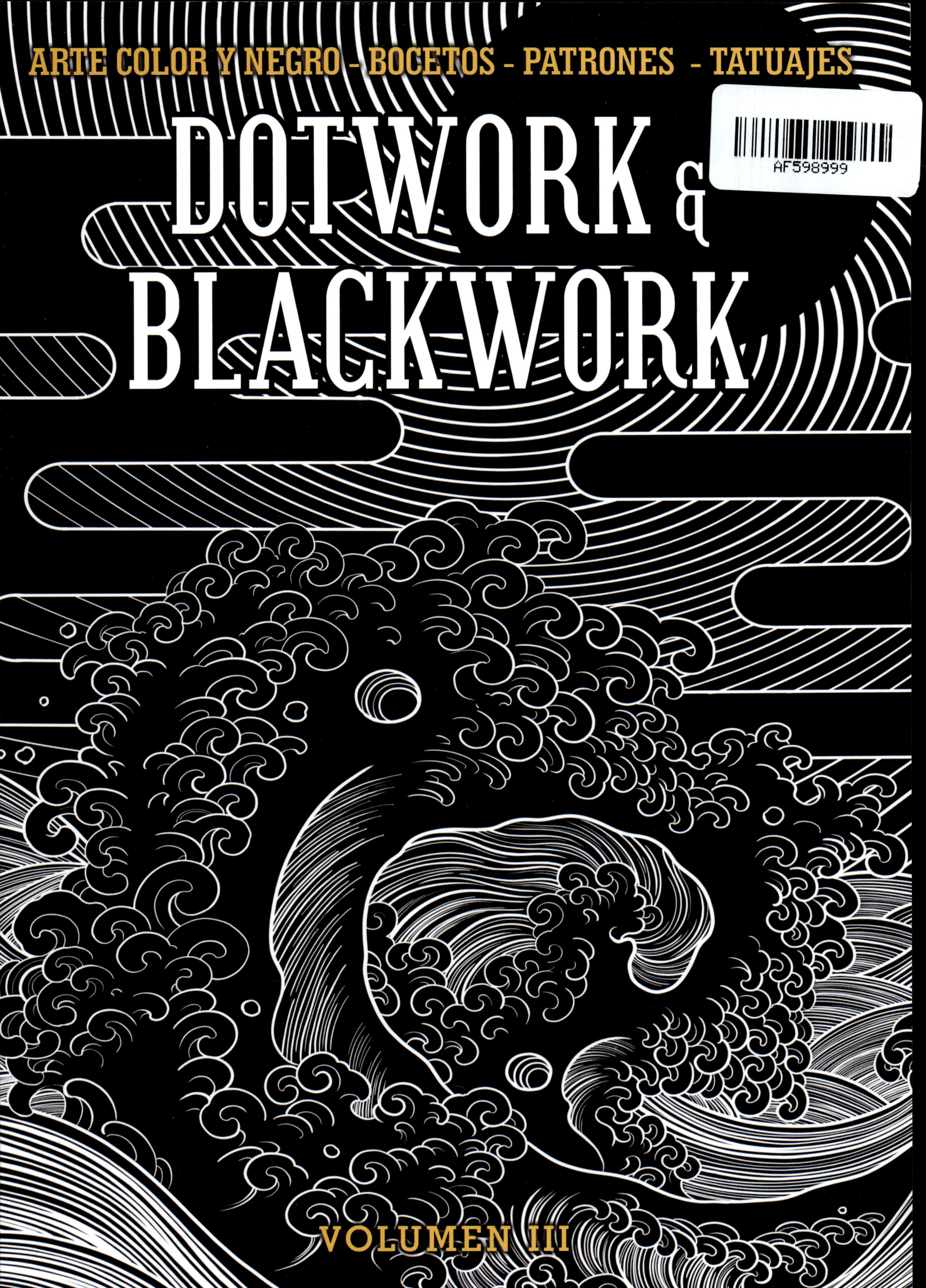
ARTE COLOR Y NEGRO - BOCETOS - PATRONES - TATUAJES
DOTWORK &
BLACKWORK
VOLUMEN III

ARTISTAS

ANDI REST_LESS
Pechschwarz Tätowierungen
Berlin, Alemania.
+49 30 22509264
andi.restless@swarrrm.de
http://pechschwarz-tattoo.com
FB: pechschwarztattoo
restlesstattooing
IG: @_rest_less_tattooing

ANTTI KUURNE
IKI Tattoos
Helsinki, Finlandia.
www.anttikuurne.com
antti@ikitattoos.com
IG: @antti_kuurne
IG: @ikitattoos

CALEN PARIS
Sosobra Tattoo
Horw, Suiza.
+0041 558 50 33
tattoososobra@gmail.com
IG: @calenparis

CHAIM MACHLEV
DotsToLines Tattoo
Berlin, Alemania.
www.DotsToLines.com
FB: DotsToLines
IG: @dotstolines

CHRISTOS ZACHAROPOULOS
Endangered Species Tattoo Shop
Nicosia, Chipre.
+35722514402
FB: endangeredspeciestattooshop
IG: christ_tattooing

COLIN DALE
Skin and Bone Tattoo
Copenaghe, Dinamarca.
45 36 96 60 43
www.skinandbone.dk
skinandbonetattoo.blogspot.dk
FB: colin.dale.tattoo
IG: @colindaletattoo

COLIN ZUMBRO
Atramentum Taetowierungen
Witten, Alemania.
Hörder Str. 15
58454 Witten
+49 (0)2302 - 5843332,
www.colinzumbro.wordpress.com
FB: colinzumbro
Atramentum-Taetowierungen
IG: @colinzumbro

DALE SAROK
Swan Street Tattoo
Manchester, UK.
IG: @dsarok

DAVID HANDSMARK
Handsmark Tattoo
Helsinki, Finlandia.
+358408532462
millercoast@hotmail.com
www.handsmark.wix.com
FB: Handsmark
IG: @handsmark

EL NIGRO
Family Addiction Tattoo Shop
Napoles, Italia.
08119842382
Shop:
familyaddictiontattoo@gmail.com
Personal:
elnigrotattoo@gmail.com
FB: elnigrotattoo
IG: @elnigrotat2

FRANCESCO BLACKBINDU
Blackbindu Tattoo & Art
Volterra, Italia.
http://theblackbindu.tumblr.com
FB: Francesco Blackbindu
IG: @francesco blackbindu

GABY MONTIEL
Gaby Montiel Tattoo
Lomas de Zamora, GBA,
Argentina.
FB: Gaby Montiel
IG: @gaby.dots

GAKKIN
Private studio
"On the road"
Amsterdam, Holanda.
www.gakkin-tattoo.com
IG: @gakkinx

GUNTHER ISCARIOT
Shall Adore Tattoo
Londres, UK.
guntheriscariot@gmail.com
www.guntheriscariot.com
FB: Gunther iscariot
IG: @gunther_iscariot

GUY LE TATOOER
Sputnik Tattoo
México DF, México.
IG: @guyletaooer.one

JEROEN FRANKEN
Seven Seas Atelier
Eindhoven, Netherlands.
sevenseastattoos@me.com
IG: @seven seas_atelier
www.sevenseasatelier.com
IG: @jeroenfranken
www.jeroenfranken.nl

JOHN DEL-PINTO
Prophecy Tattoo Gallery
Exeter, Devon, UK.
samsarabooking11@gmail.com
IG: @Samsara _ _ tattoo
FB: John Del-Pinto

KIKE BUGNI
Tattoos by Kike
Barcelona, España.
tattoosbybugni@hotmail.com
IG: @tattoosbykike
FB: Kike Bugni

LEWISINK
Black Symmetry
www.blacksymmetry.com
IG: @blacksymmetry
FB: @lewisink

LLUIS FIGUERAS
Estudio Privado
Barcelona, España.
lluisftattoo@gmail.com
IG: @lluisftattoo

MANUEL WINKLER
Manuel Winkler Tattoo
Merano, BZ, Italia.
info@manuelwinkler.tattoo
www.manuelwinkler.tattoo
FB: ManuelWinklerTattooArtist
IG: @manuelwinklertattooartist
Pinterest: Manuel Winkler
(Black & Dotwork Tattoos)

MIKE AMANITA
St. Petersburg / Moscú, Rusia.
mikeamanita@gmail.com
IG: mikeamanita

NISSACO
Studio Tsuruyashiki
Osaka, Japón.
IG/FB/TWTR : Nissaco
https://nissaco.jp

PATRICK HÜTTLINGER
Sakrosankt Tattoo
Berlin, Alemania.
www.sakrosankt.com
patrick@sakrosankt.com
FB: sakrosankt2012
IG: sakrosankt

PIERLUIGI DELIPERI
Blut & Eisen
Berlín, Alemania.
pierluigideliperi@gmail.com
IG: @pierluigi_deliperi
IG: @blut_und_eisen_tattoo

RORY KEATING
Guru Tattoo
San Diego, CA, USA.
+1 (619) 519-4322
rory@hoboes.com
IG: @stormcrowtattoo
www.gurutattoo.com

SAMUEL CHRISTENSEN
Gecko Tattoo
Ravensburg, Alemania.
00491632558455
samuelch@web.de
FB: samuel.christensen.16
IG: @samuelchristensentattoo

TAKU OSHIMA
Tribal Tattoo Apocaript
Tokyo, Japón &
The Hague, Holanda.
oshima.taku@gmail.com
www.apocaript.com
FB: taku.oshima.7
IG: @taku_black_addicts

THOMAS HOOPER
Rock of Ages Tattoo
Austin, TX, USA.
512 804 1213
Rockofagestattoo.com
IG: @thomas__hooper

XOIL LOIC
Lausanne, Suiza.
France/Switzerland.
IG: @xoil_tatouage_
bangbangeclipse@gmail.com
www.xoiltatouage.com

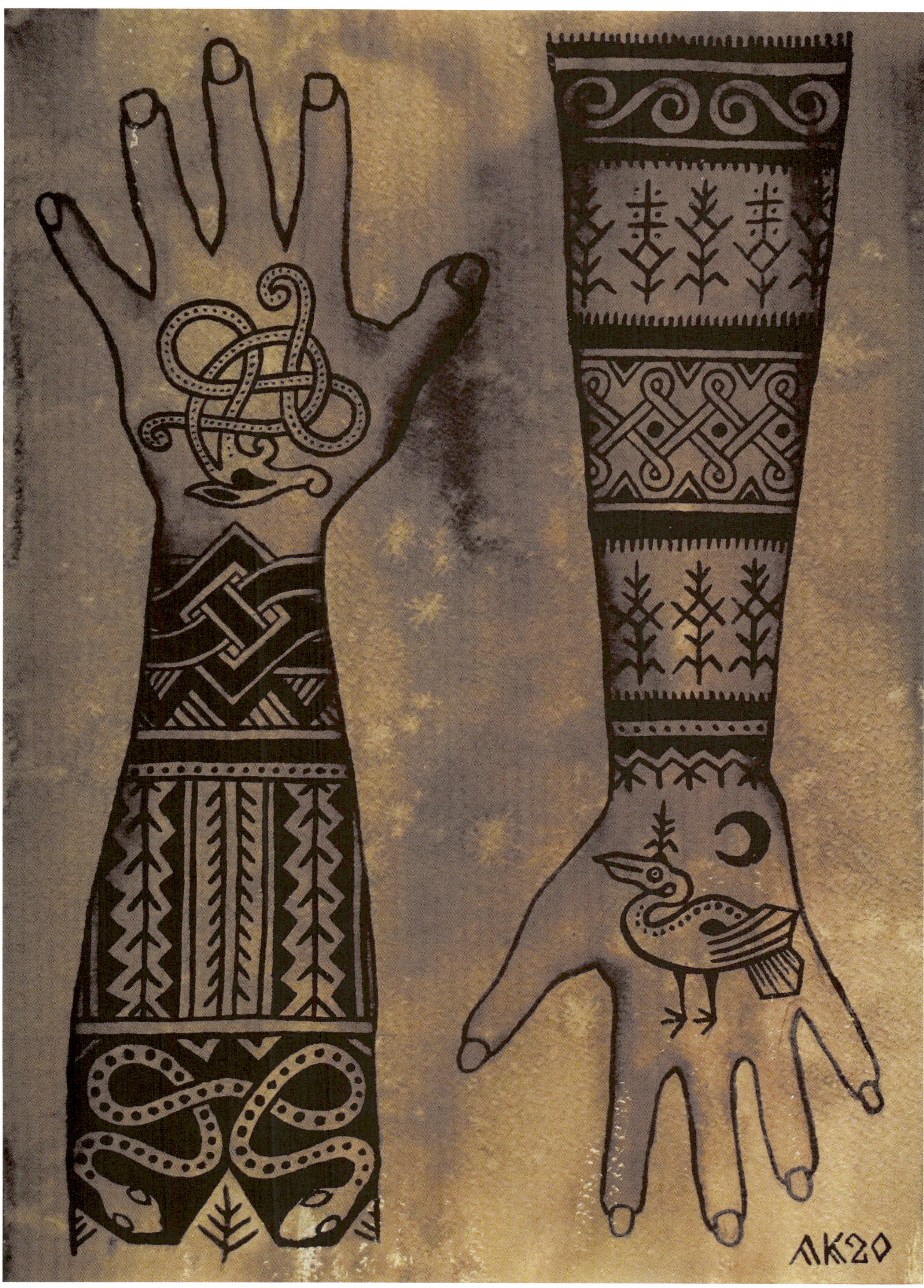

Antti Kuurne

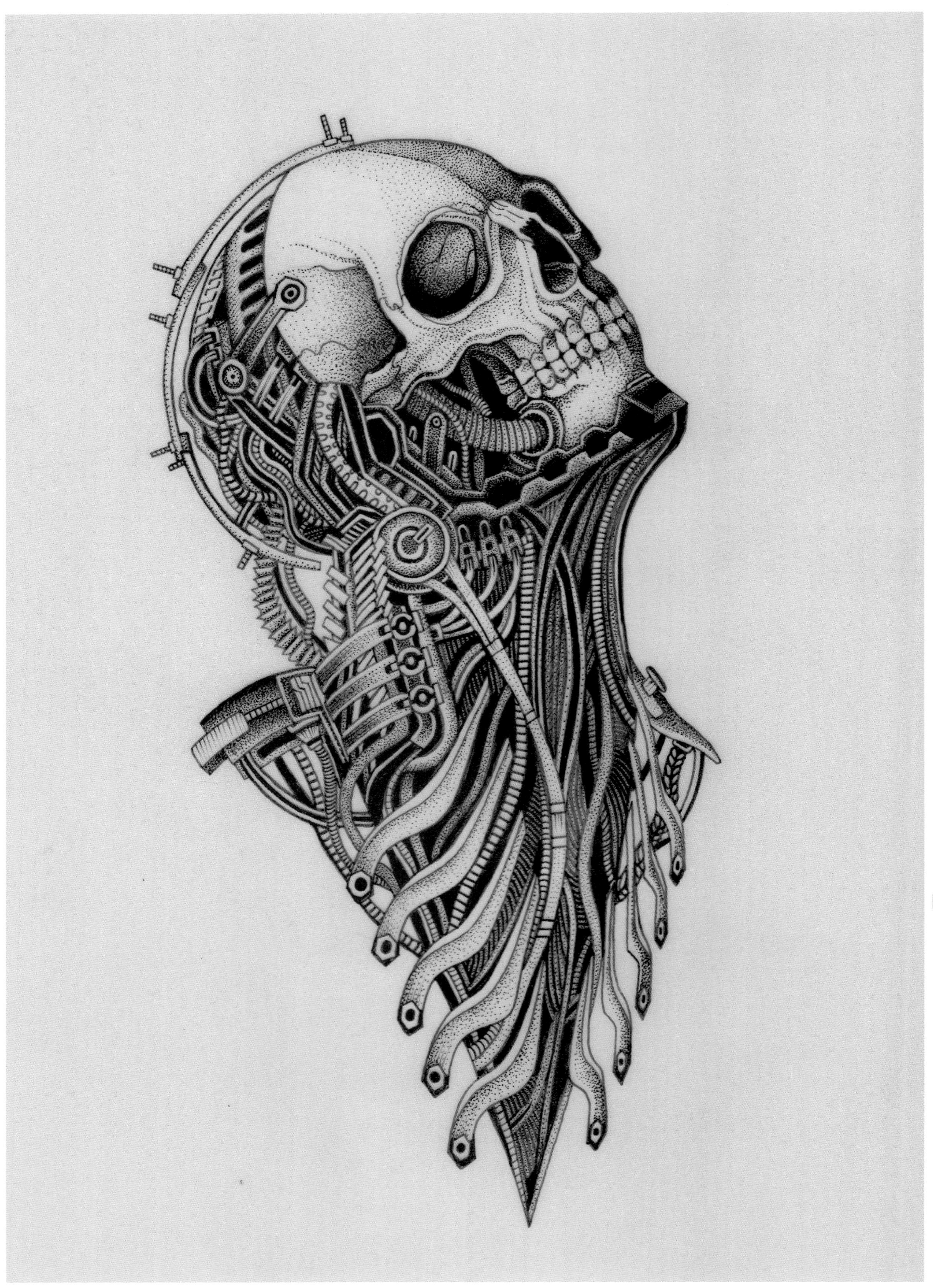

Dale Sarok

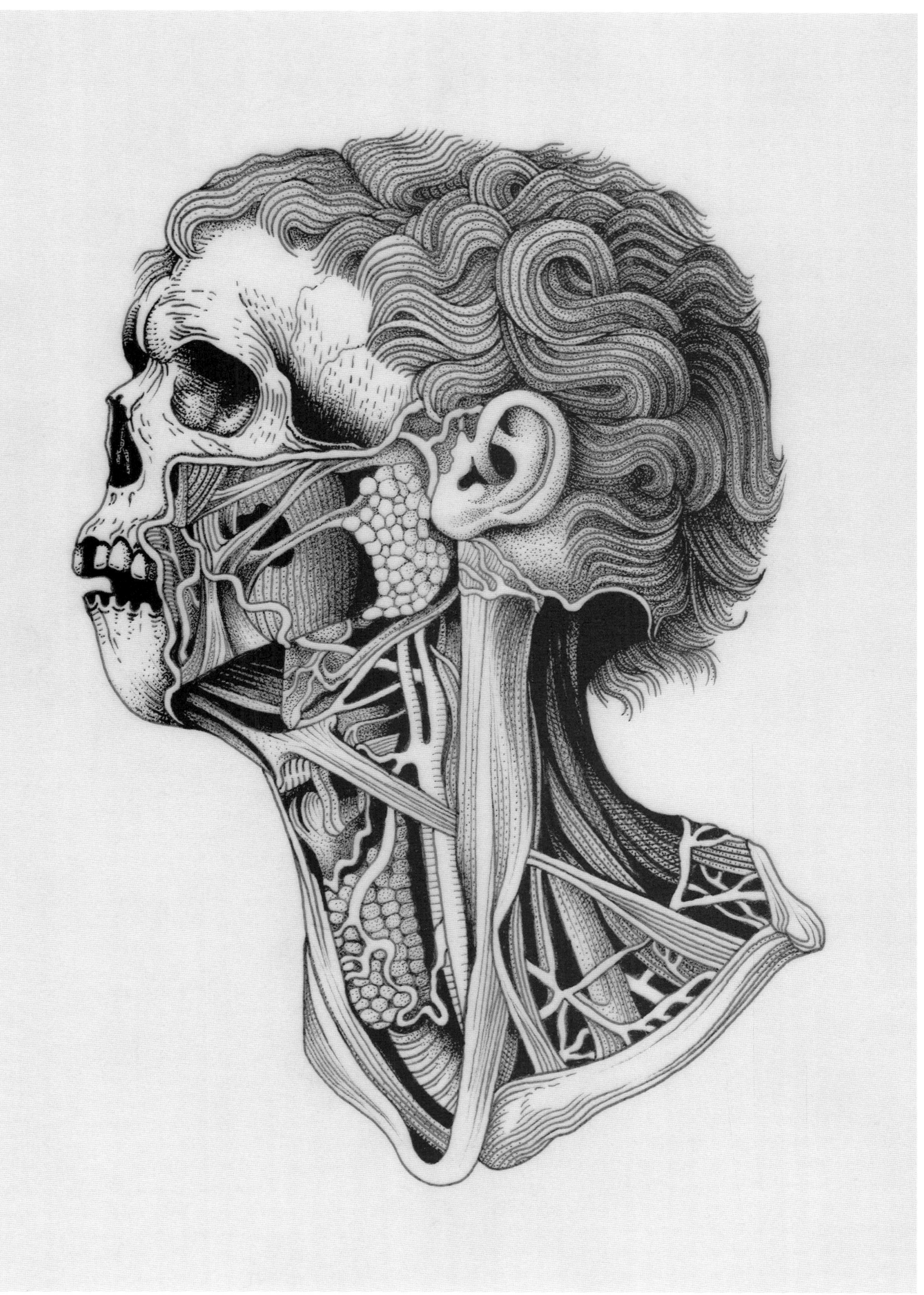

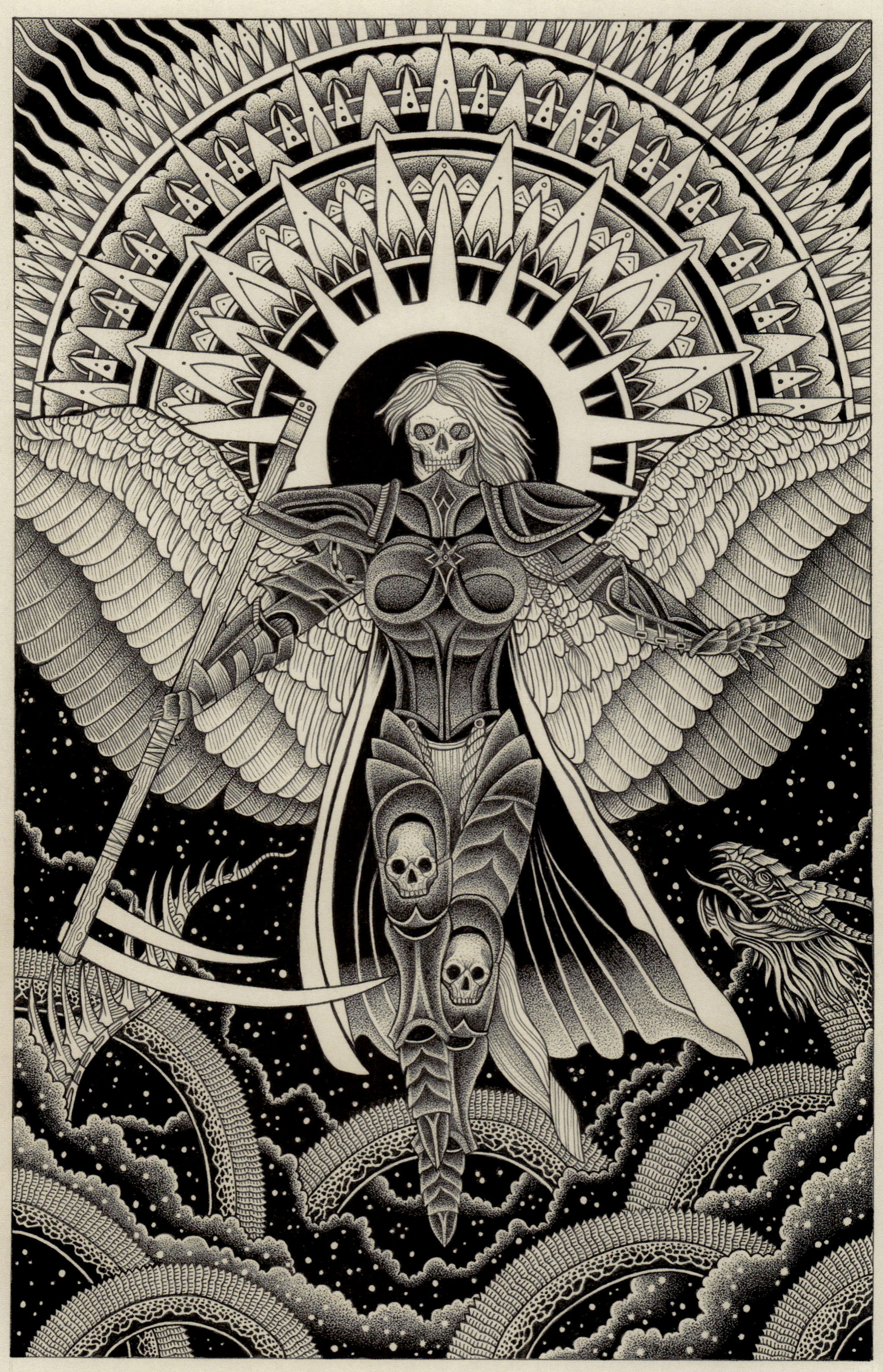

Dale Sarok

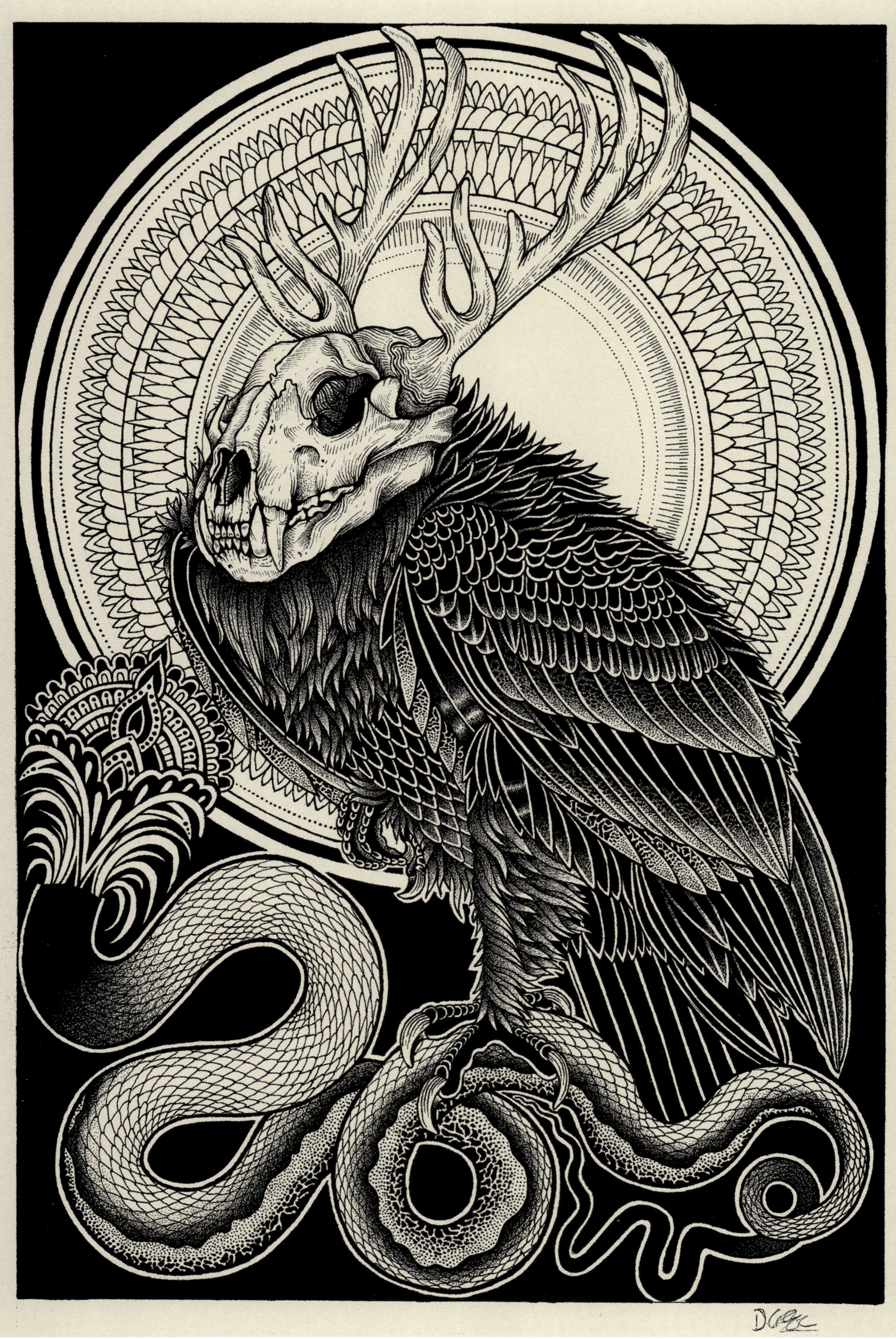

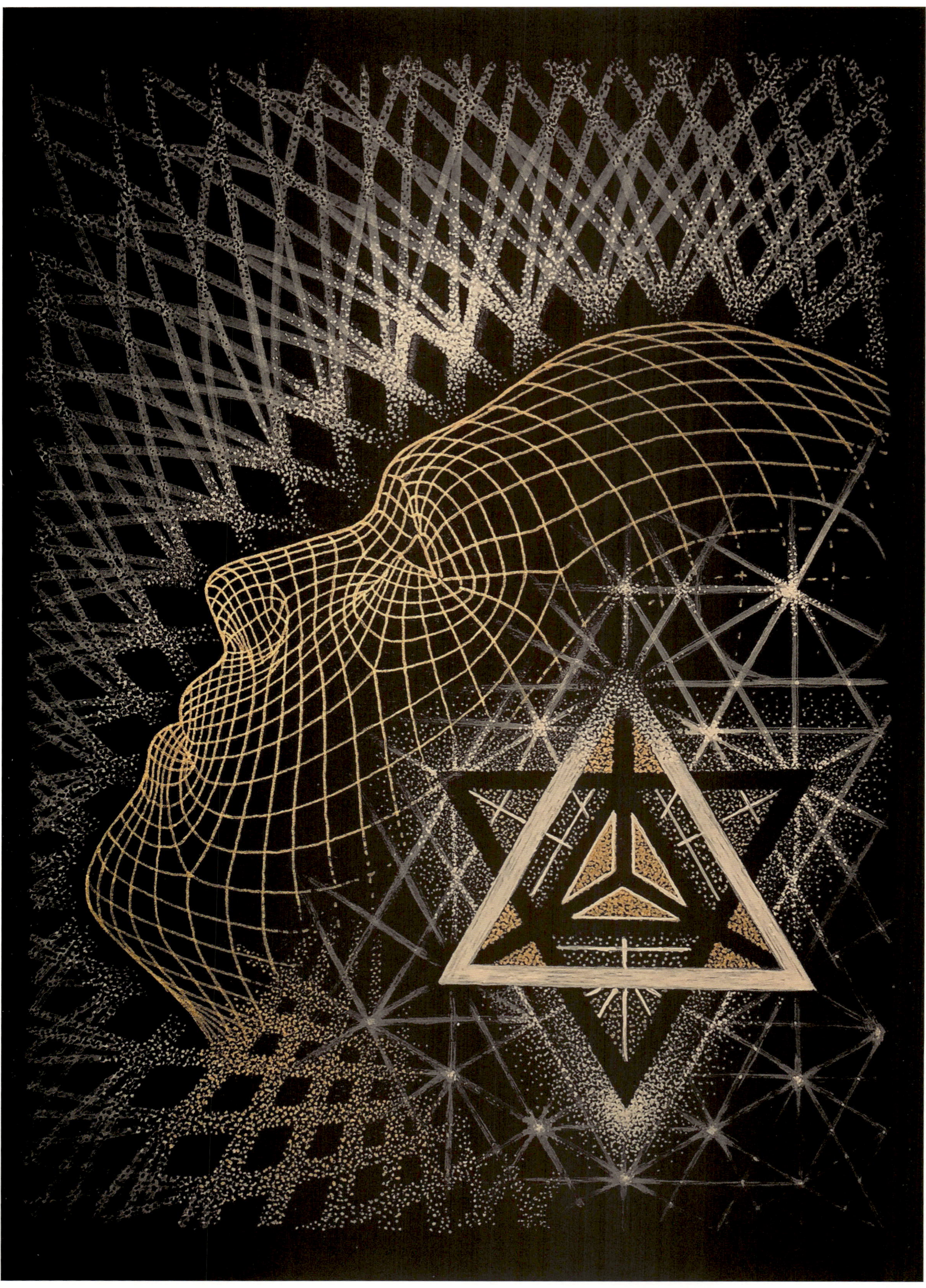

David Handsmark

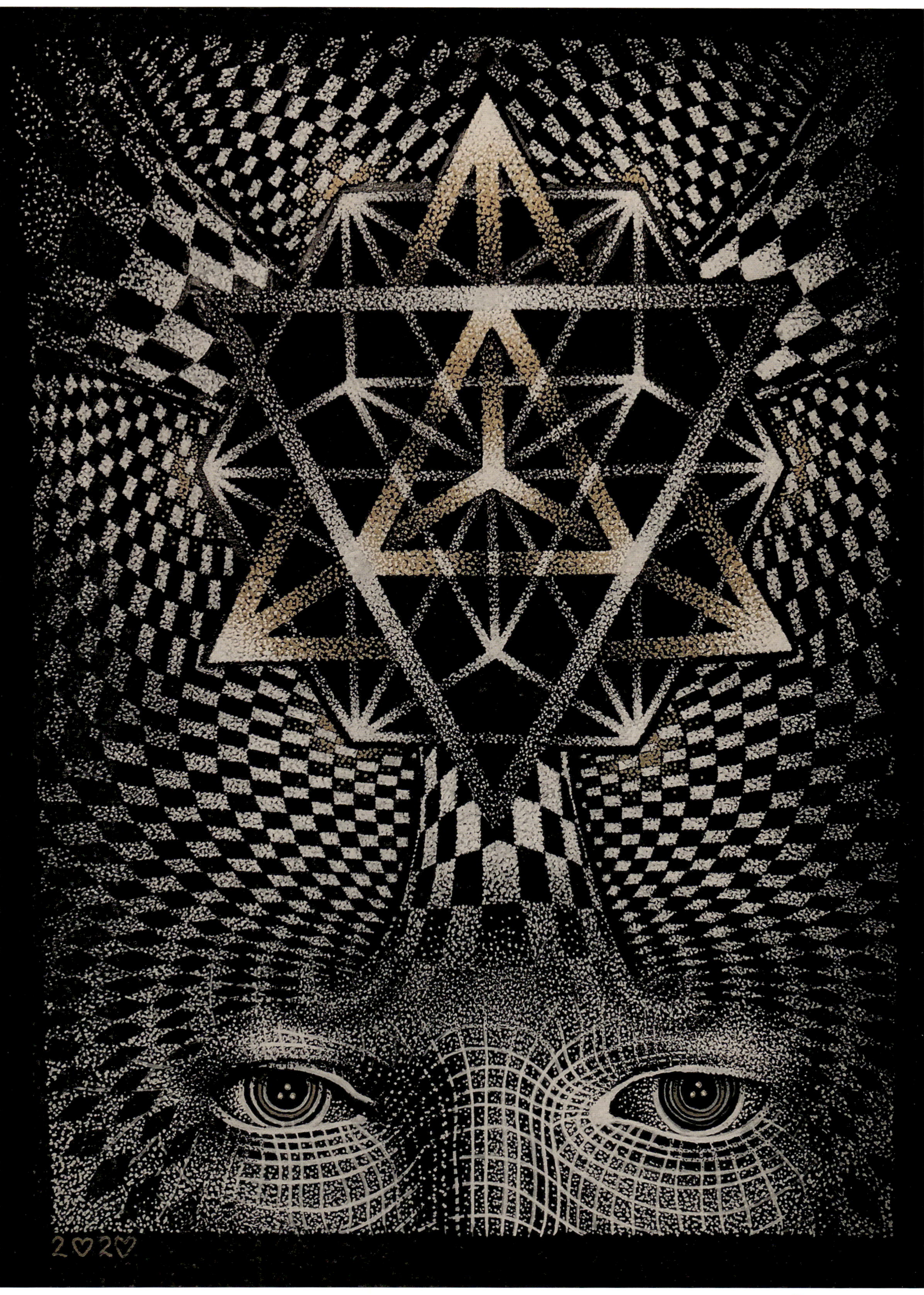
2020

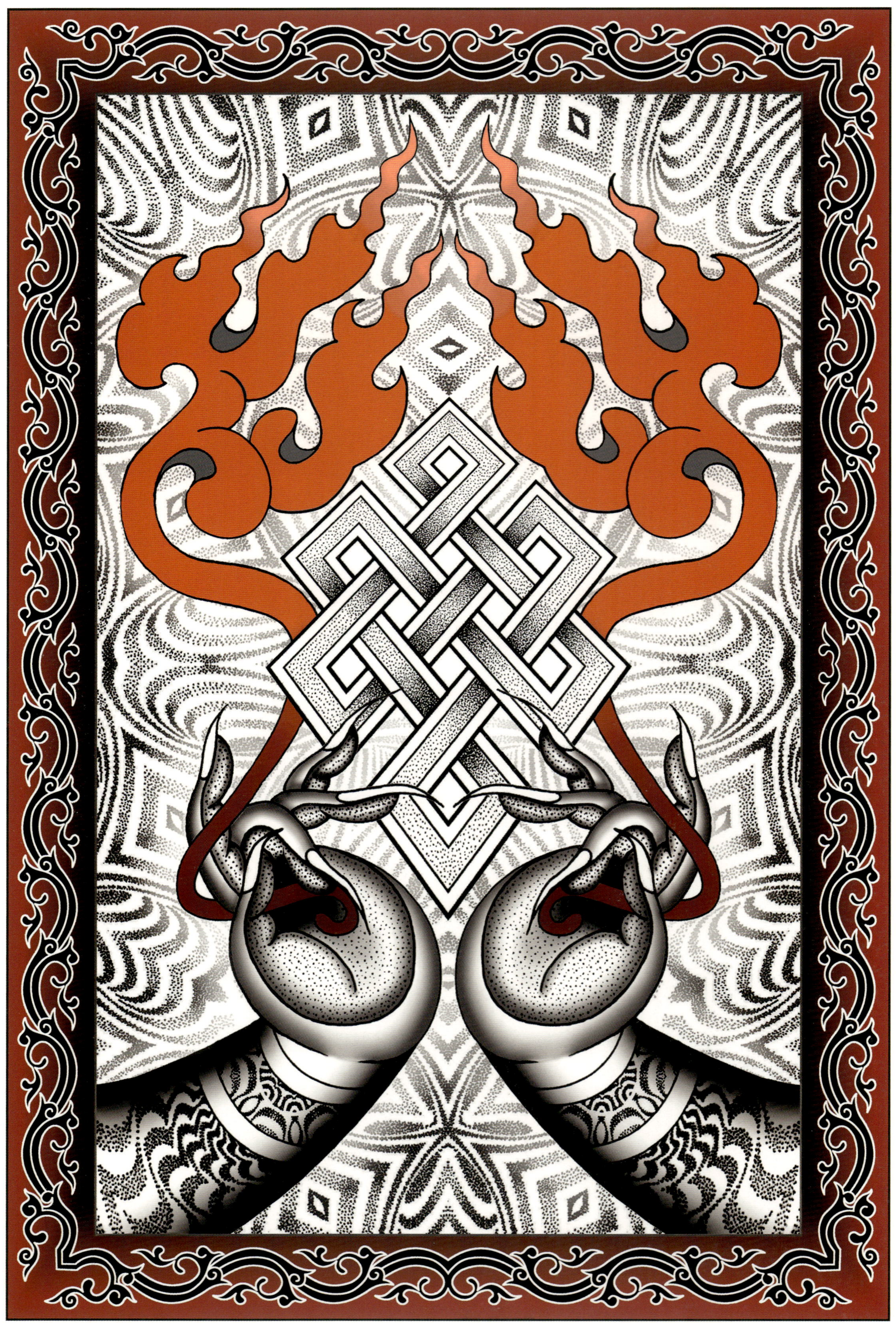

Gaby Montiel

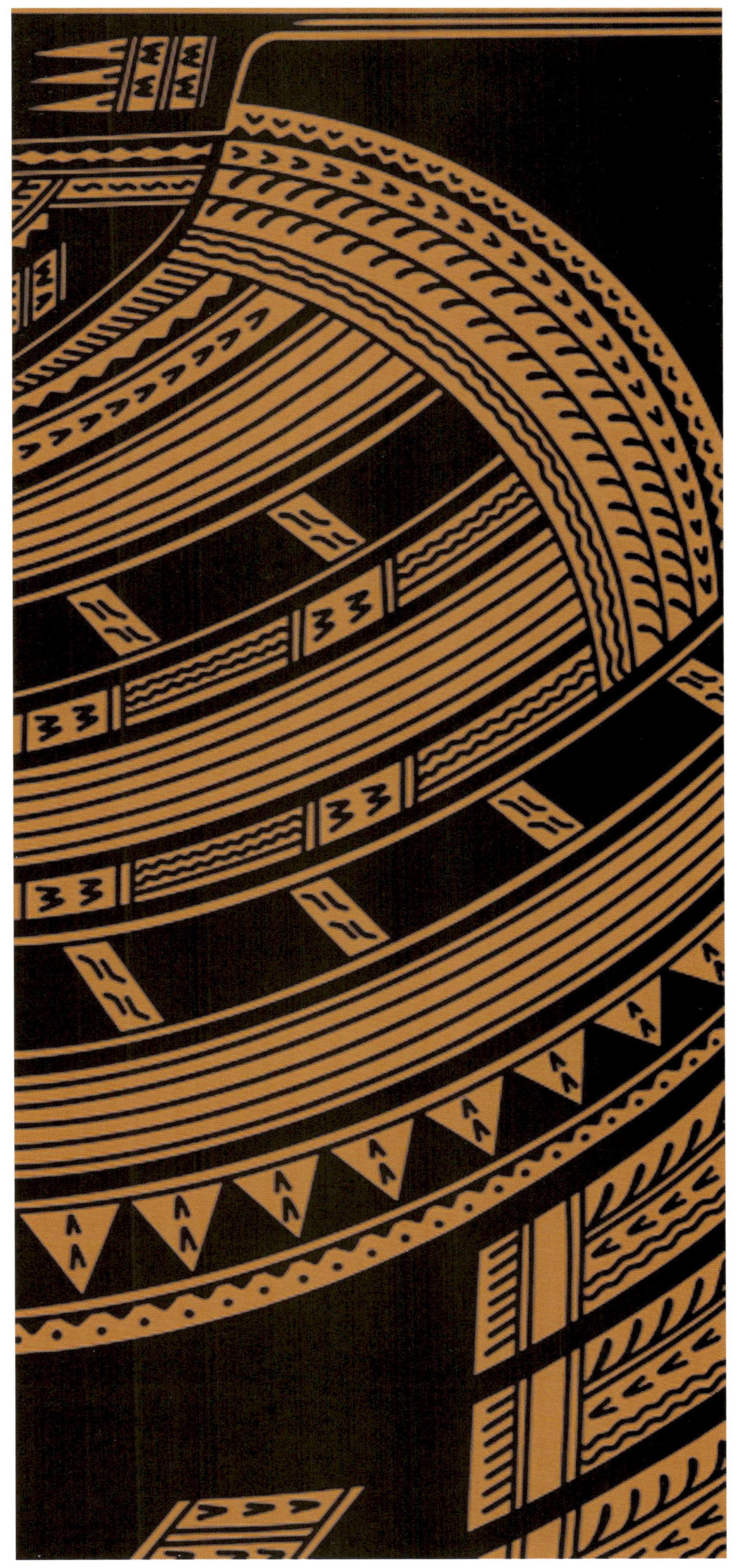

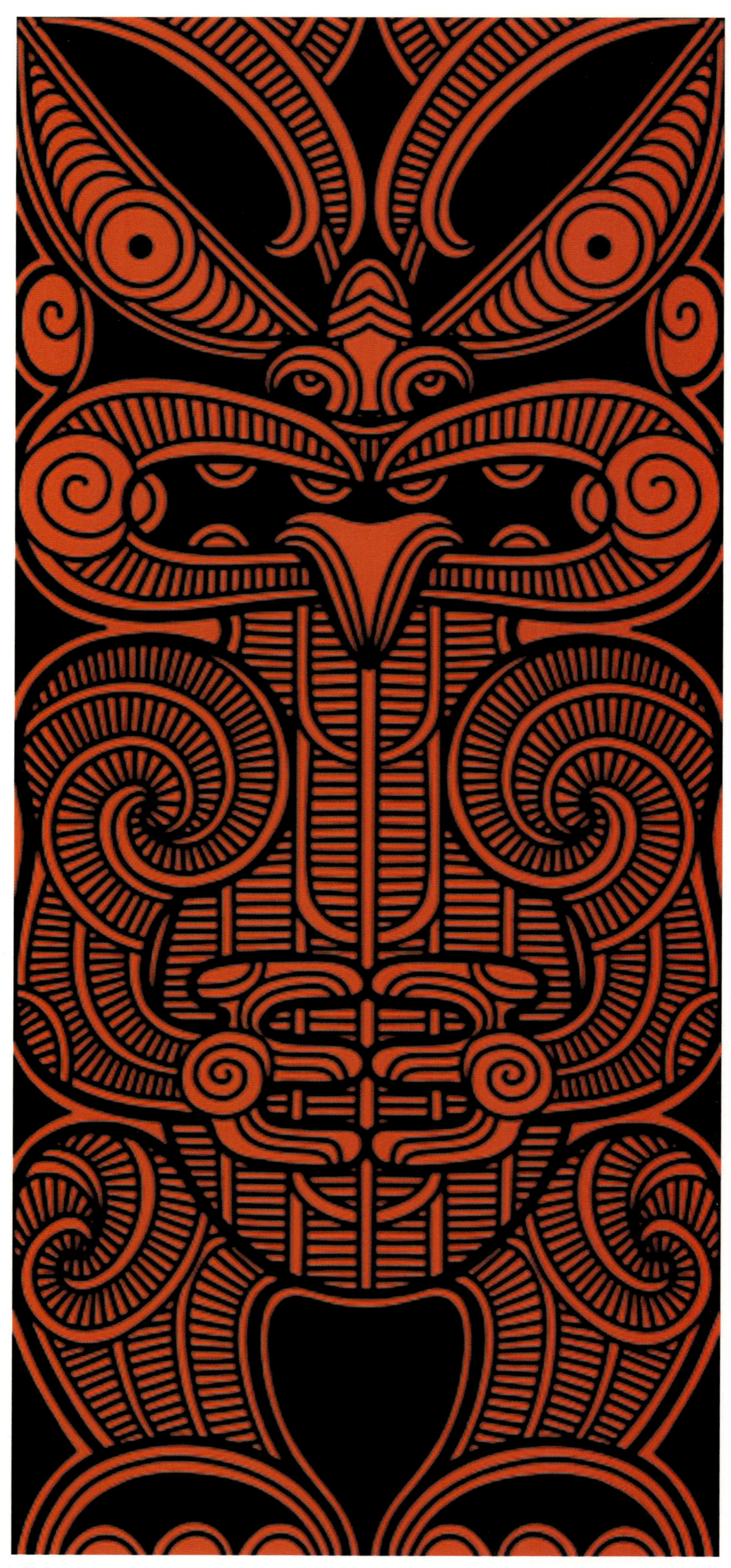

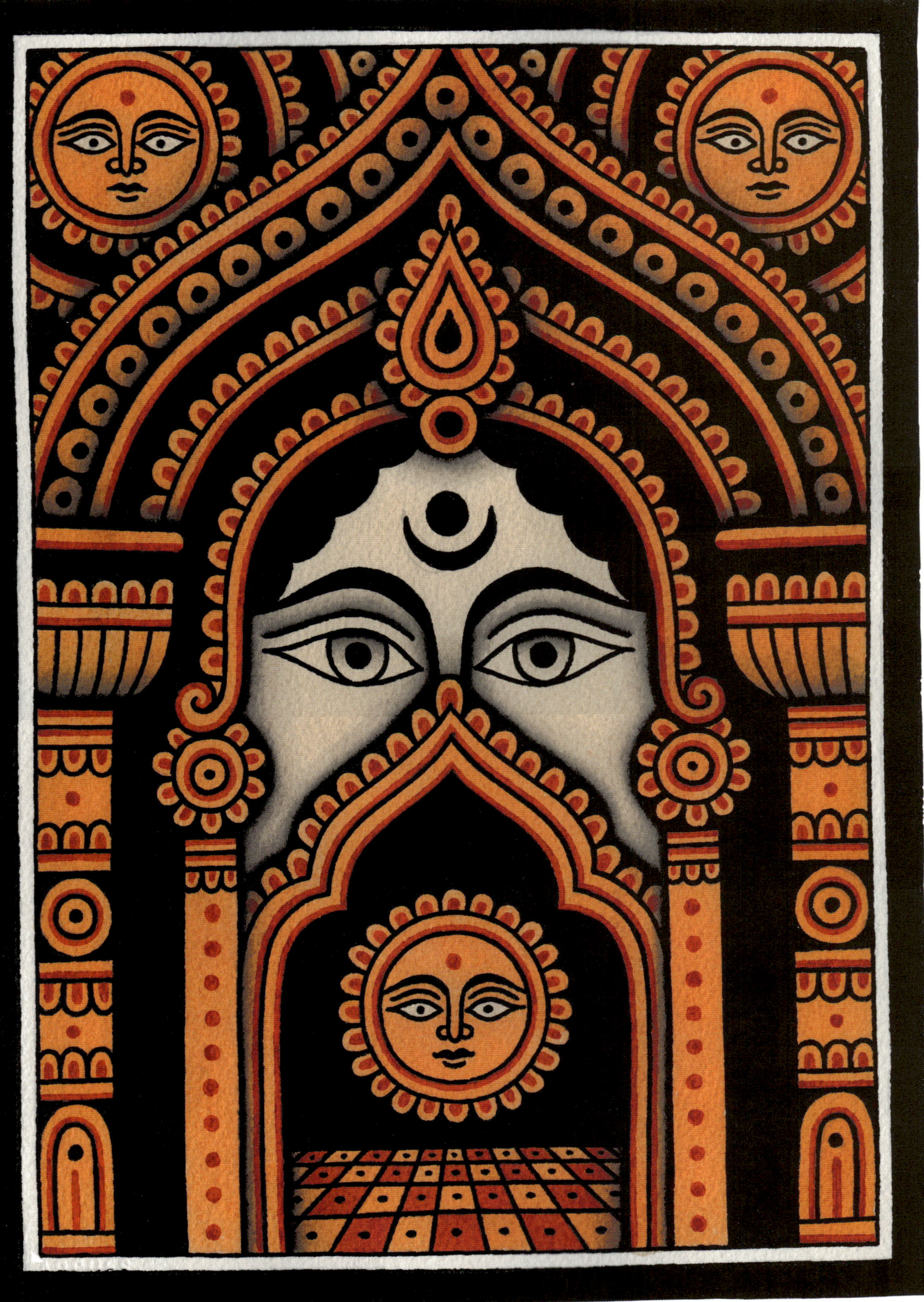

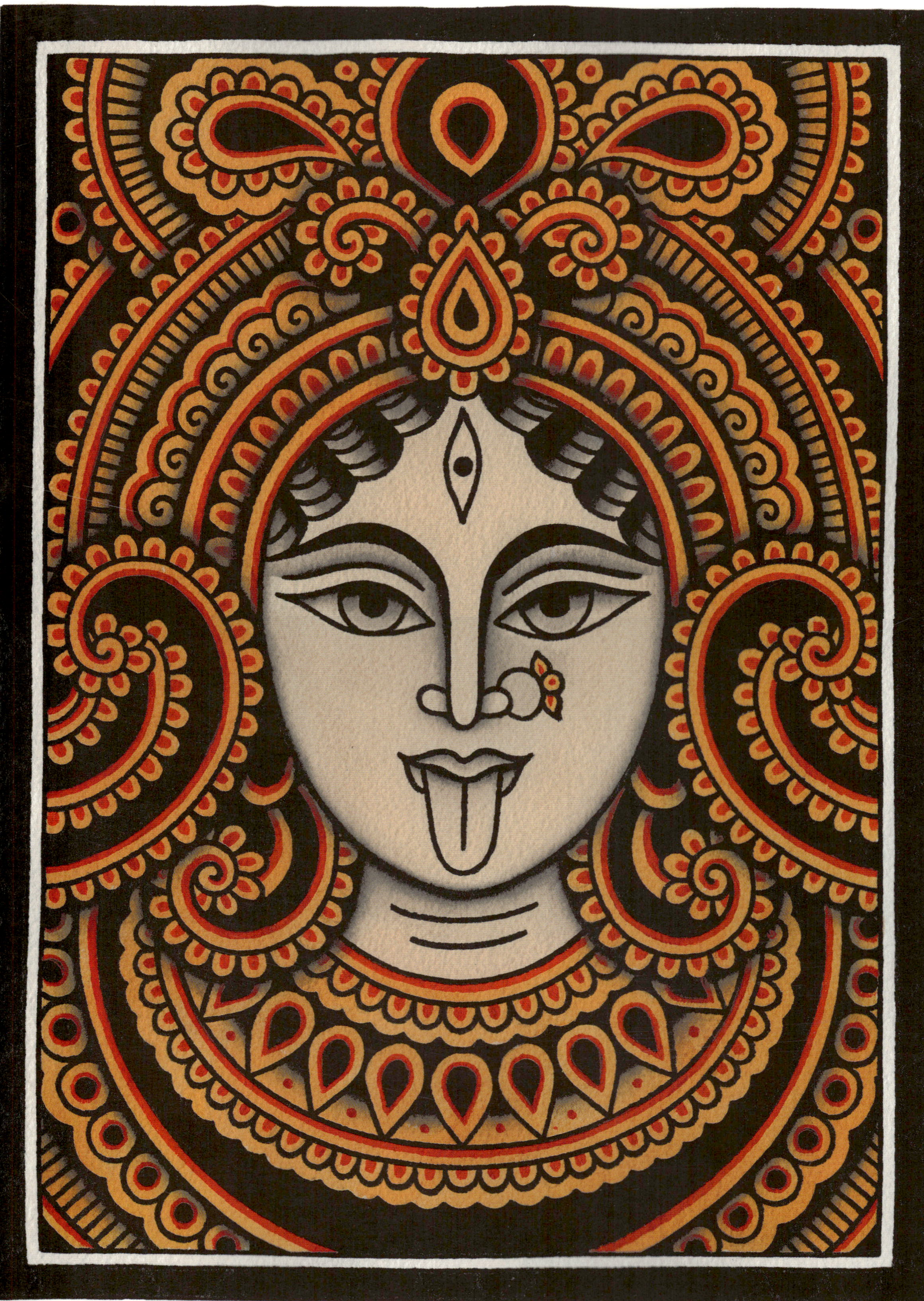

Lluis Figueras

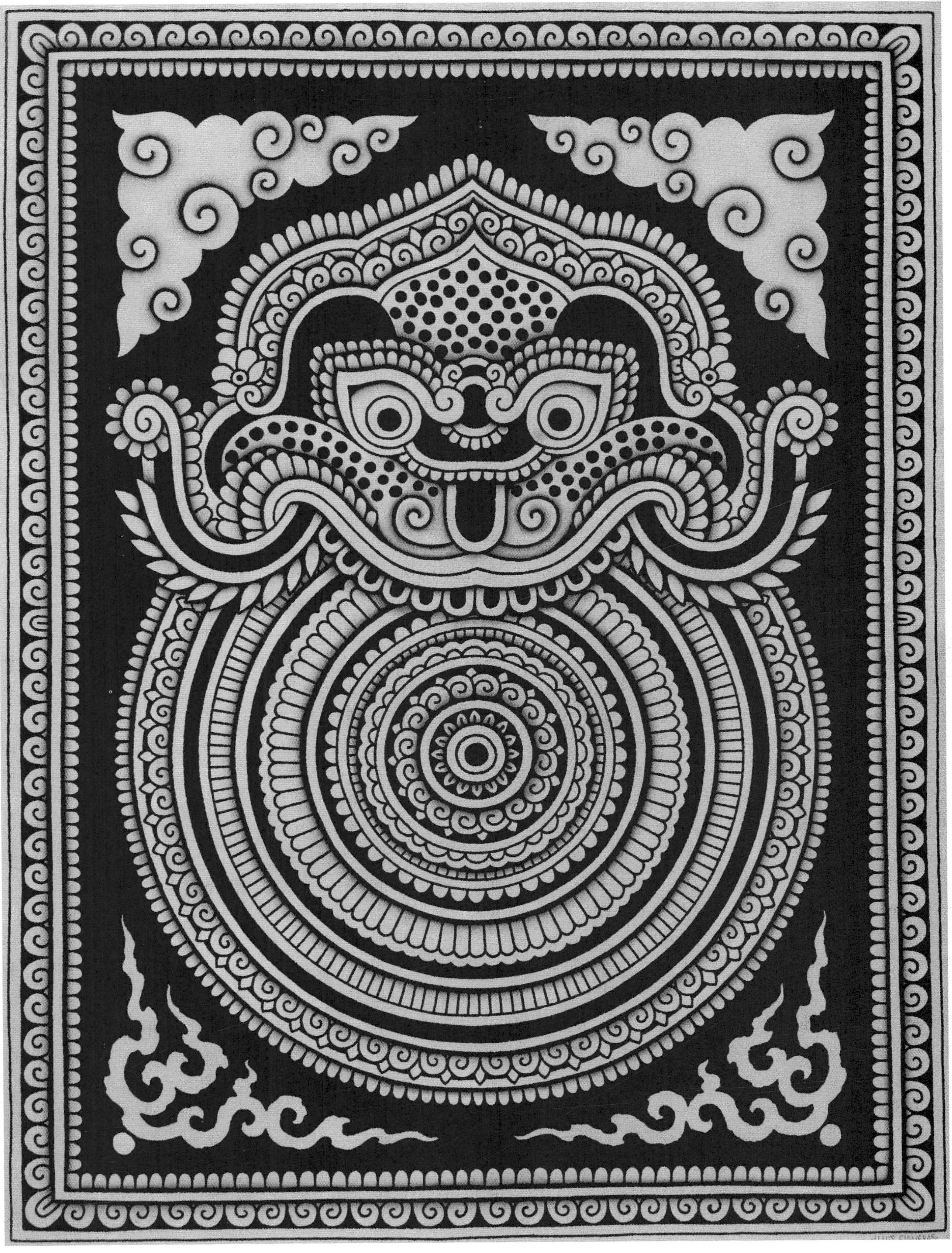

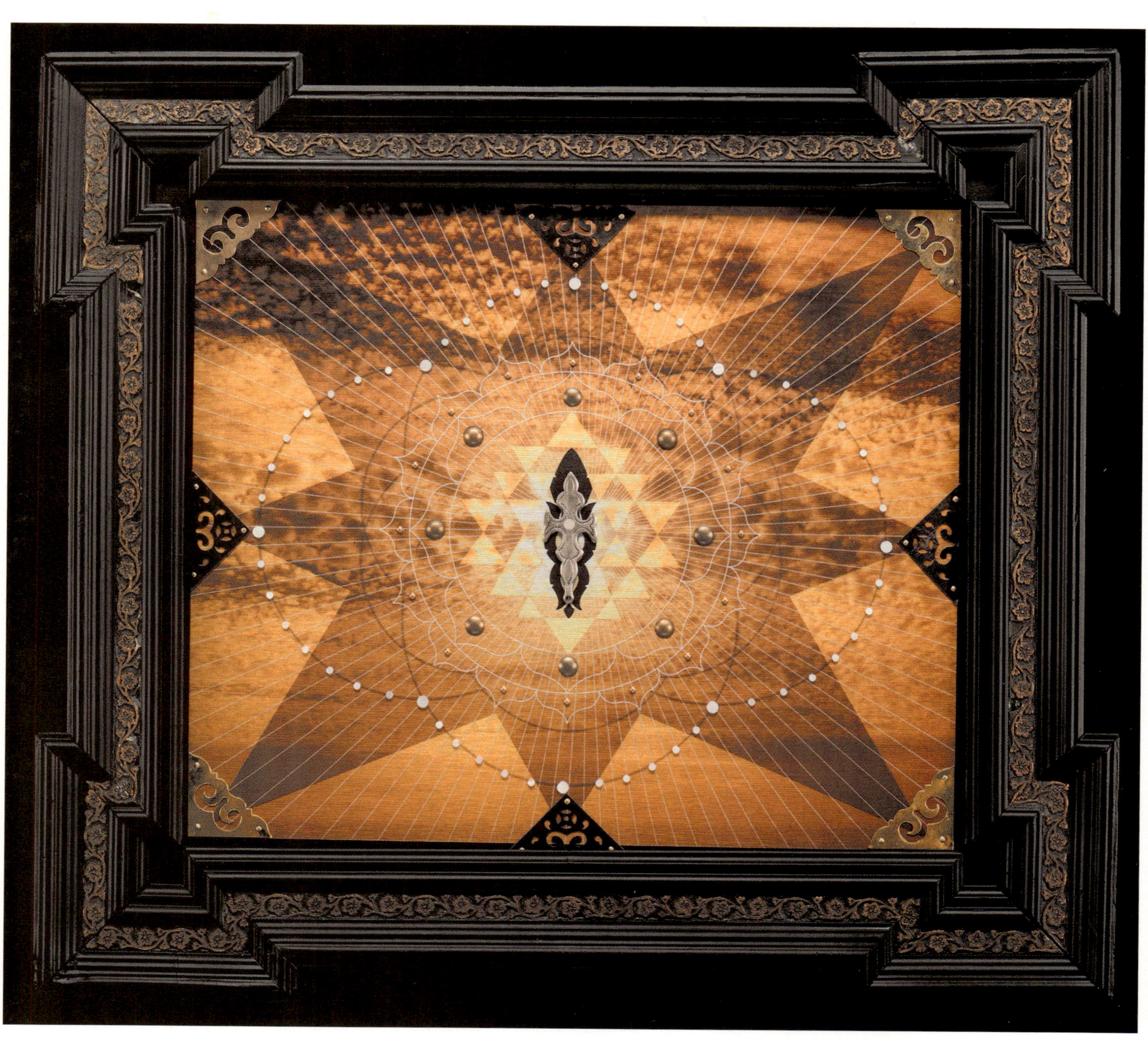

Patrick Hüttlinger

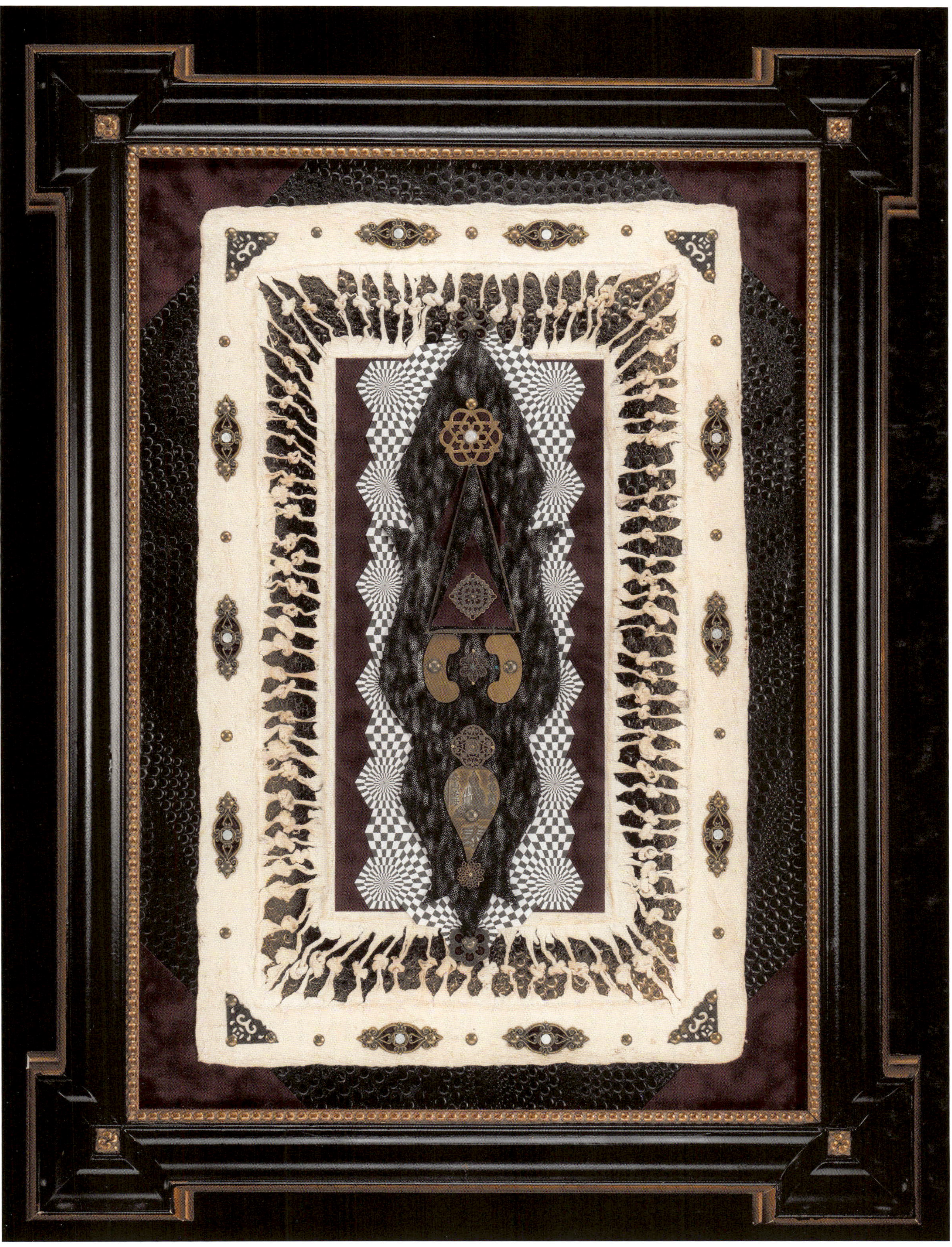

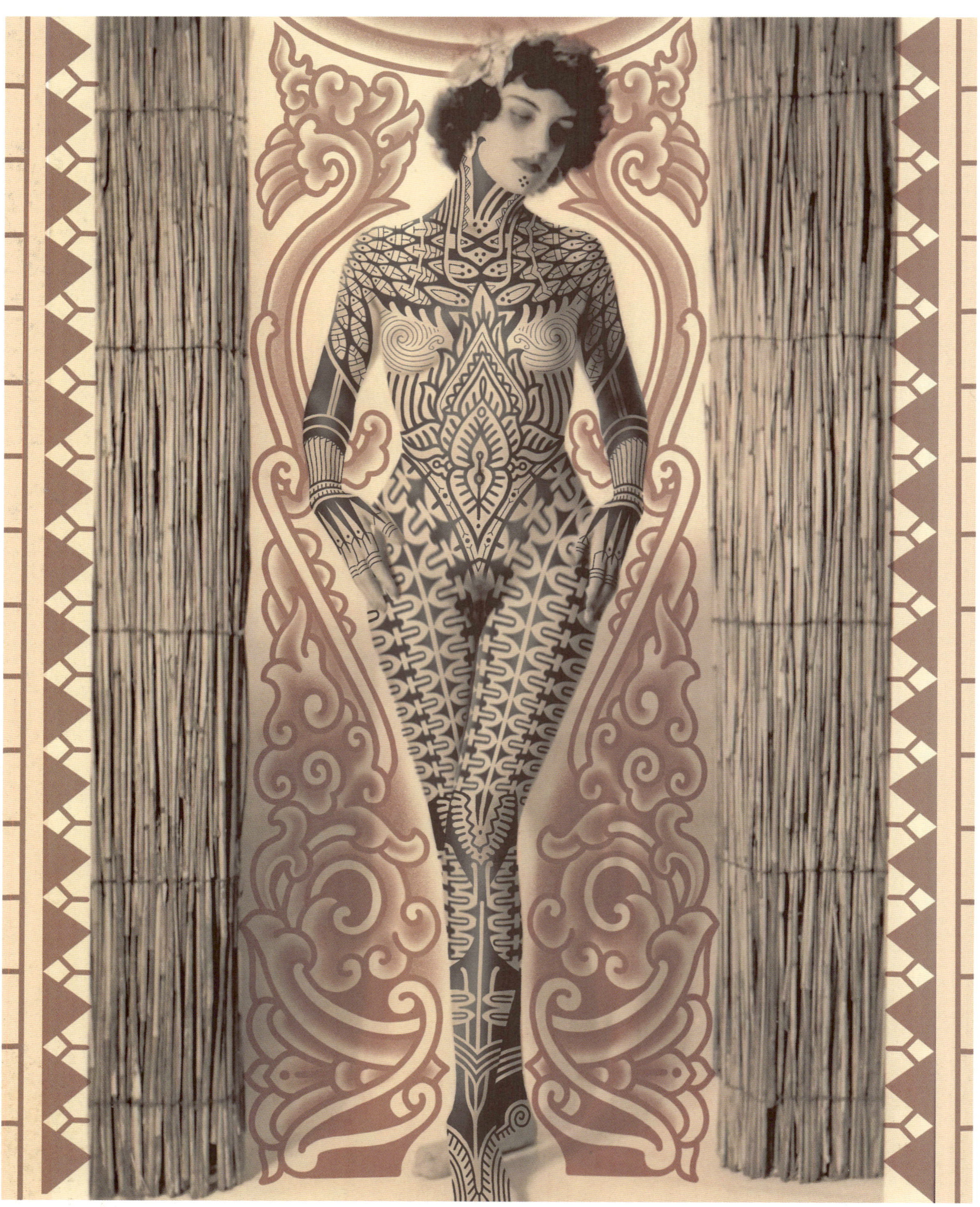

Samuel Christensen

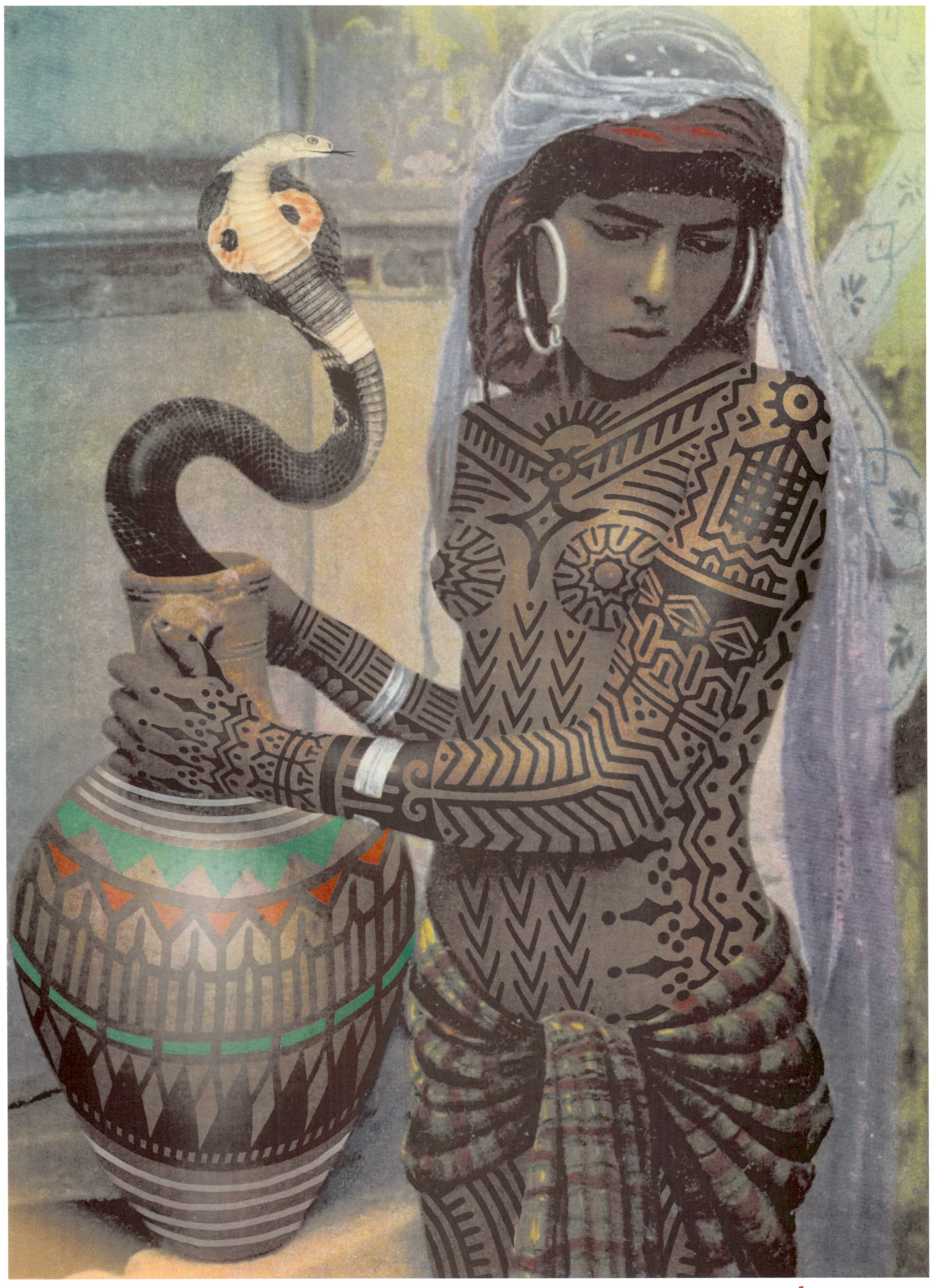

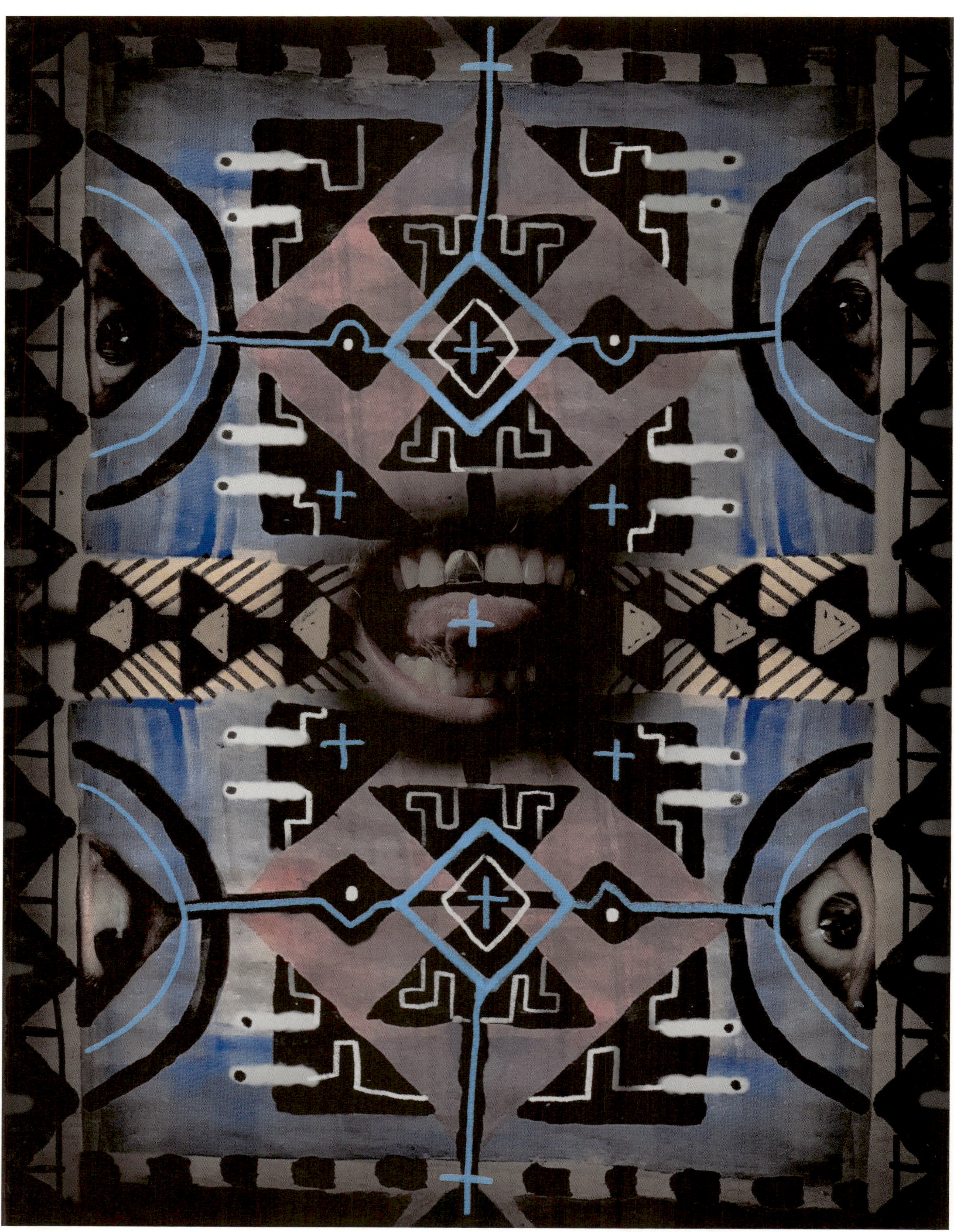

Samuel Christensen

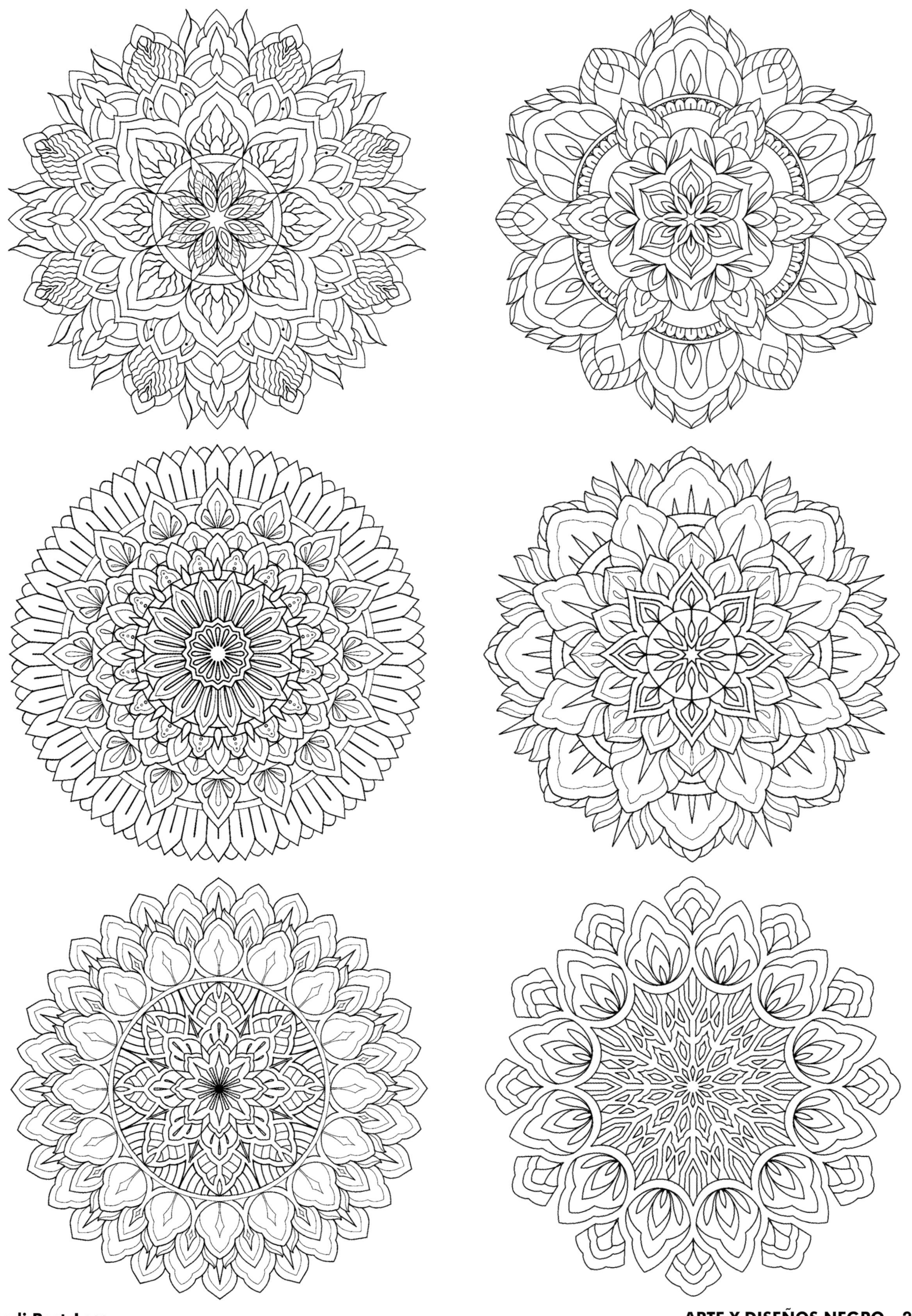

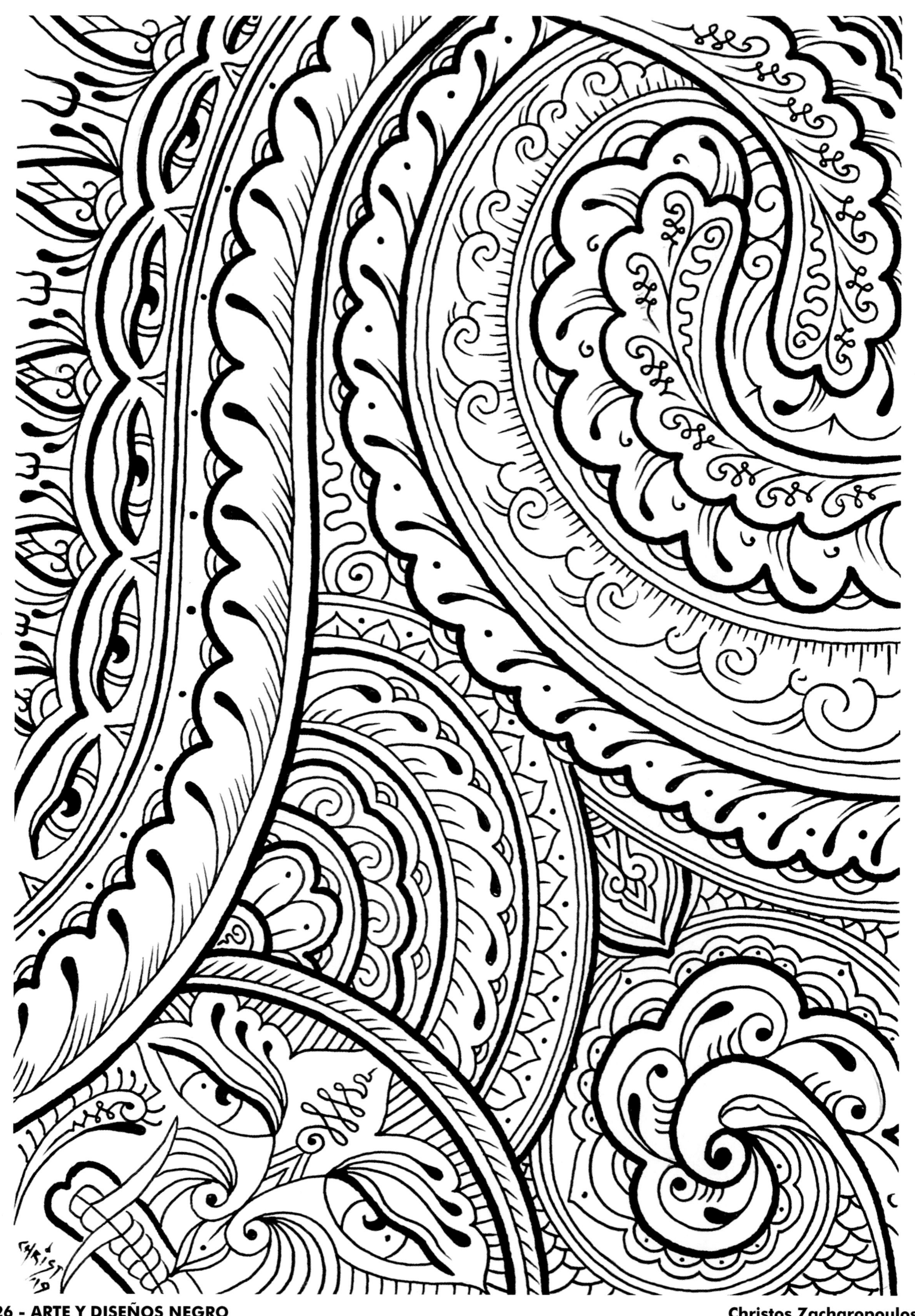

Christos Zacharopoulos

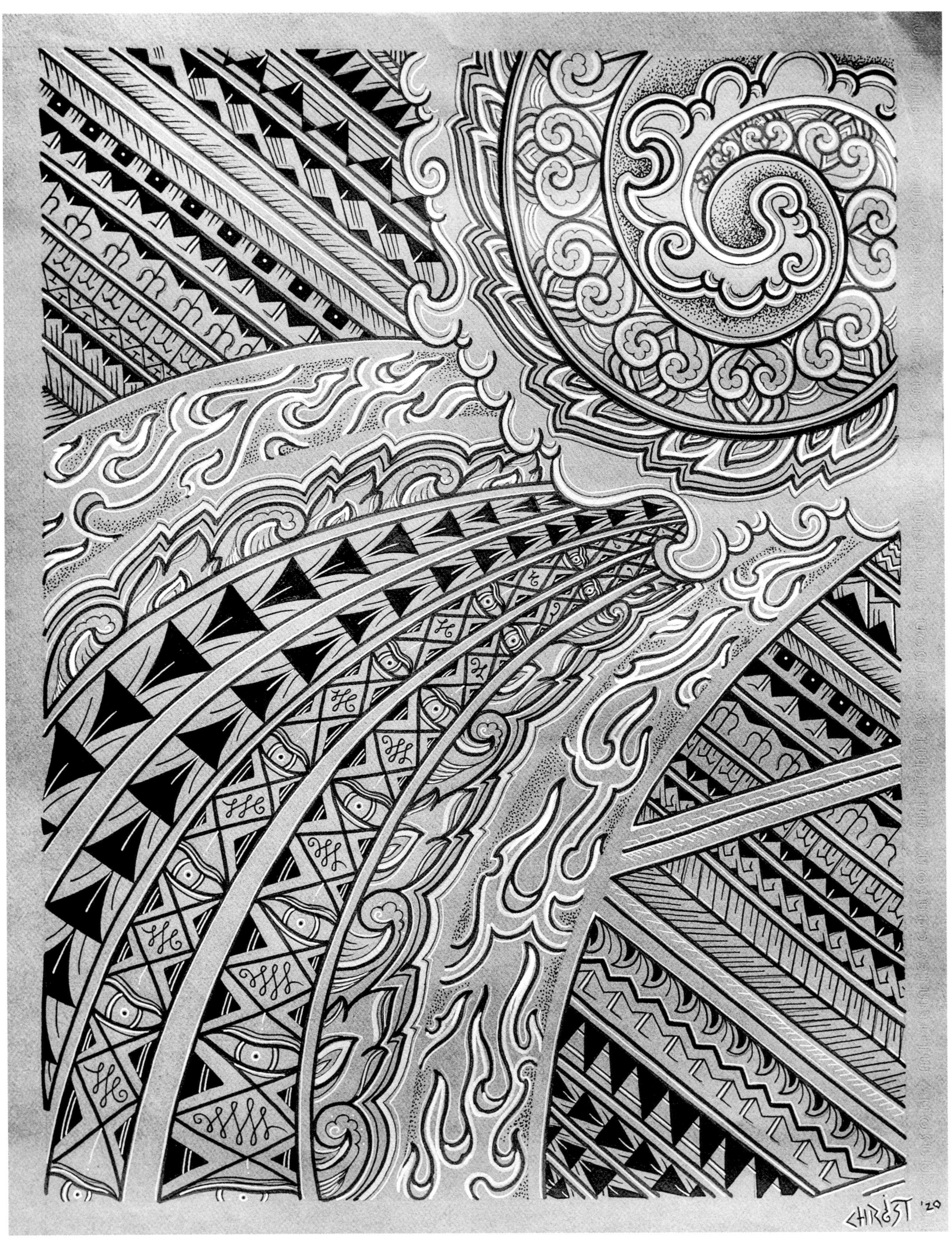

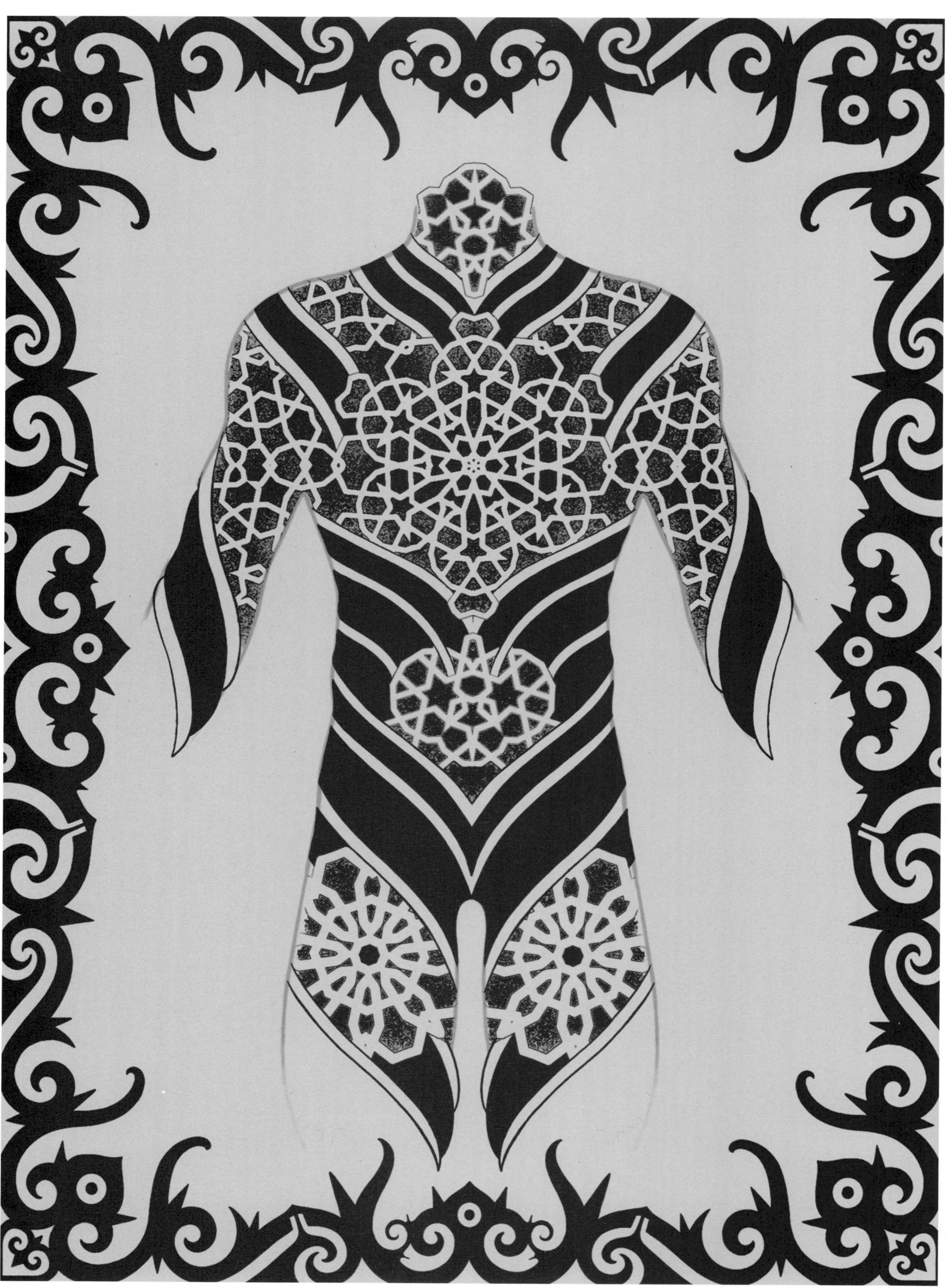

Colin Zumbro

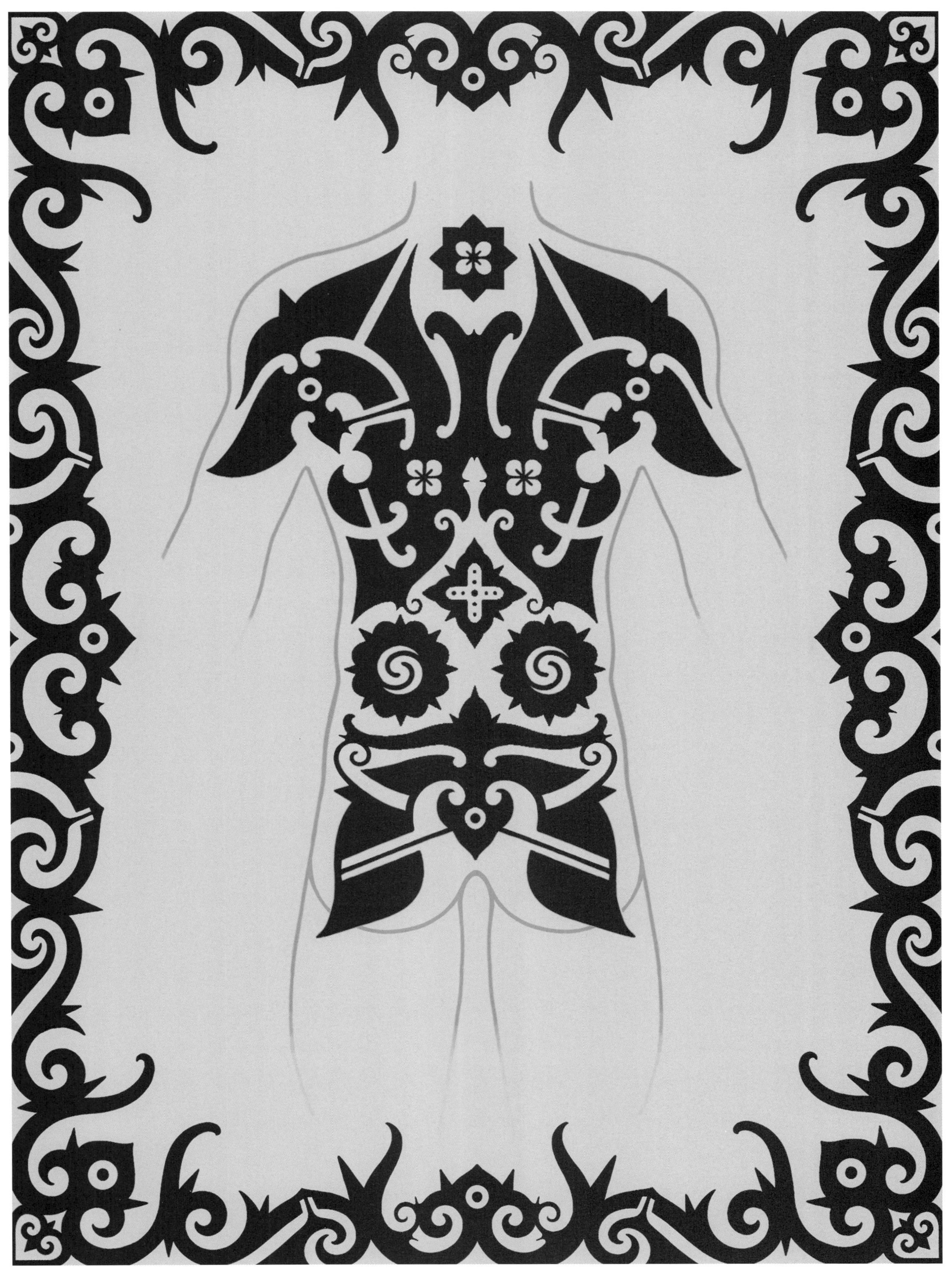

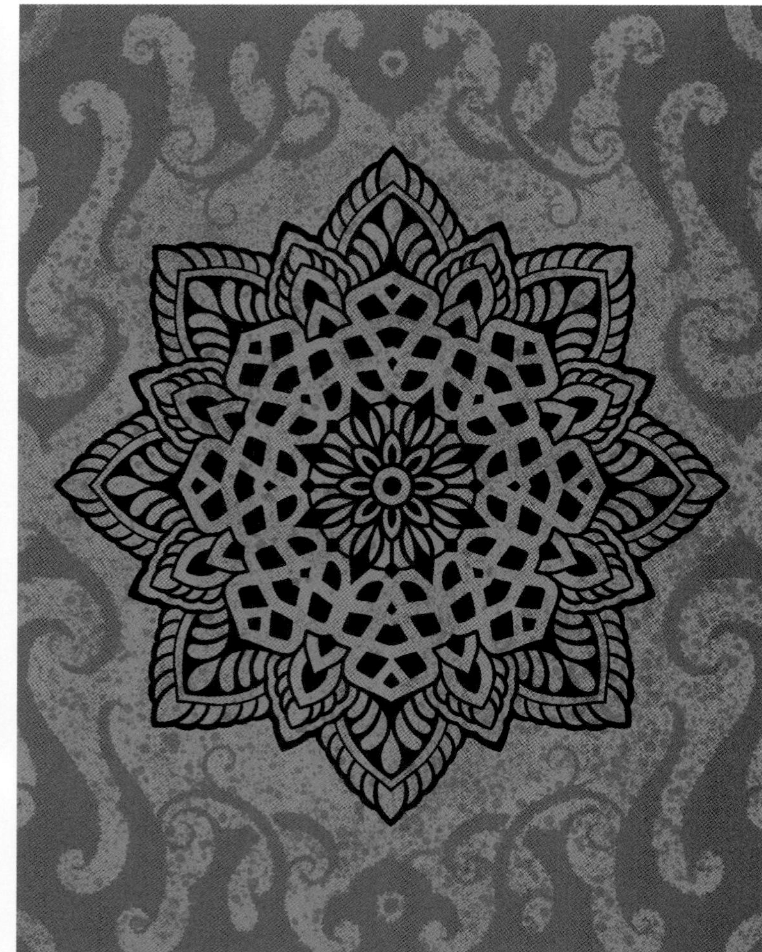

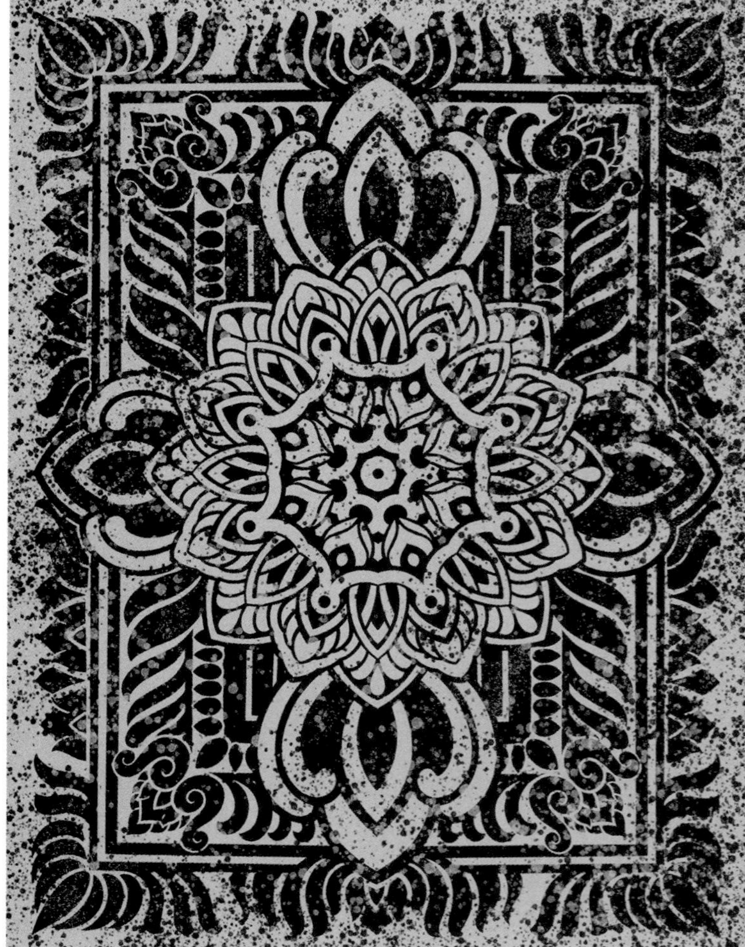

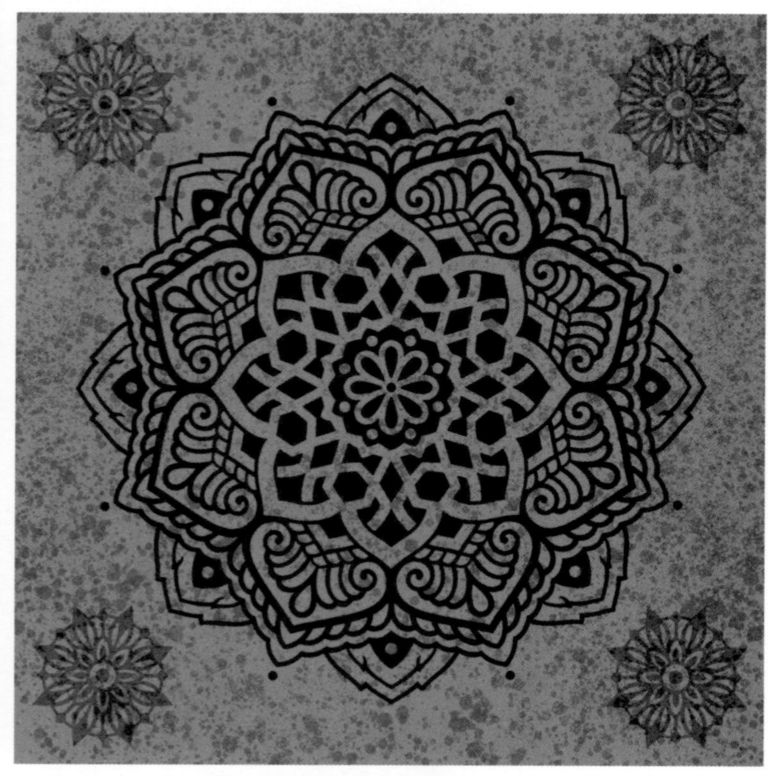

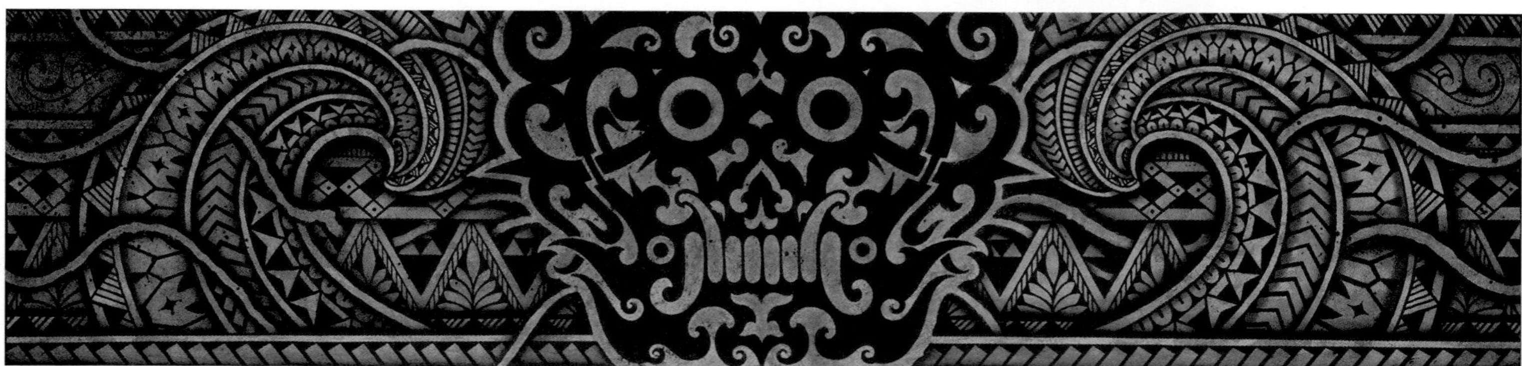

Colin Zumbro

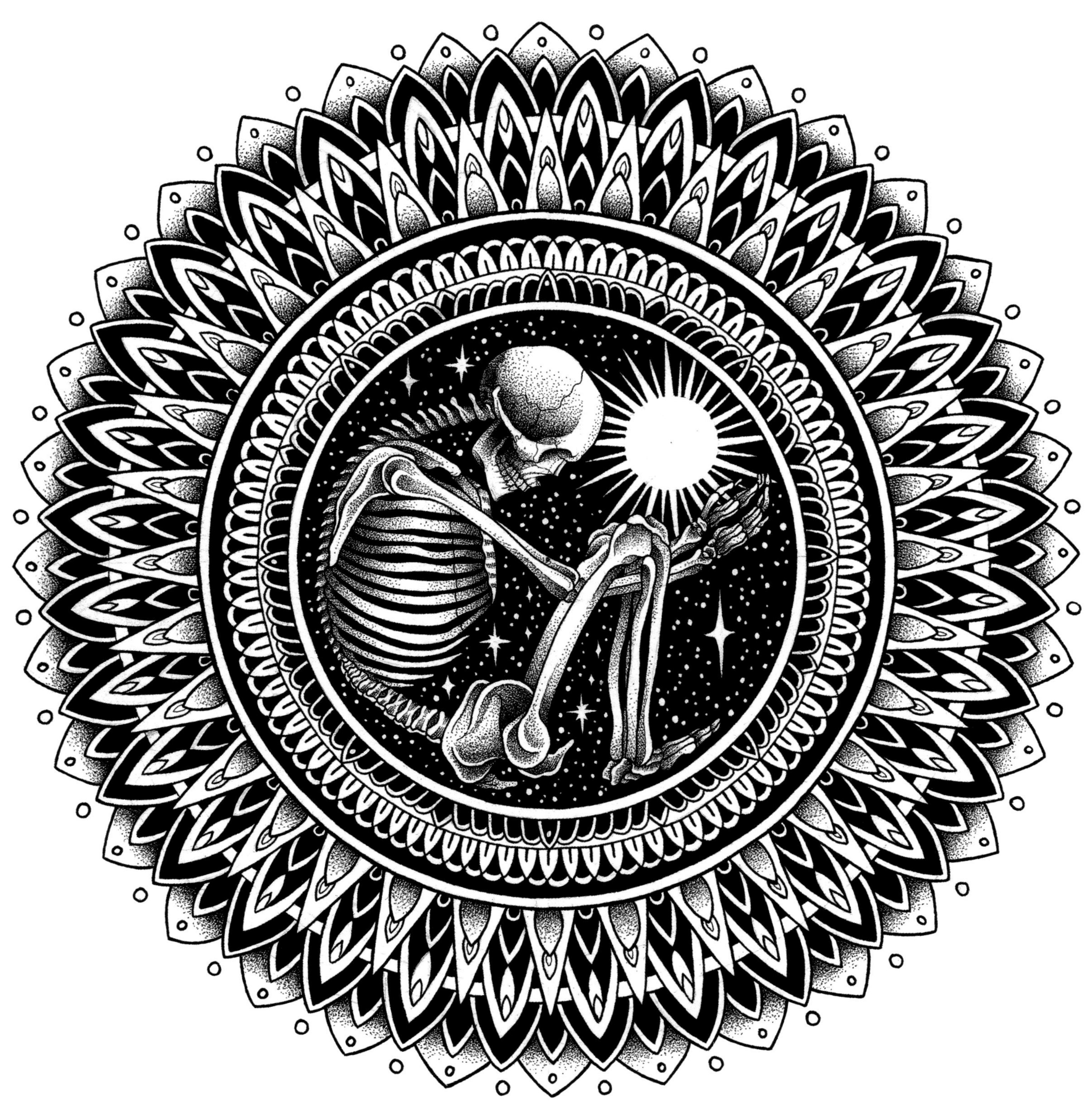

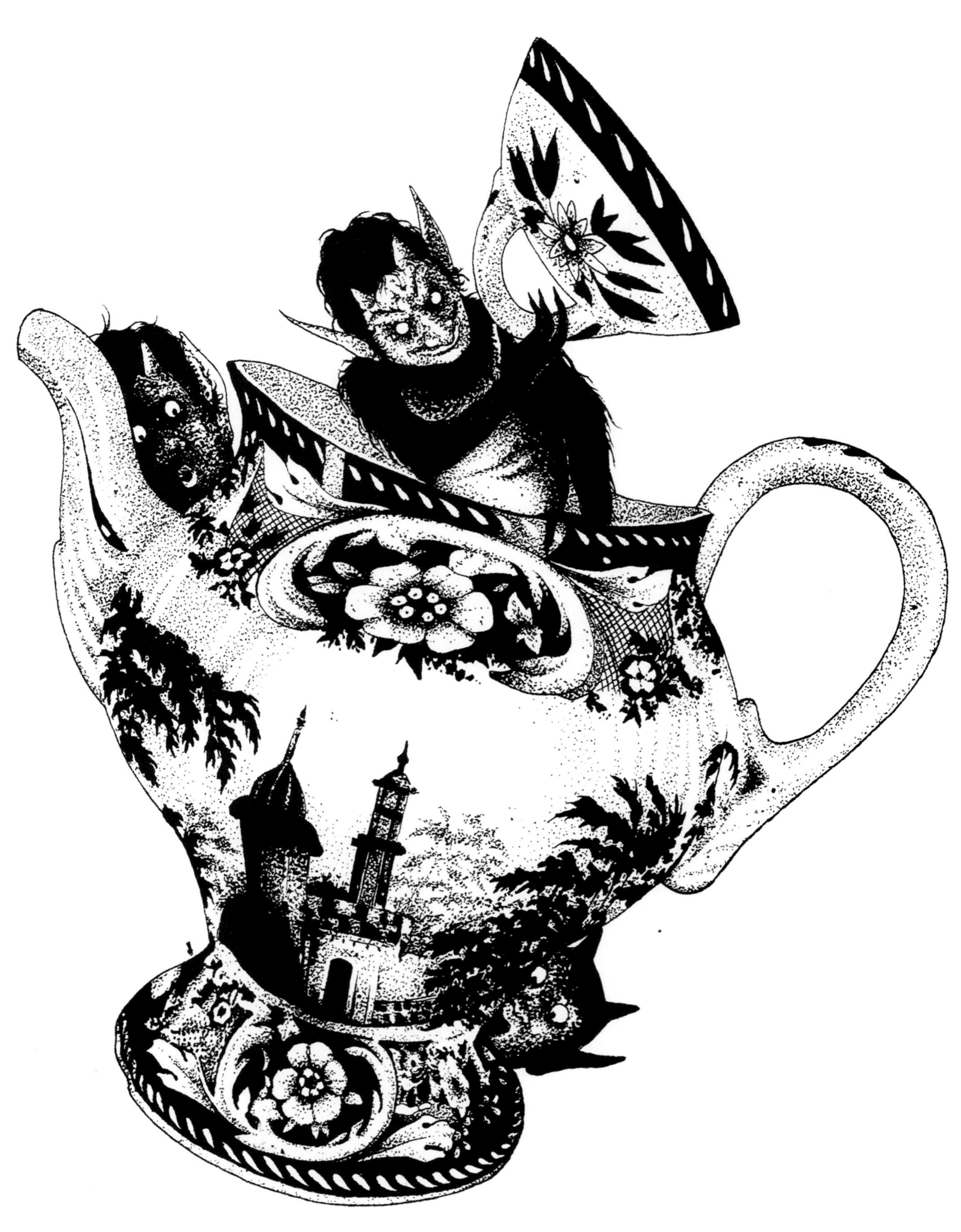

El Nigro

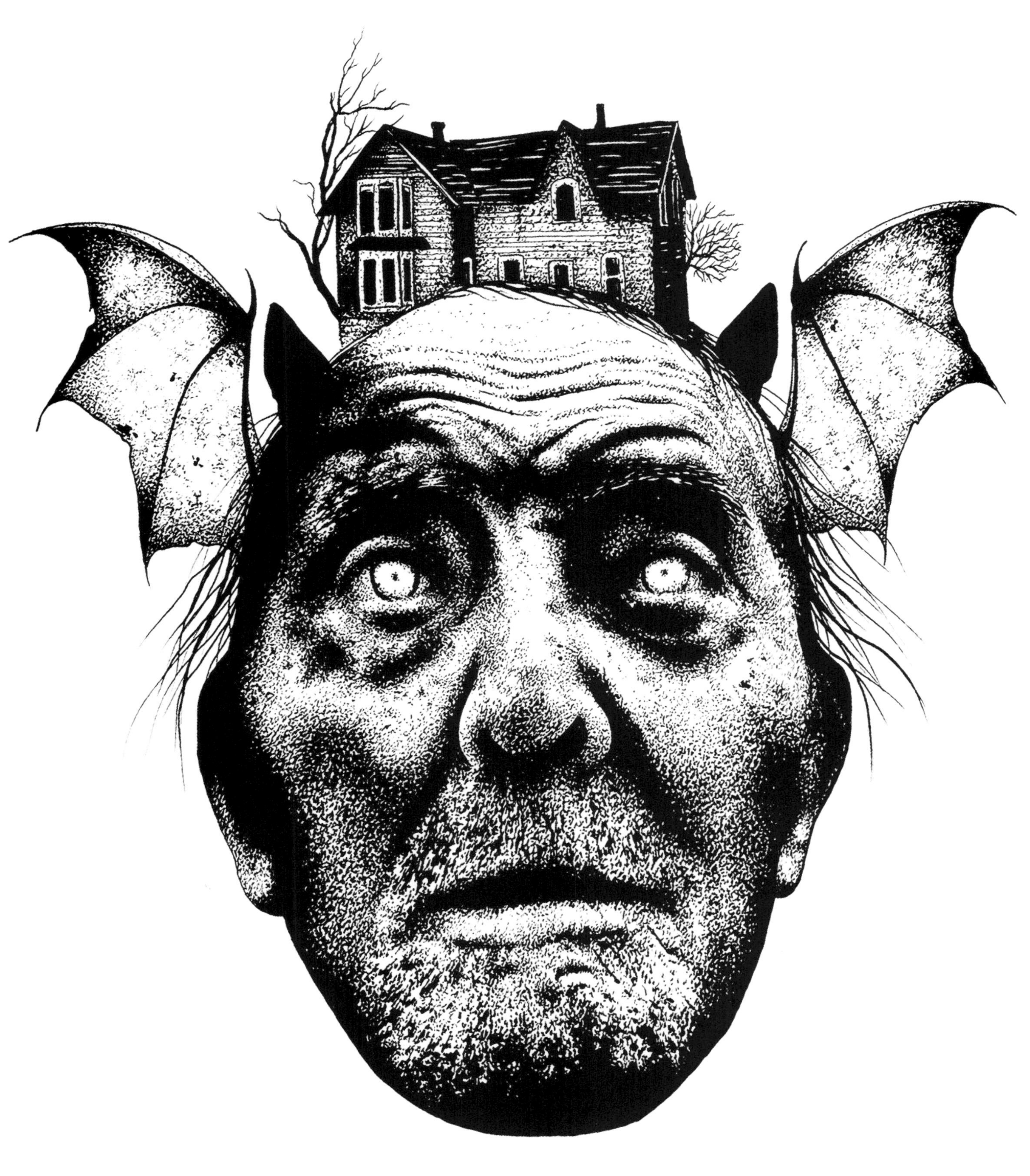

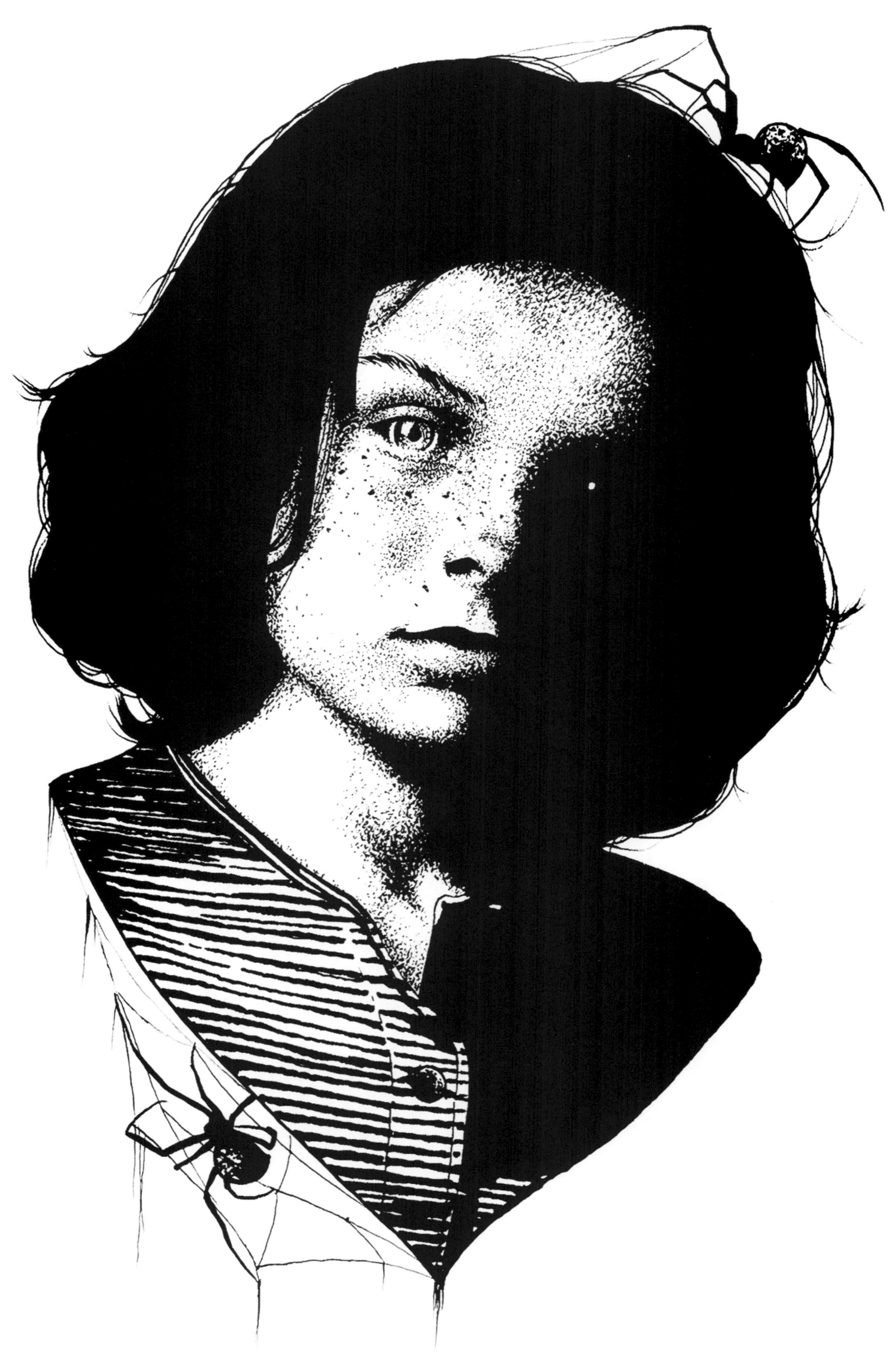

El Nigro

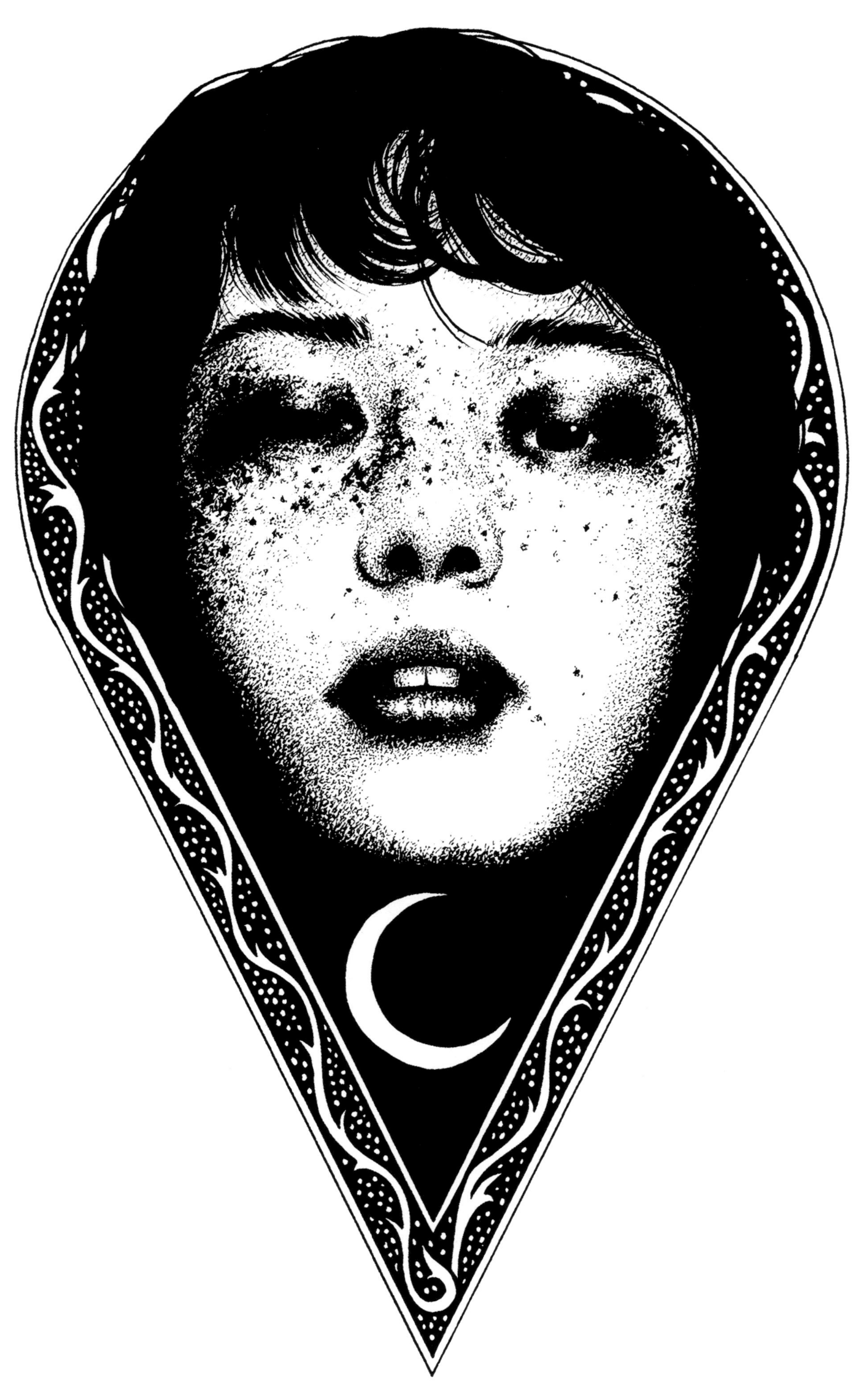

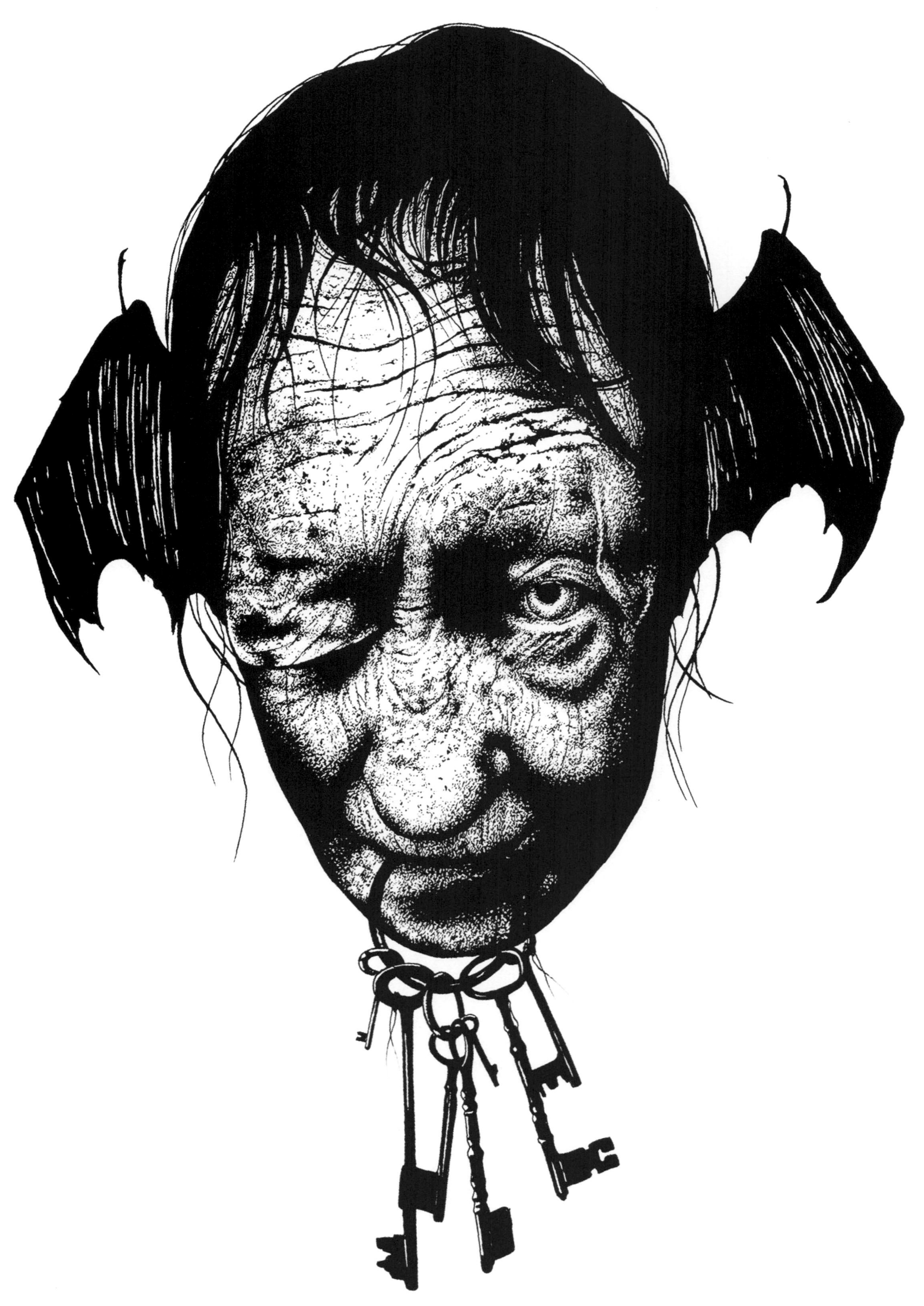

El Nigro

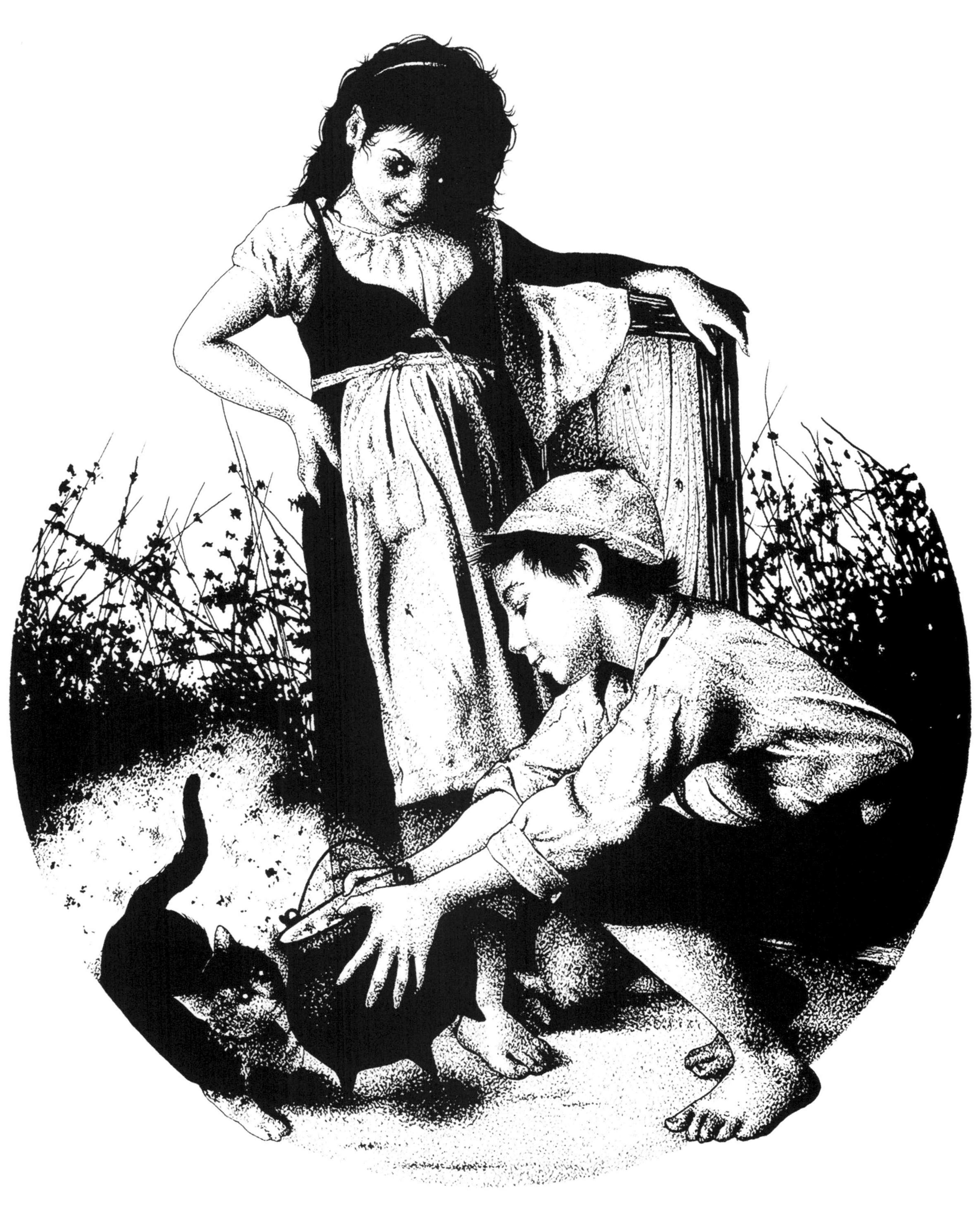

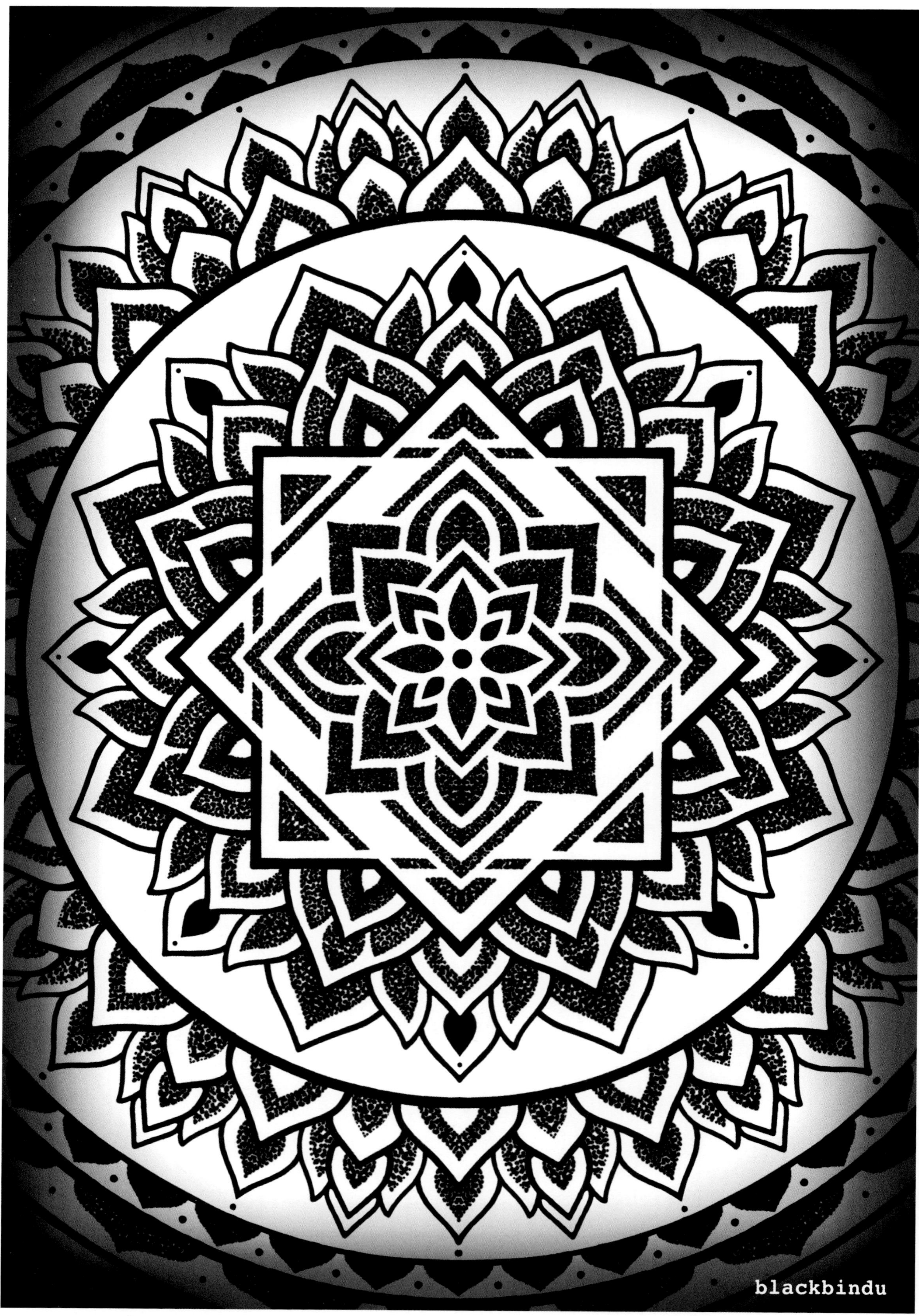

Francesco Blackbindu

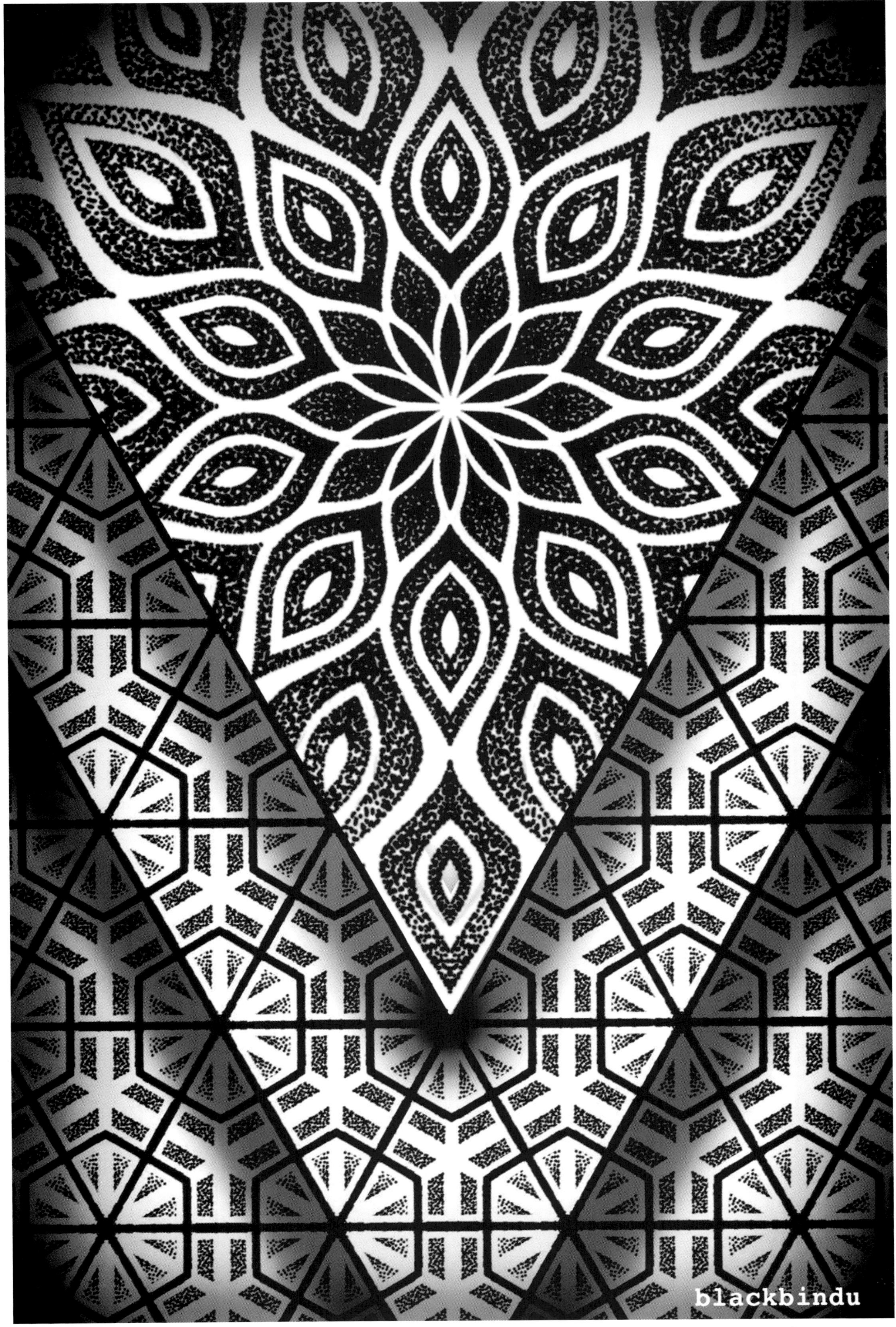

Francesco Blackbindu

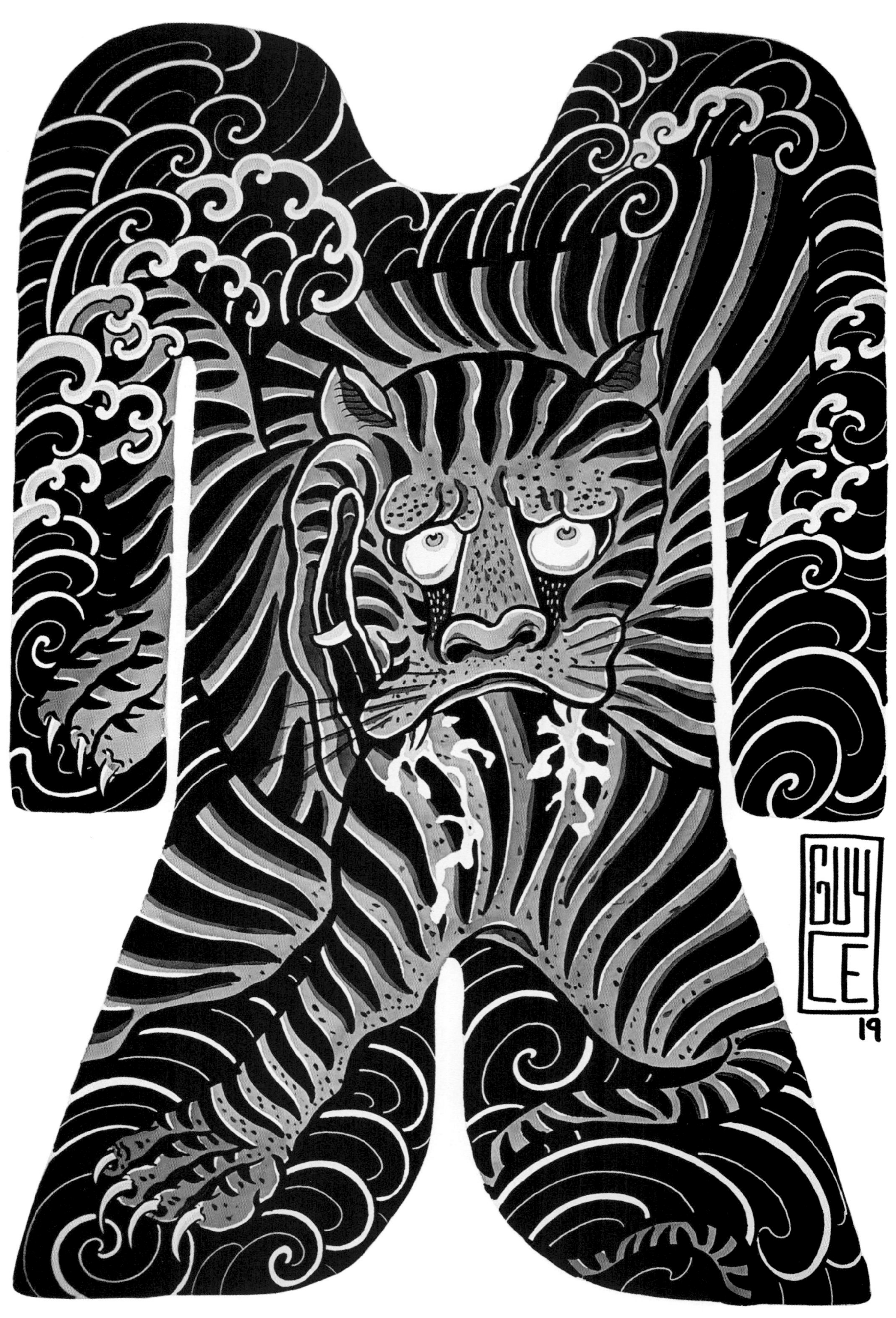

Guy Le Tatooer

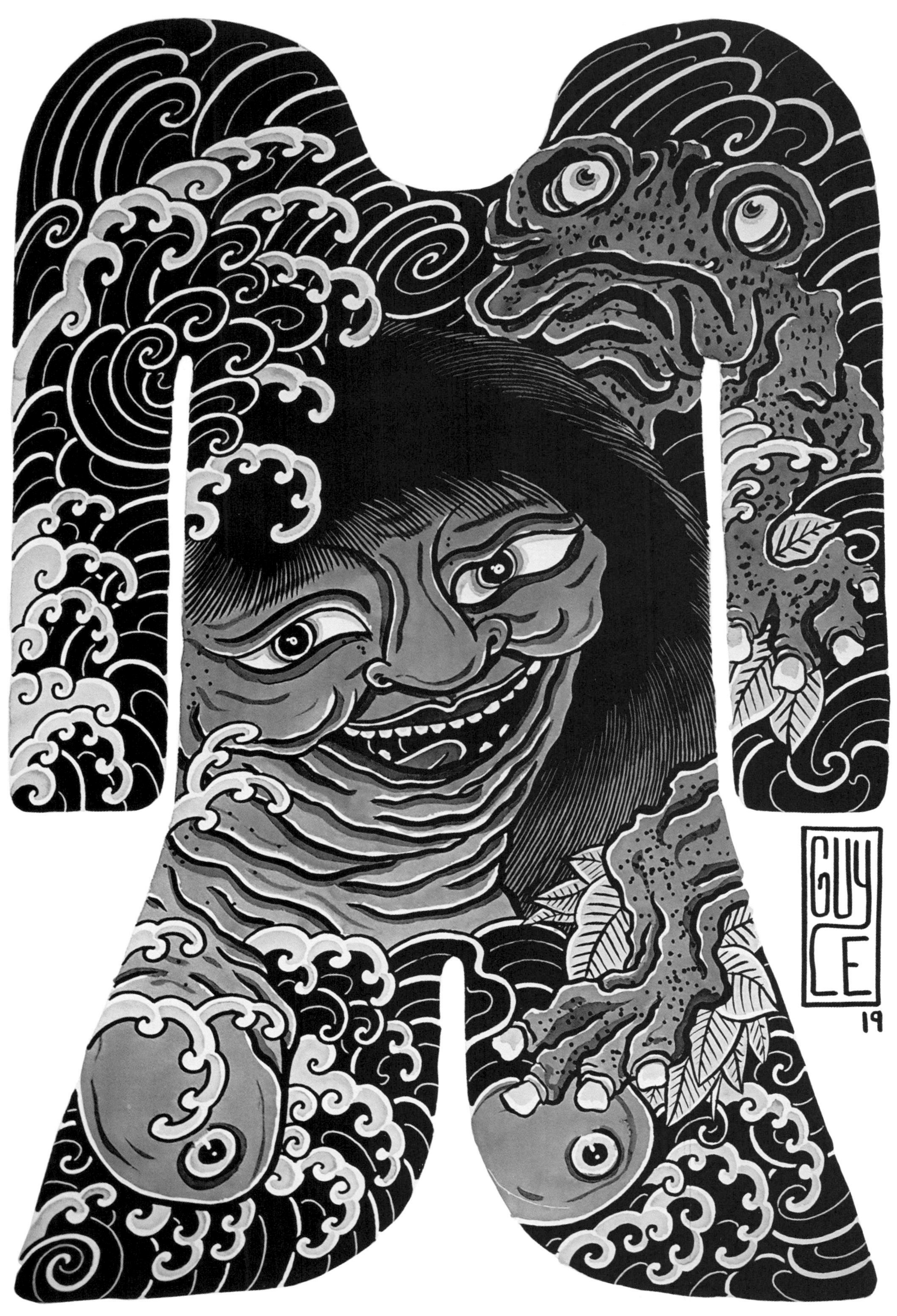

Guy Le Tatooer

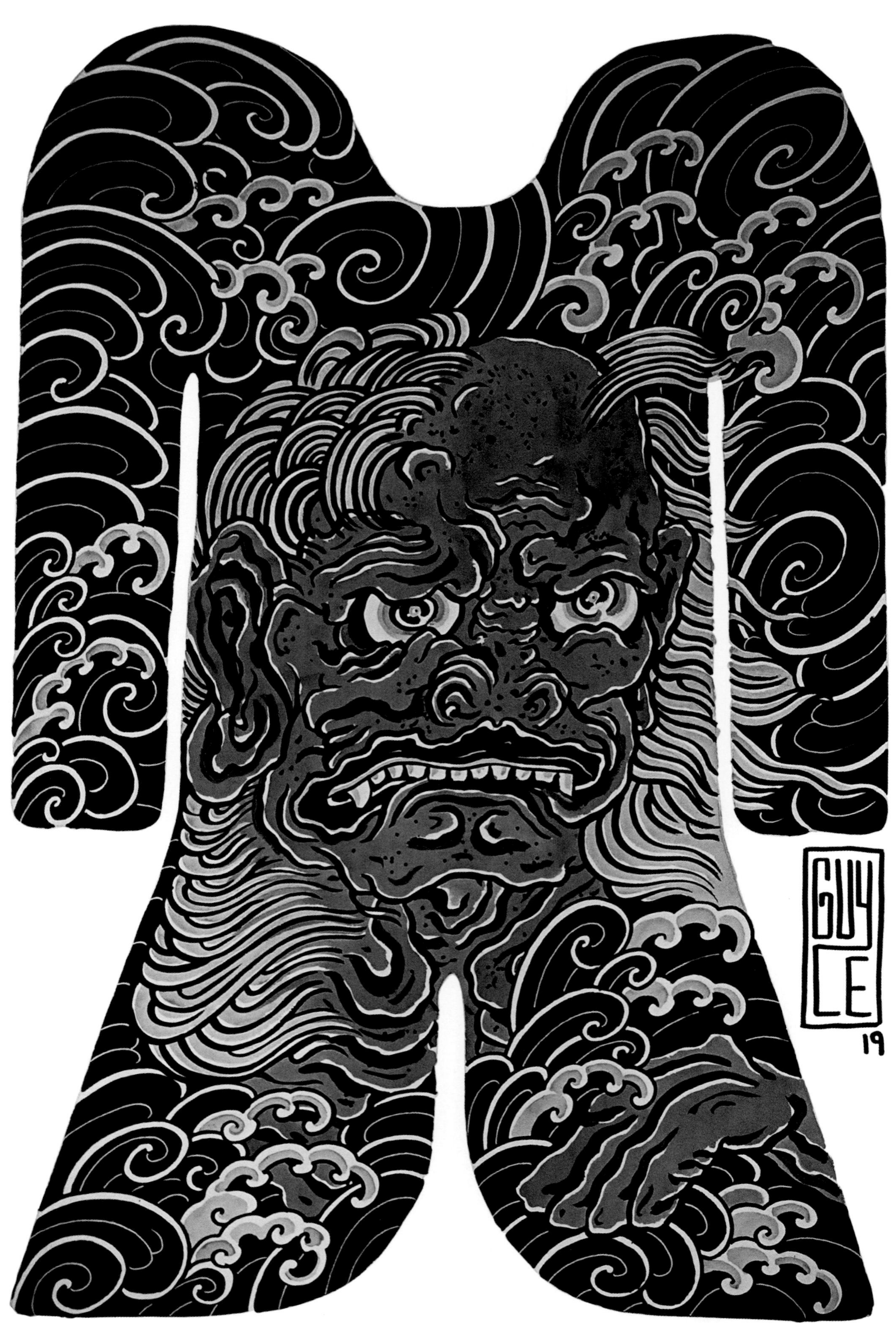

Guy Le Tatooer

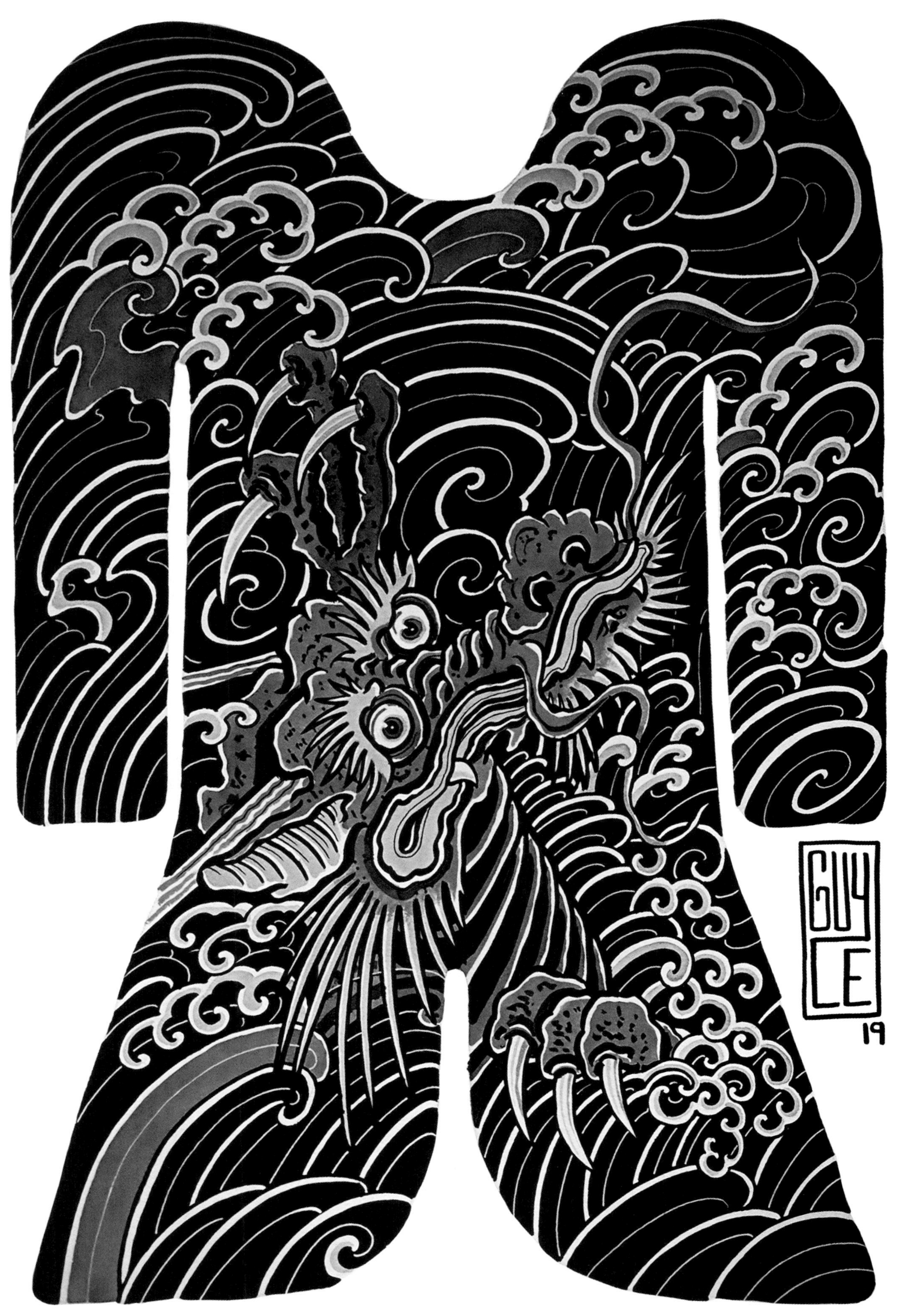
GUY
LE
19

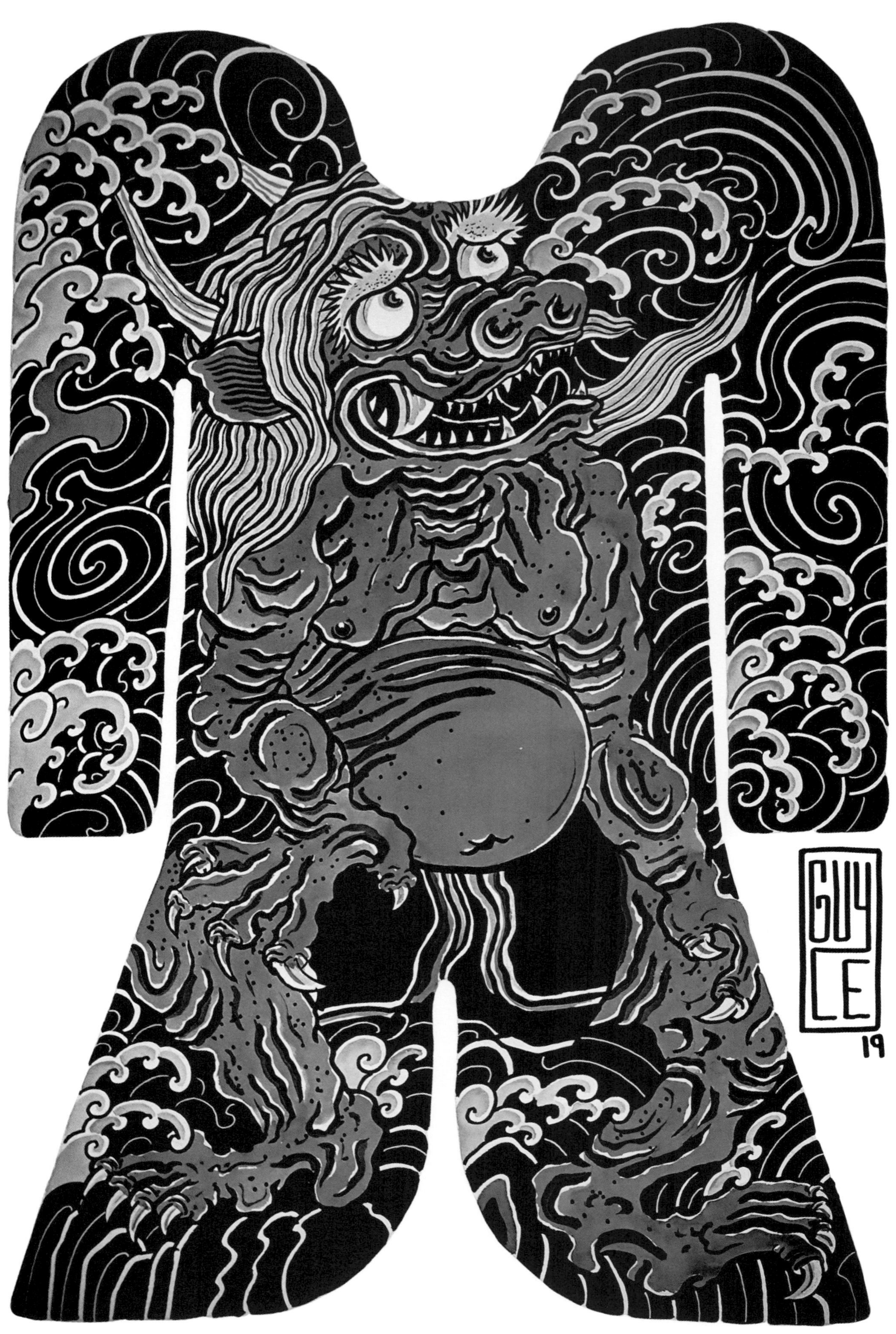

Guy Le Tatooer

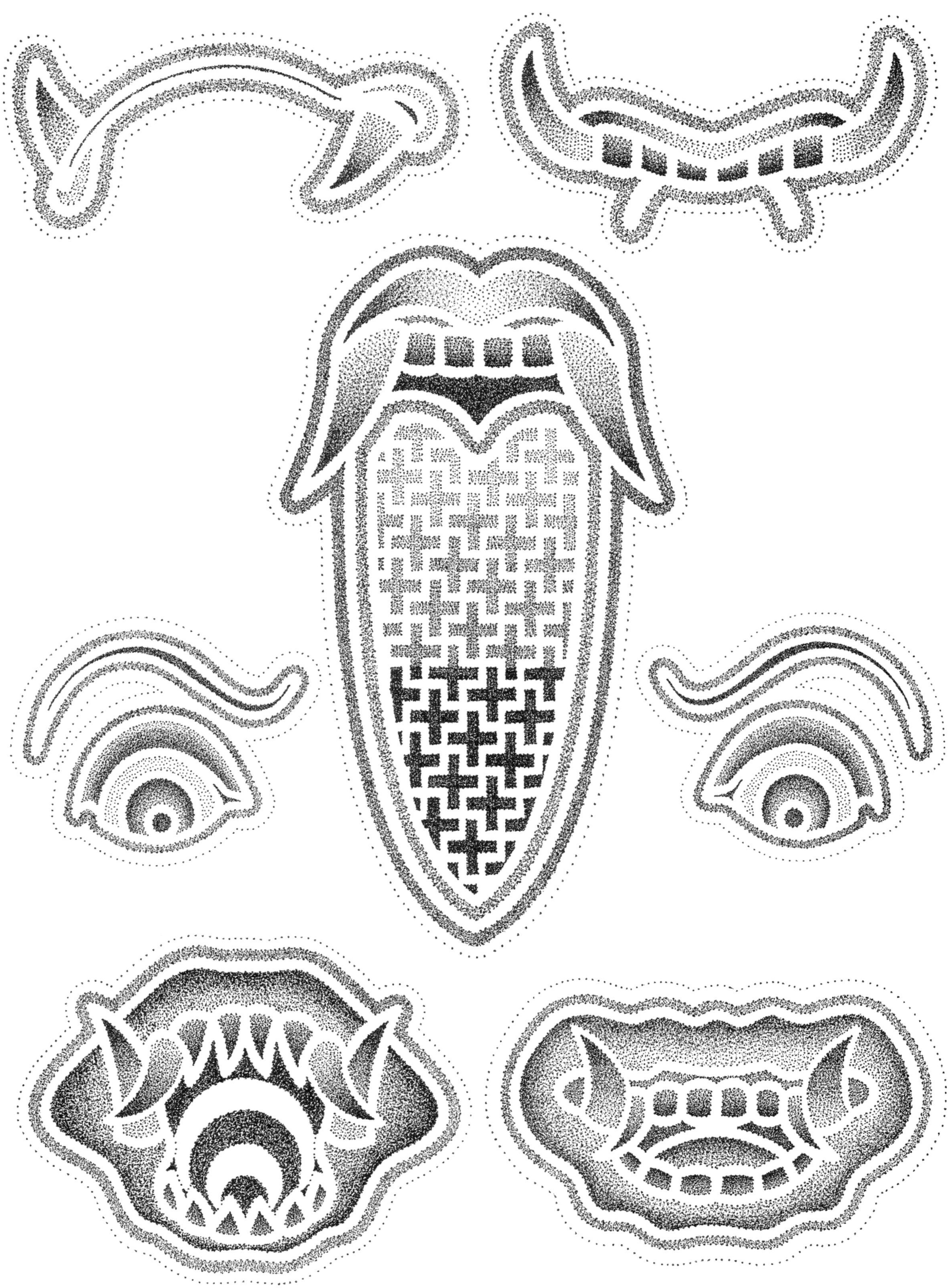

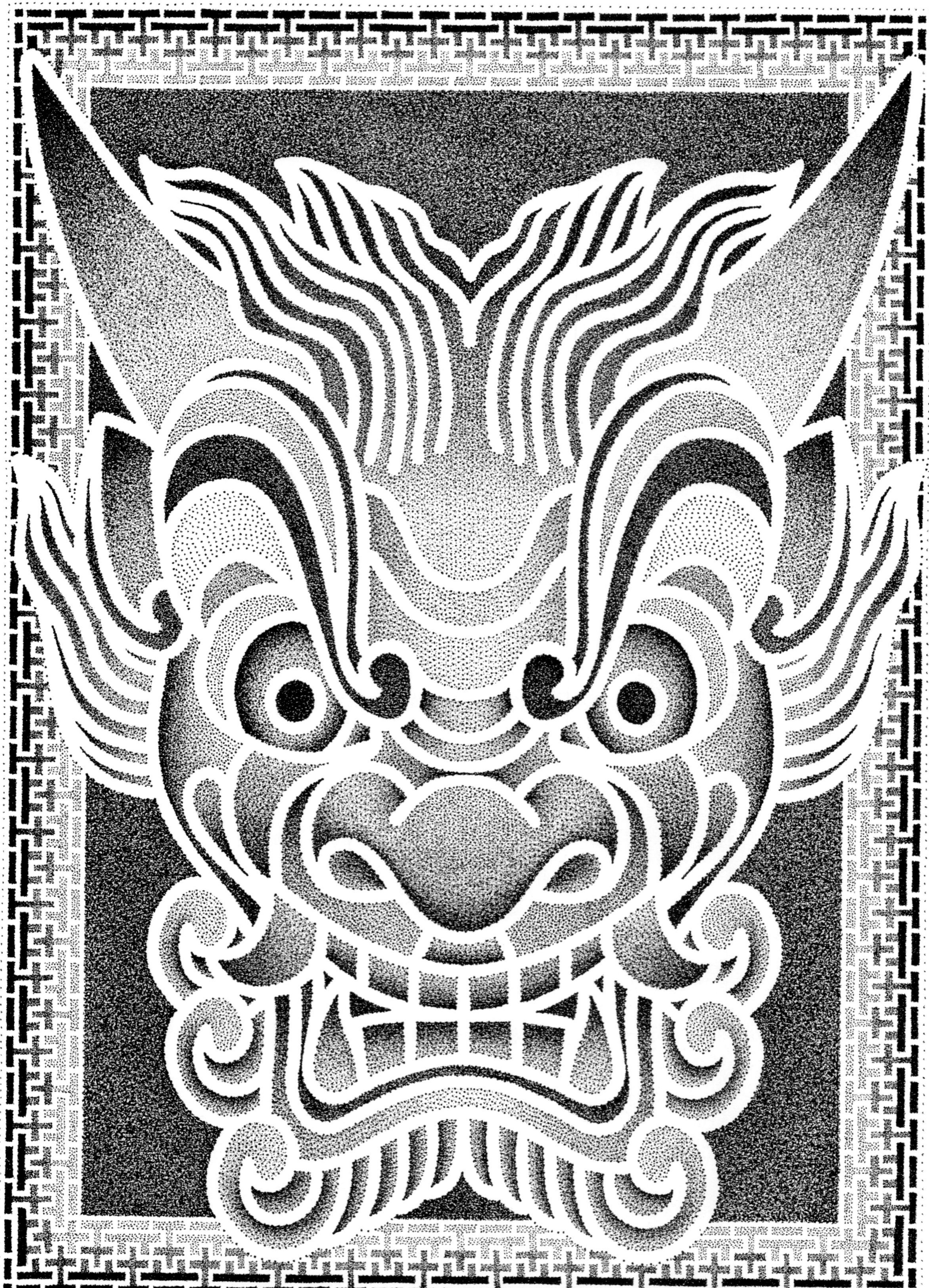

Kike Bugni

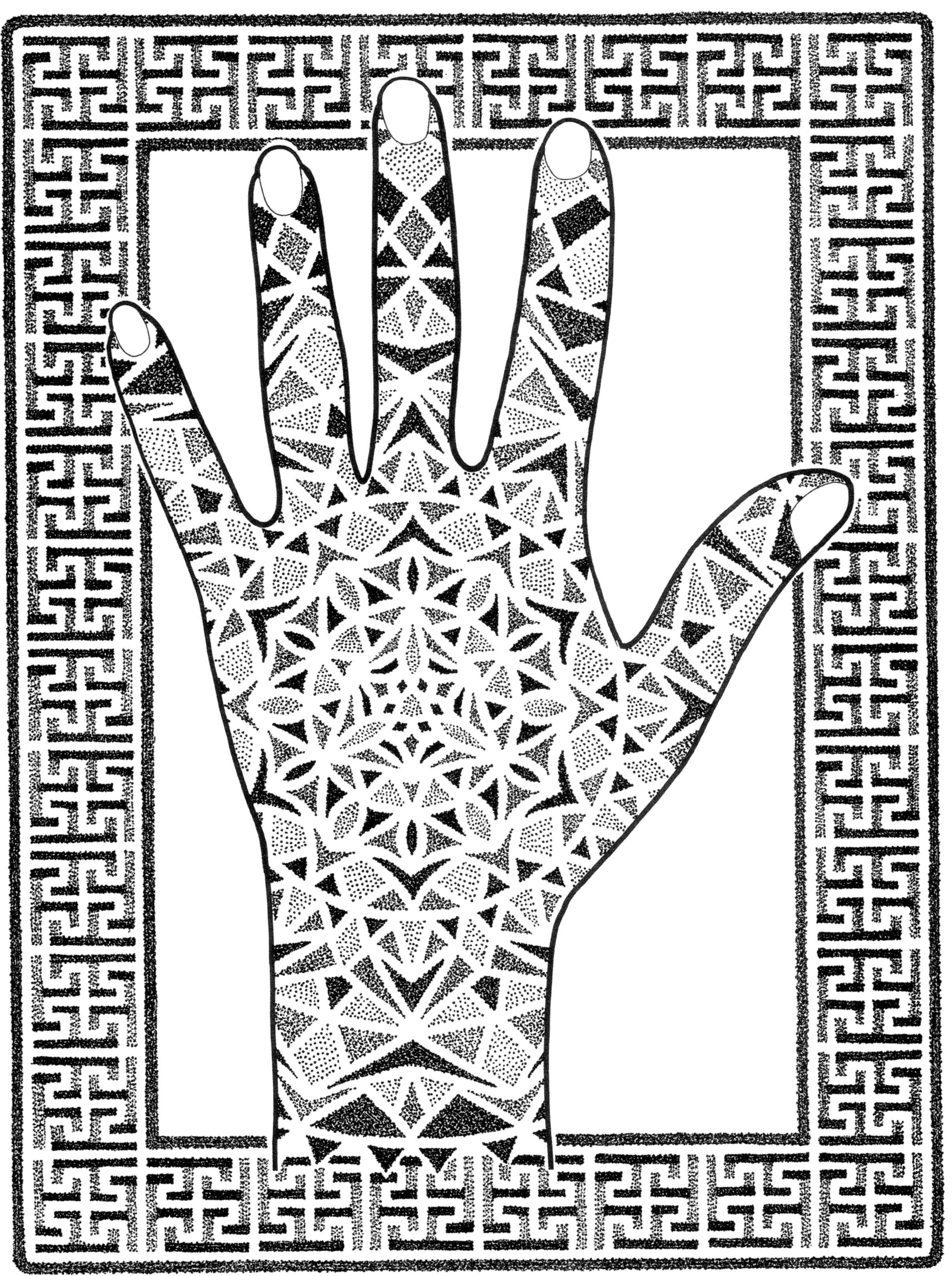

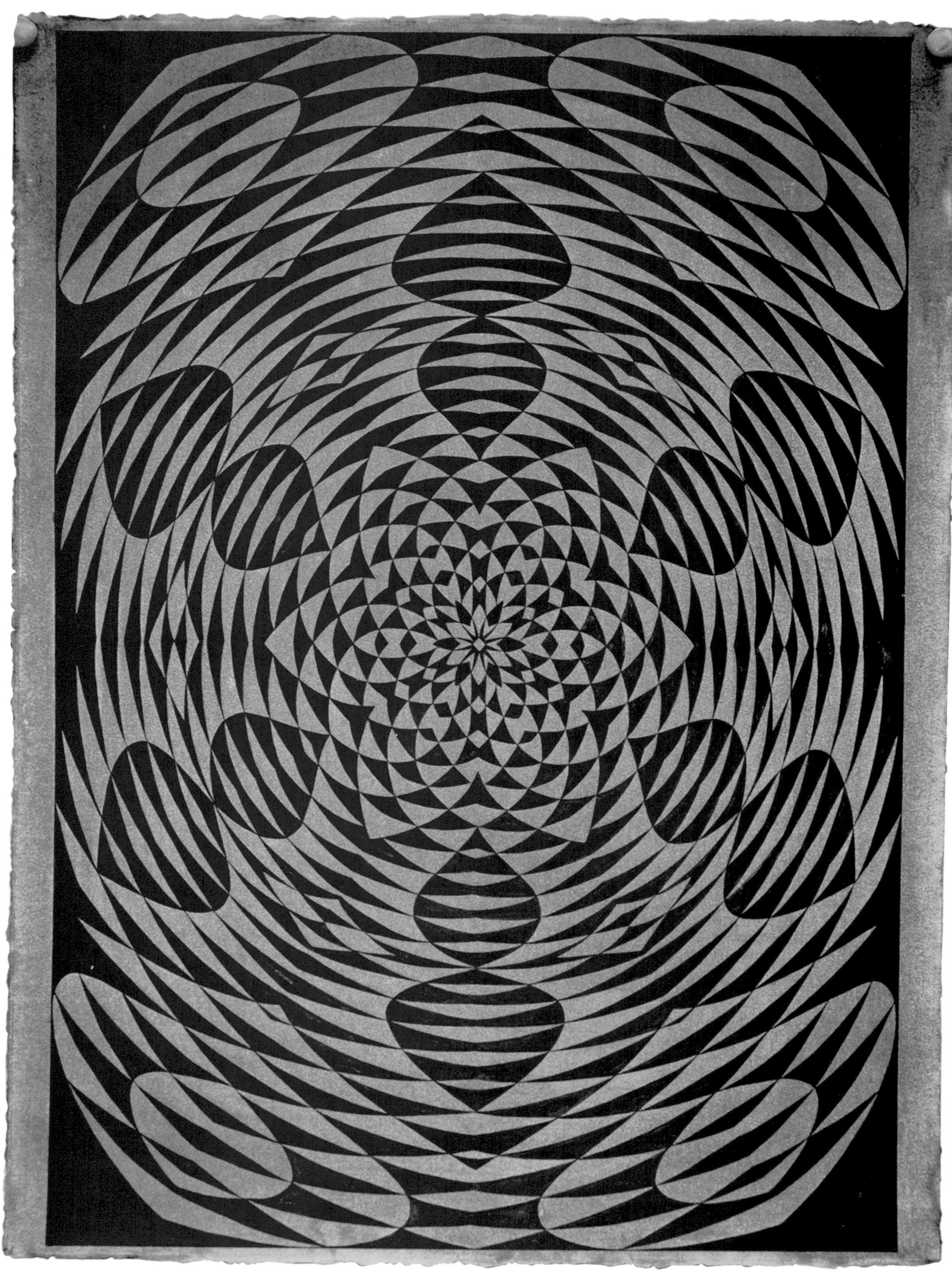

Lewisink

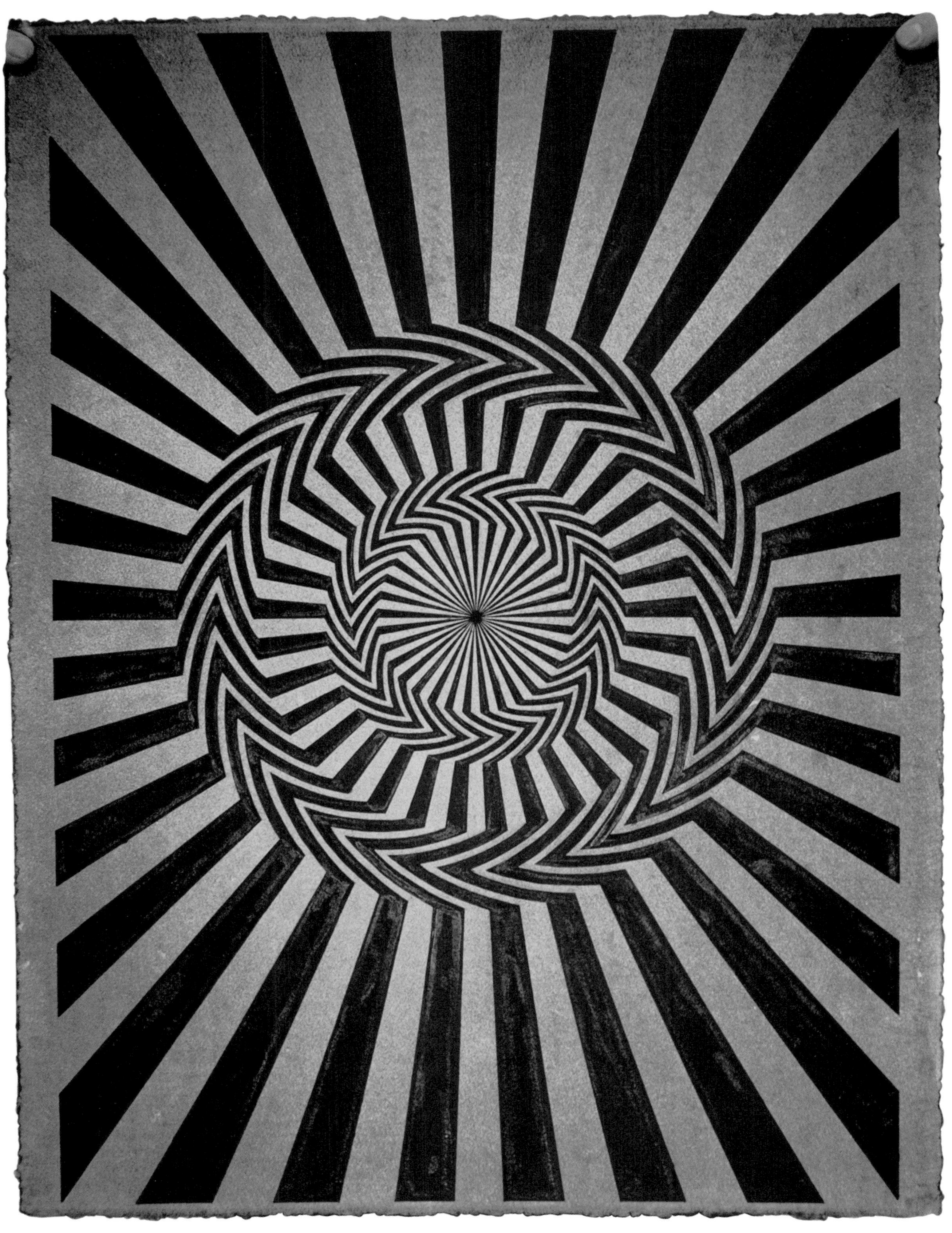

Lewisink

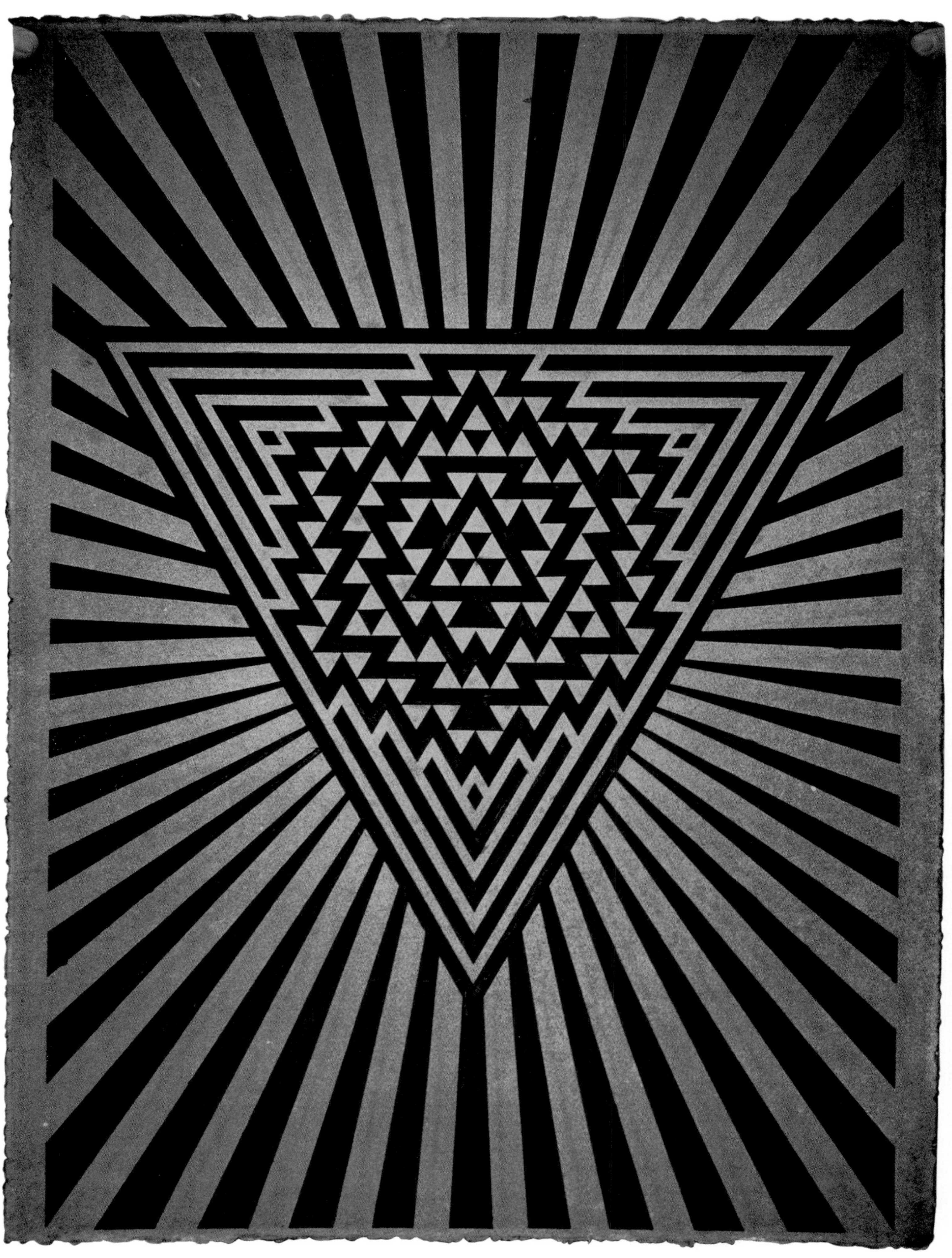

Lewisink

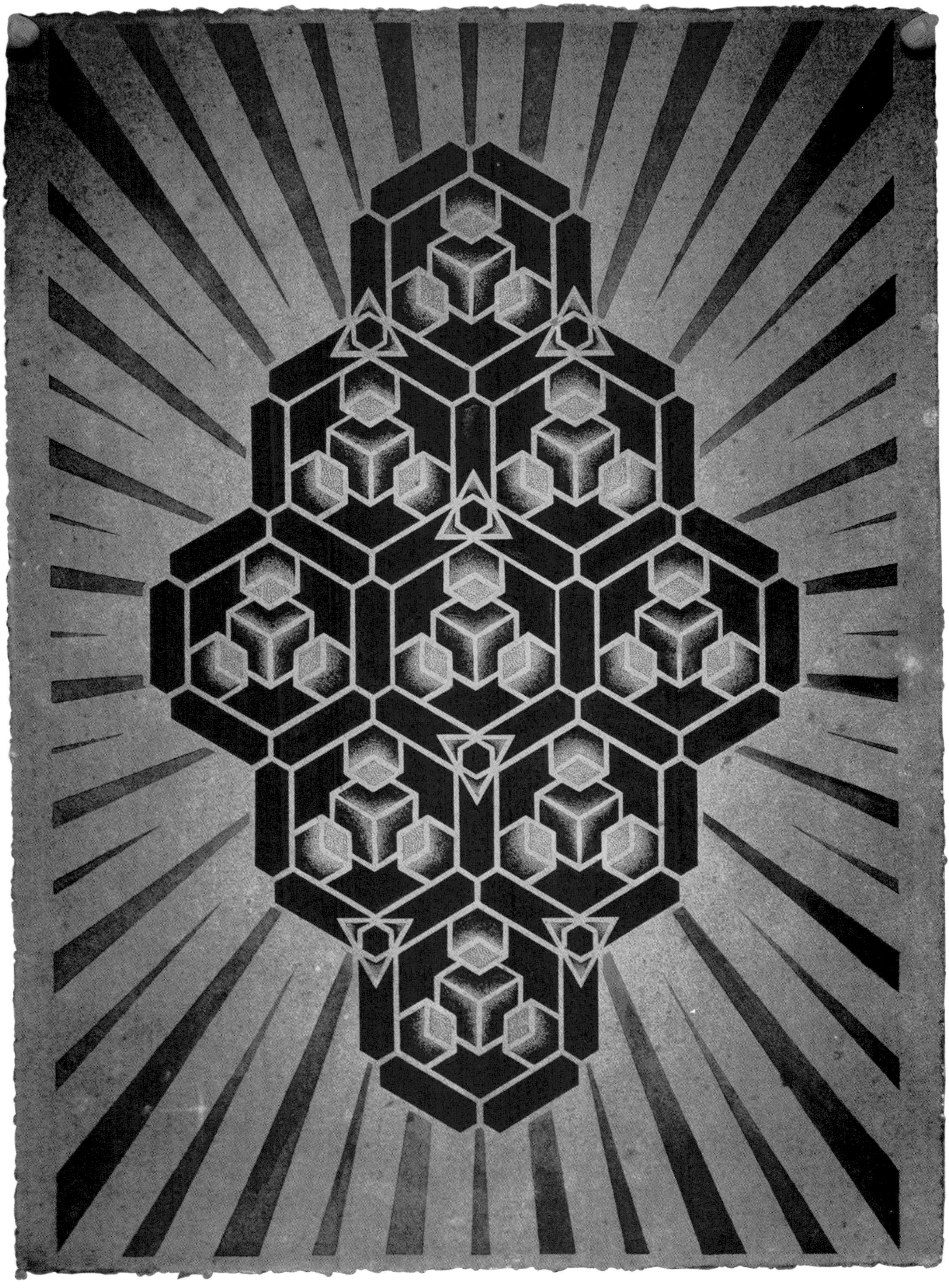

Lewisink

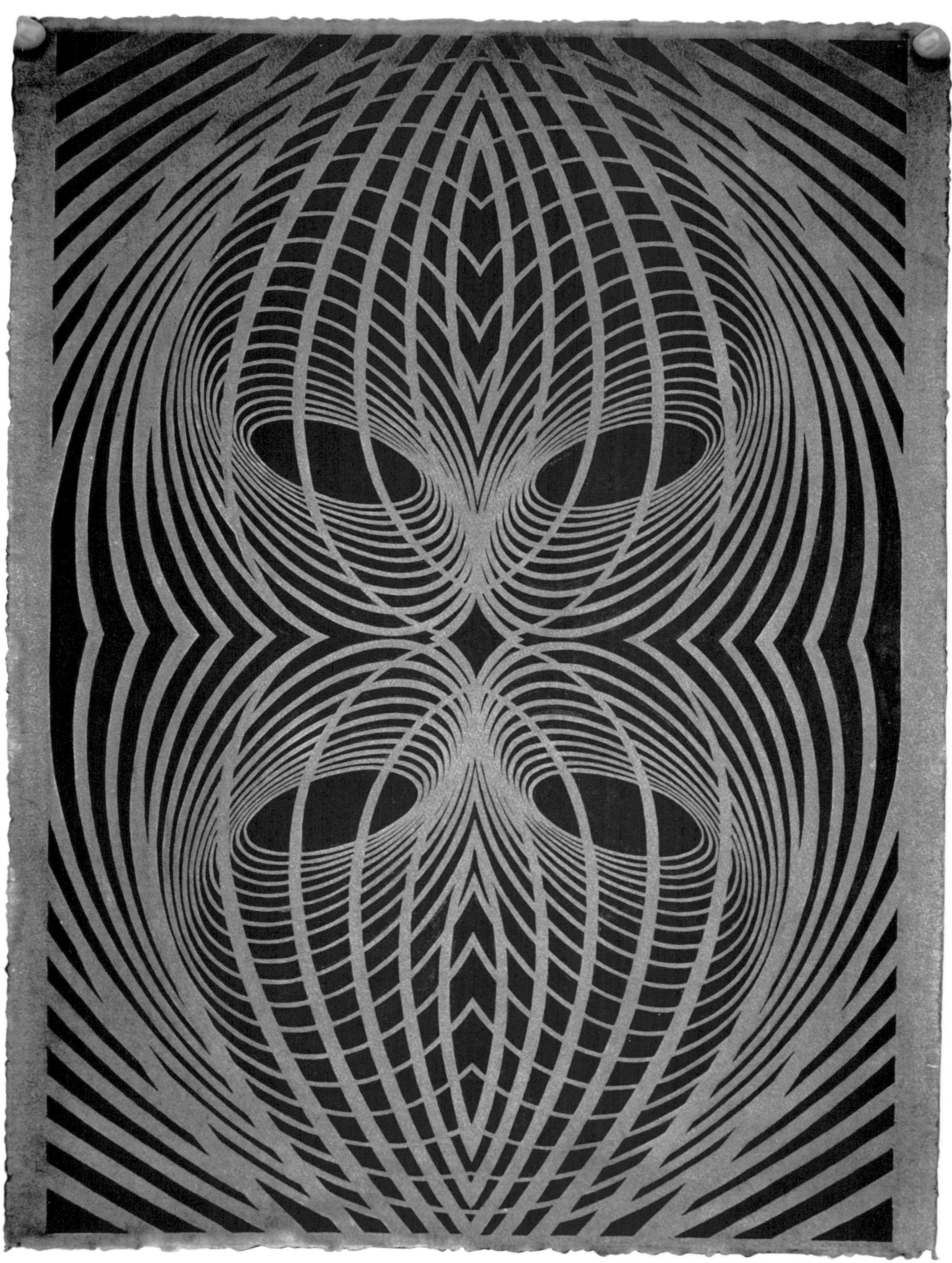

Lewisink

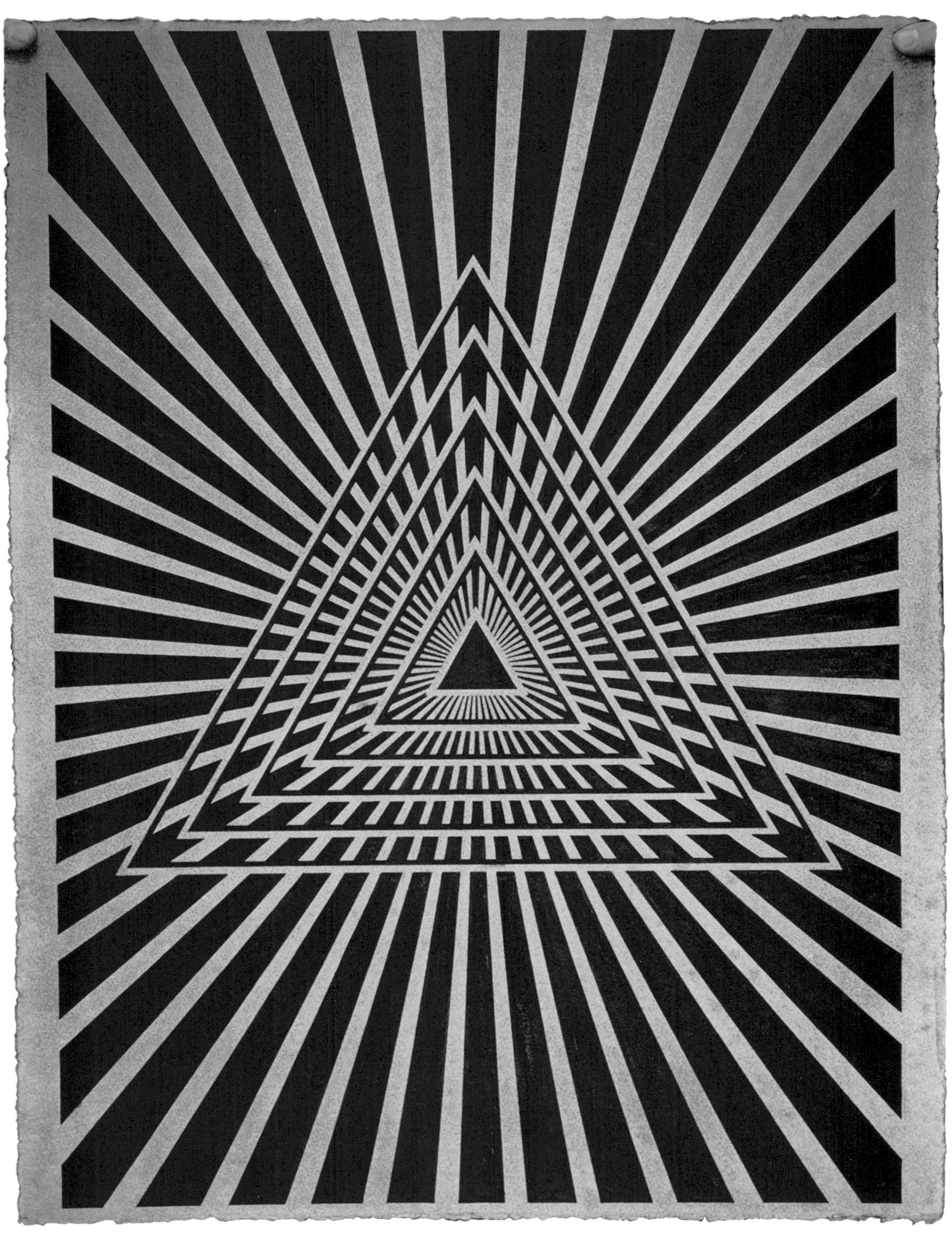

Lewisink

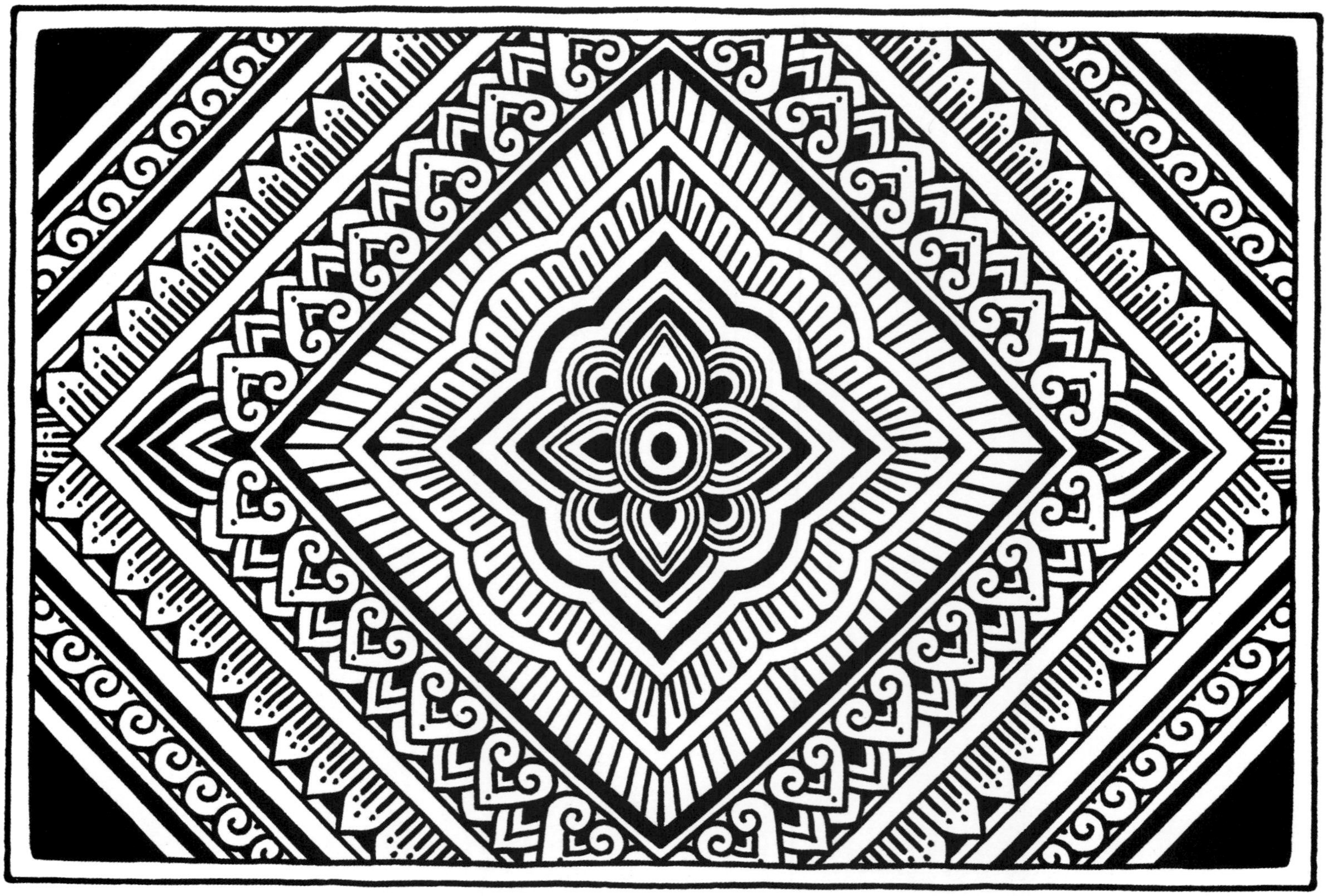

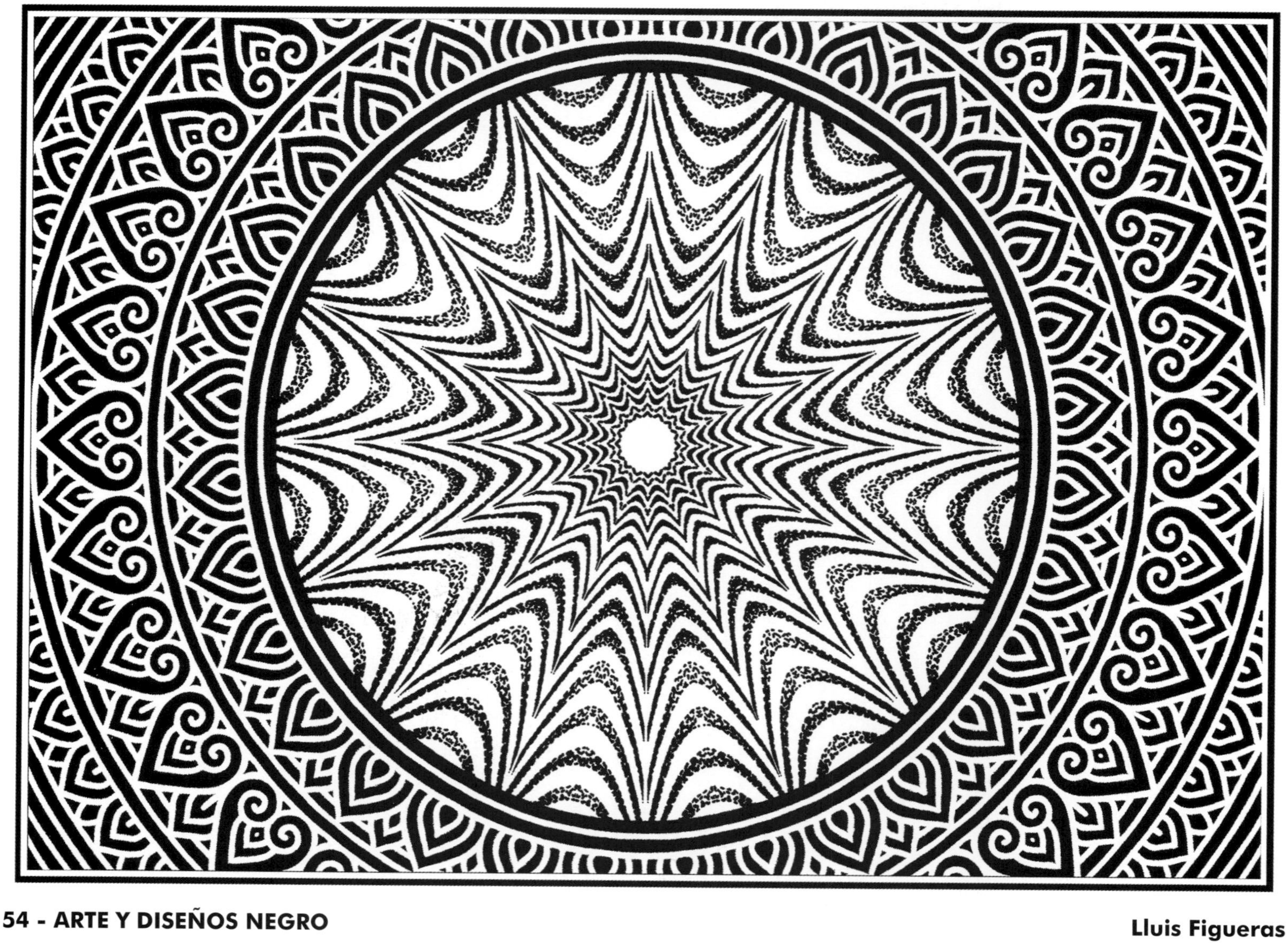

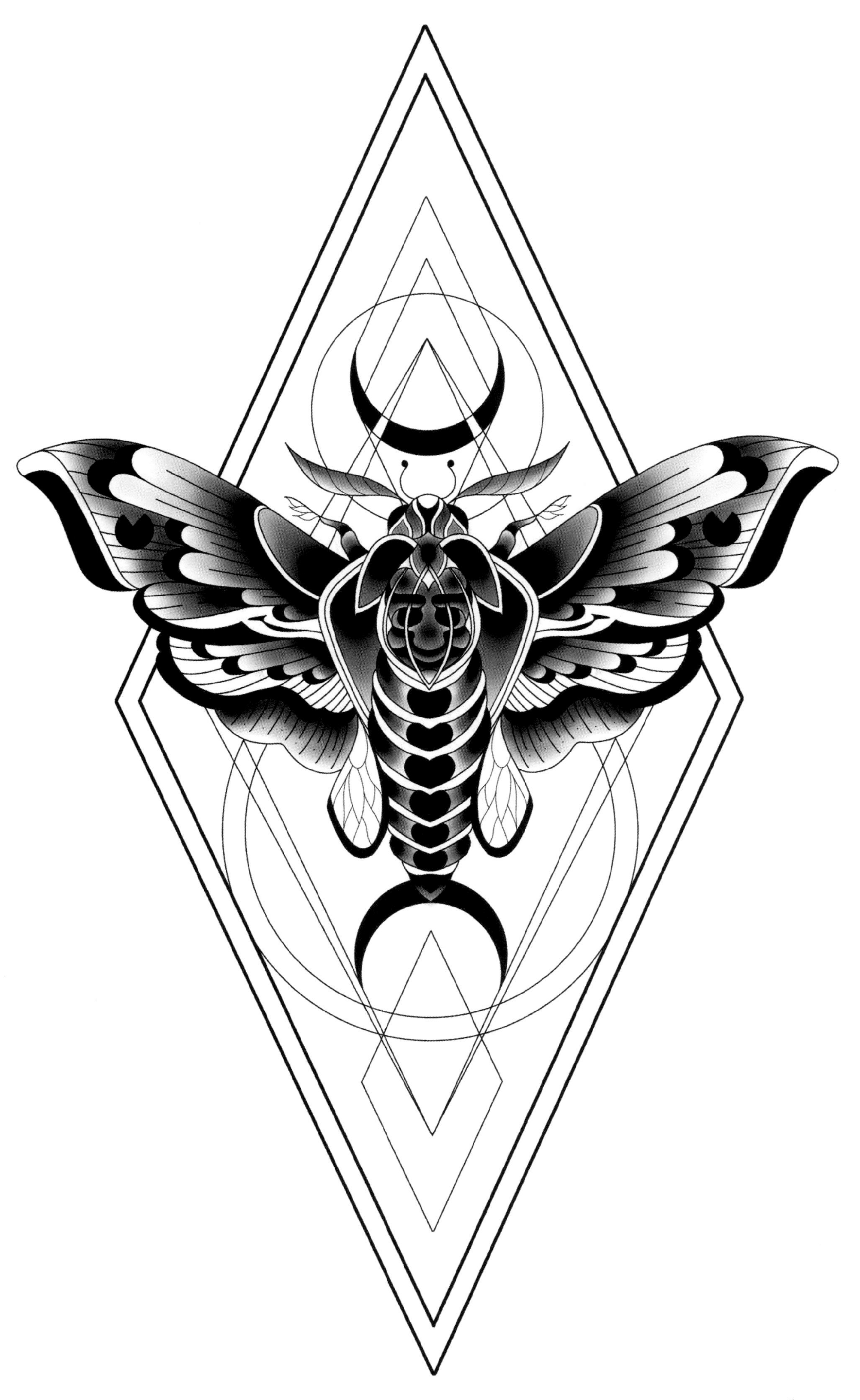

Manuel Winkler

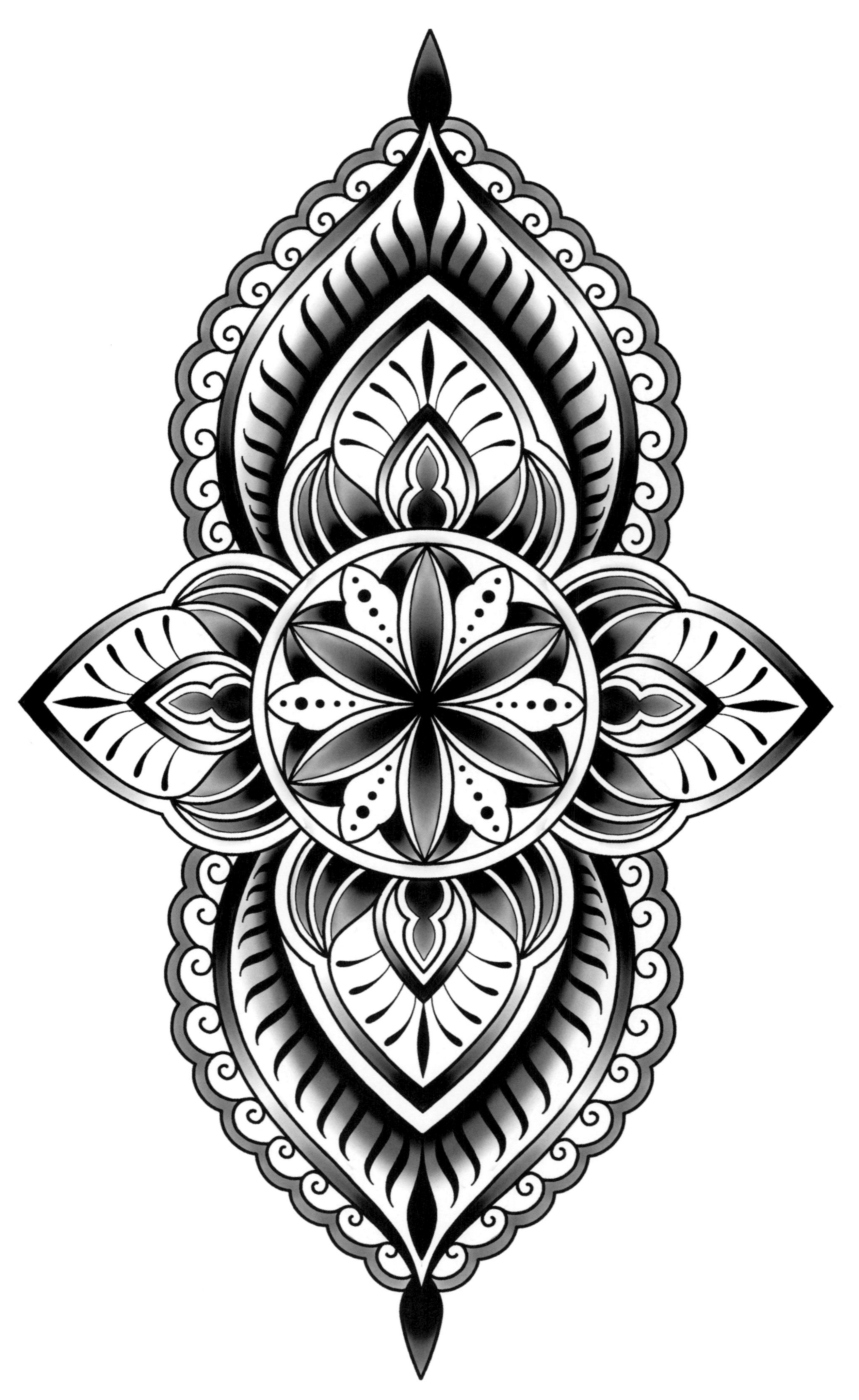

Manuel Winkler

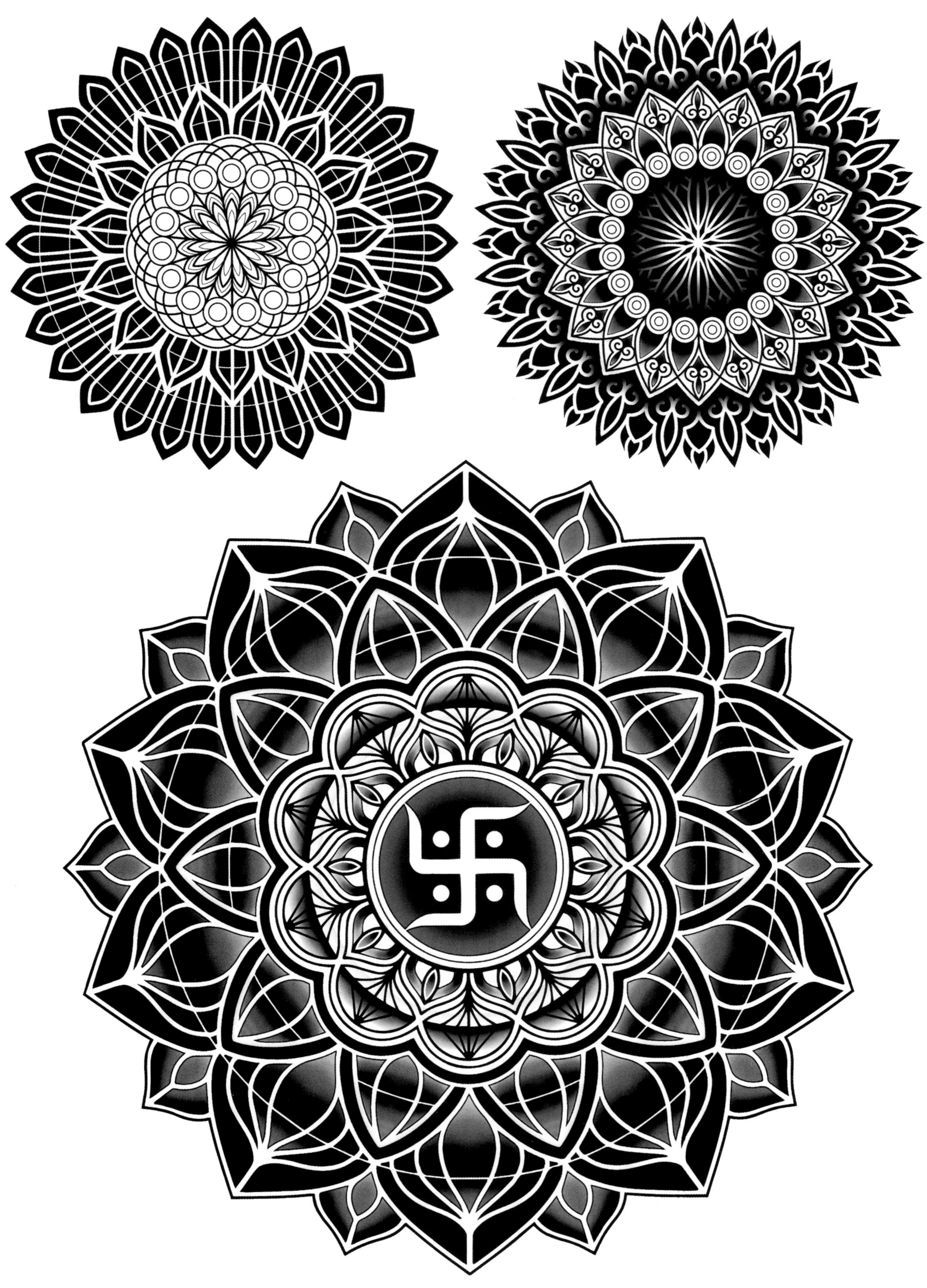

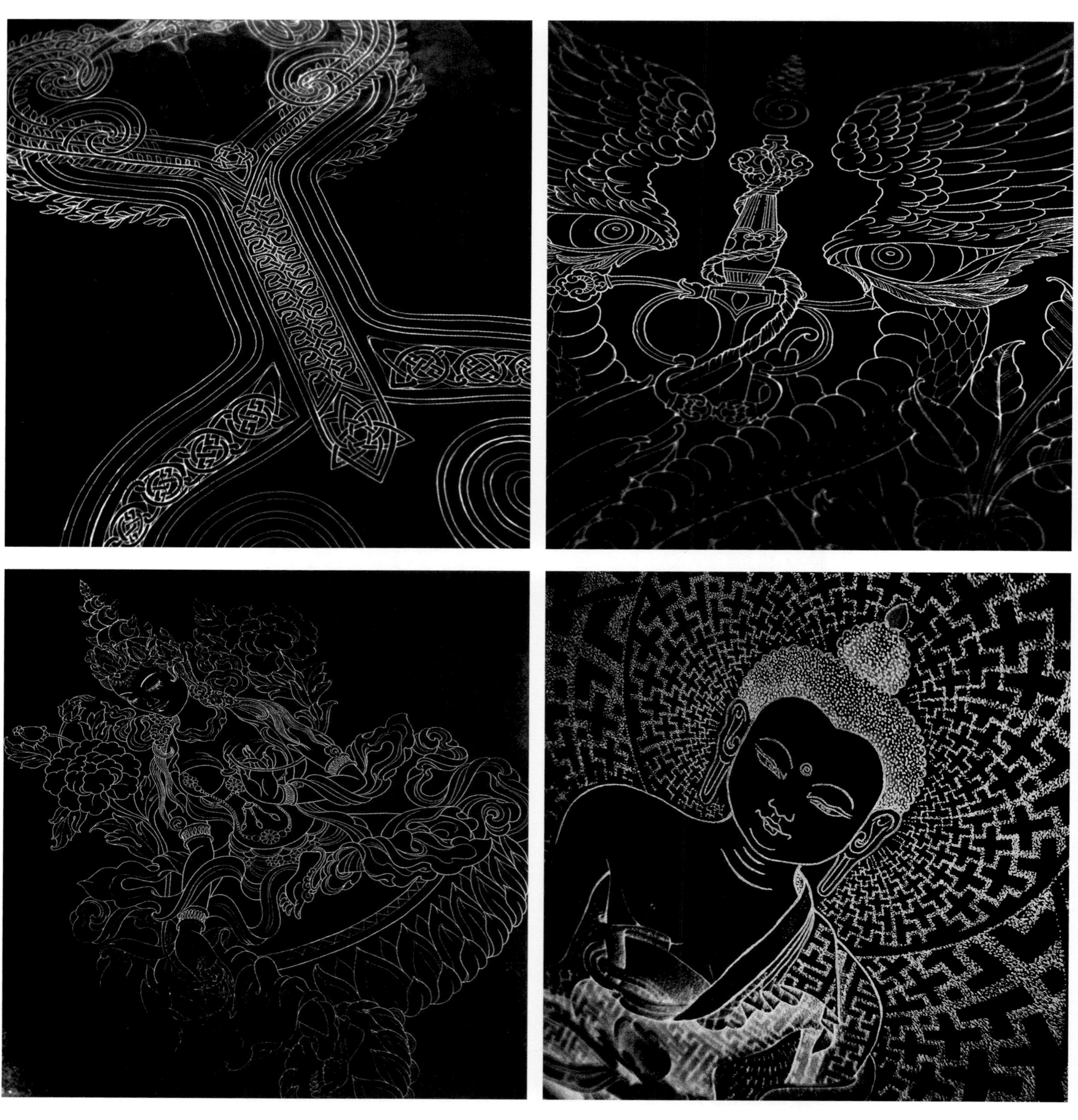

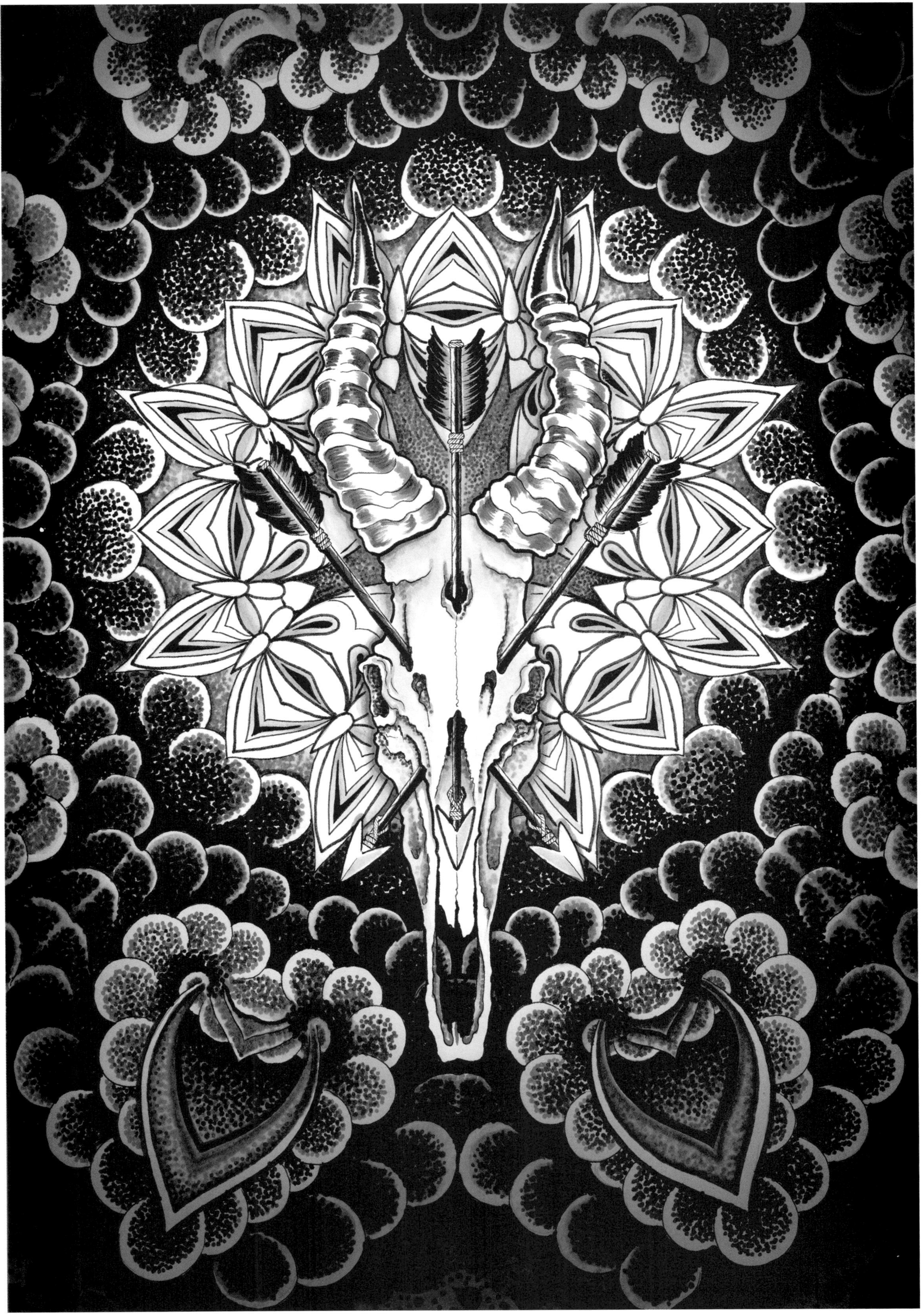

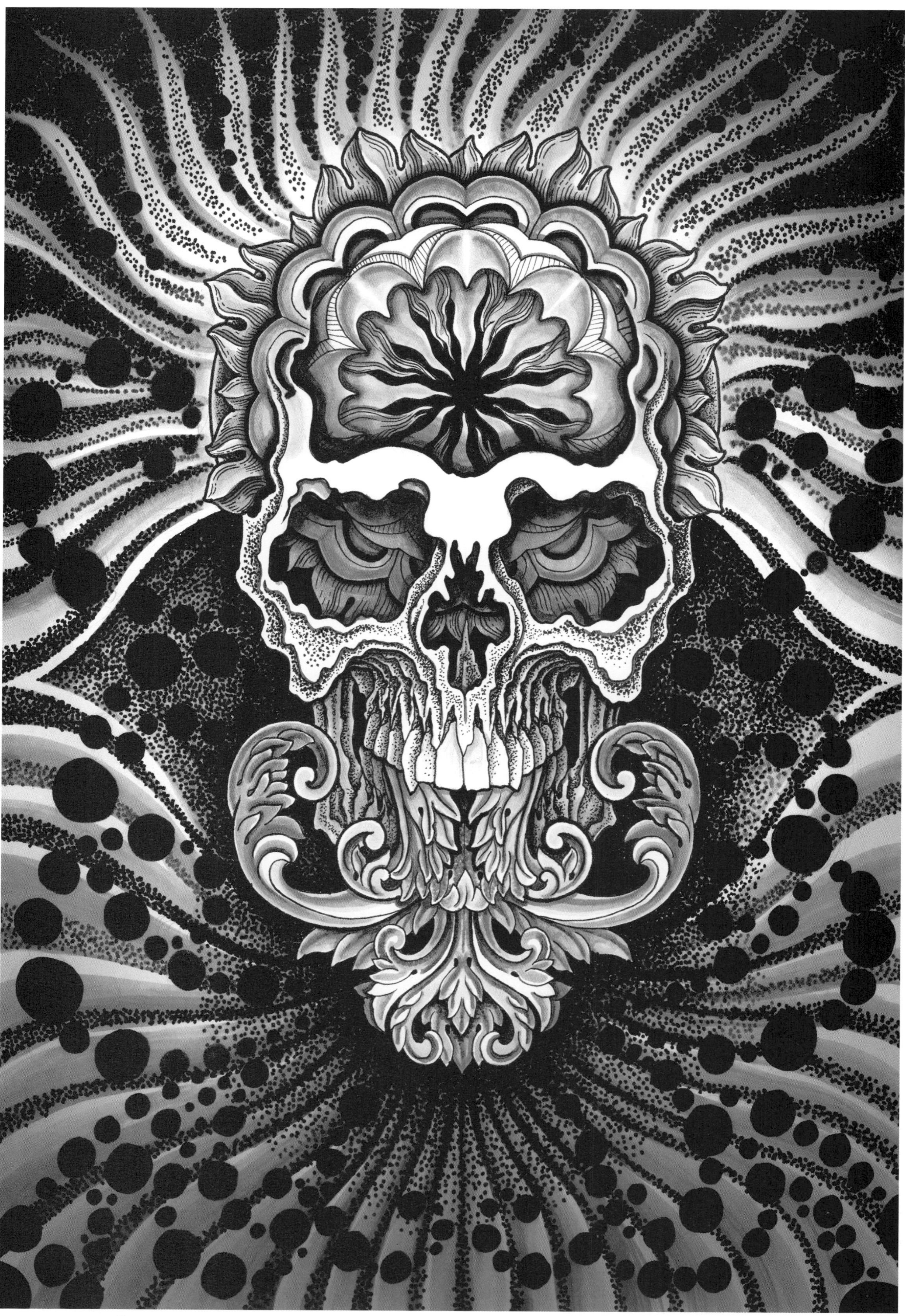

Mike Amanita

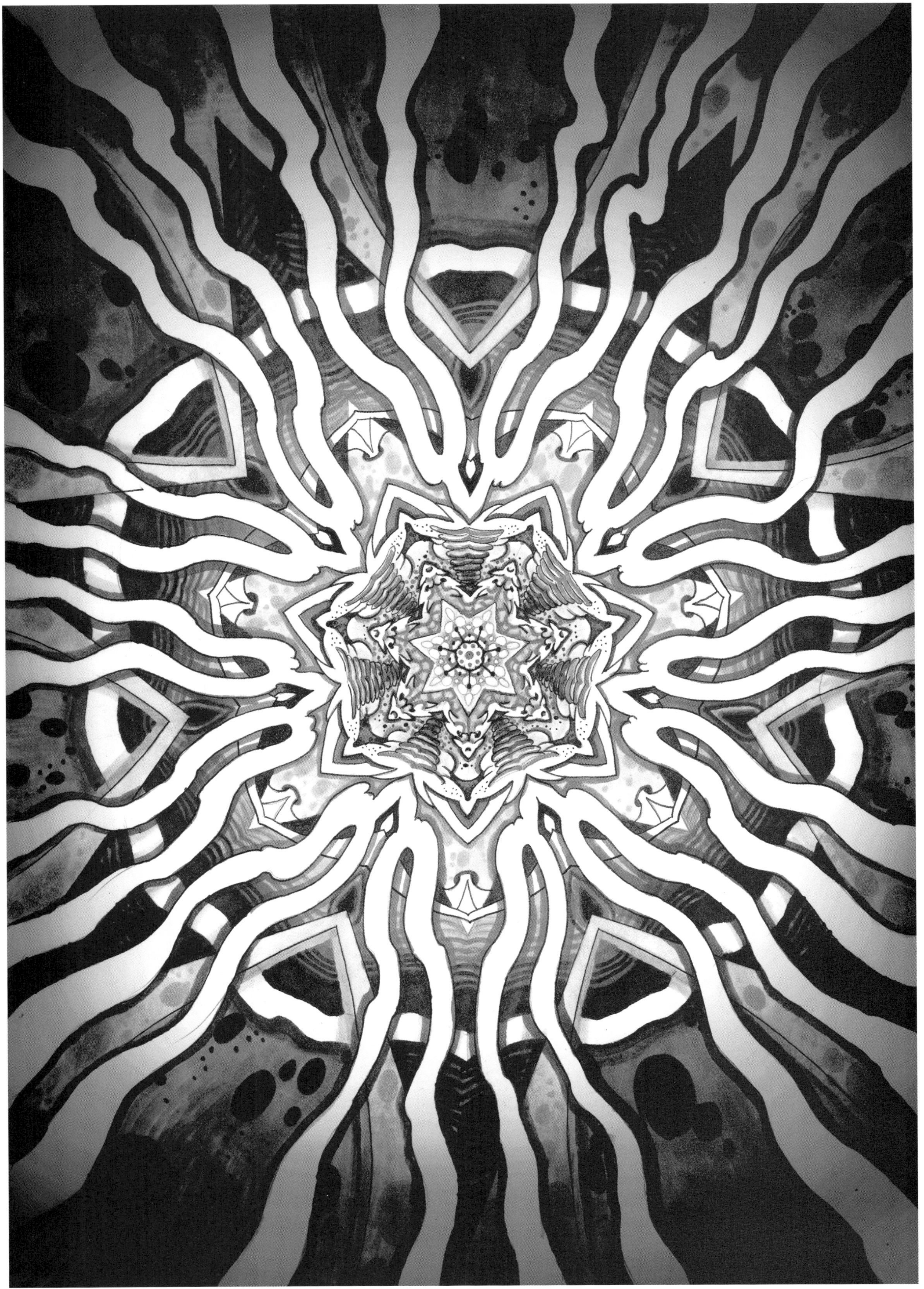

Mike Amanita

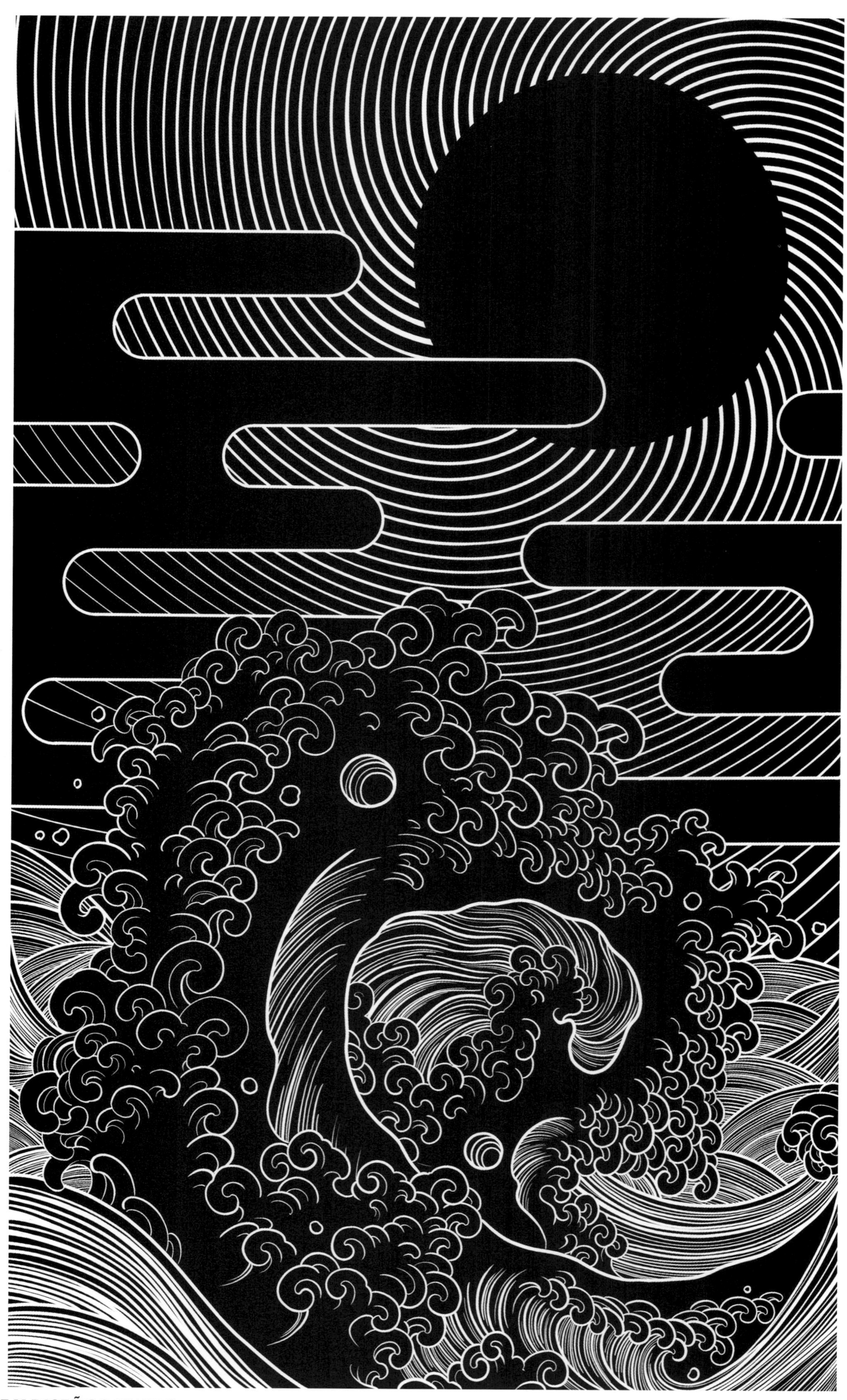

Nissaco

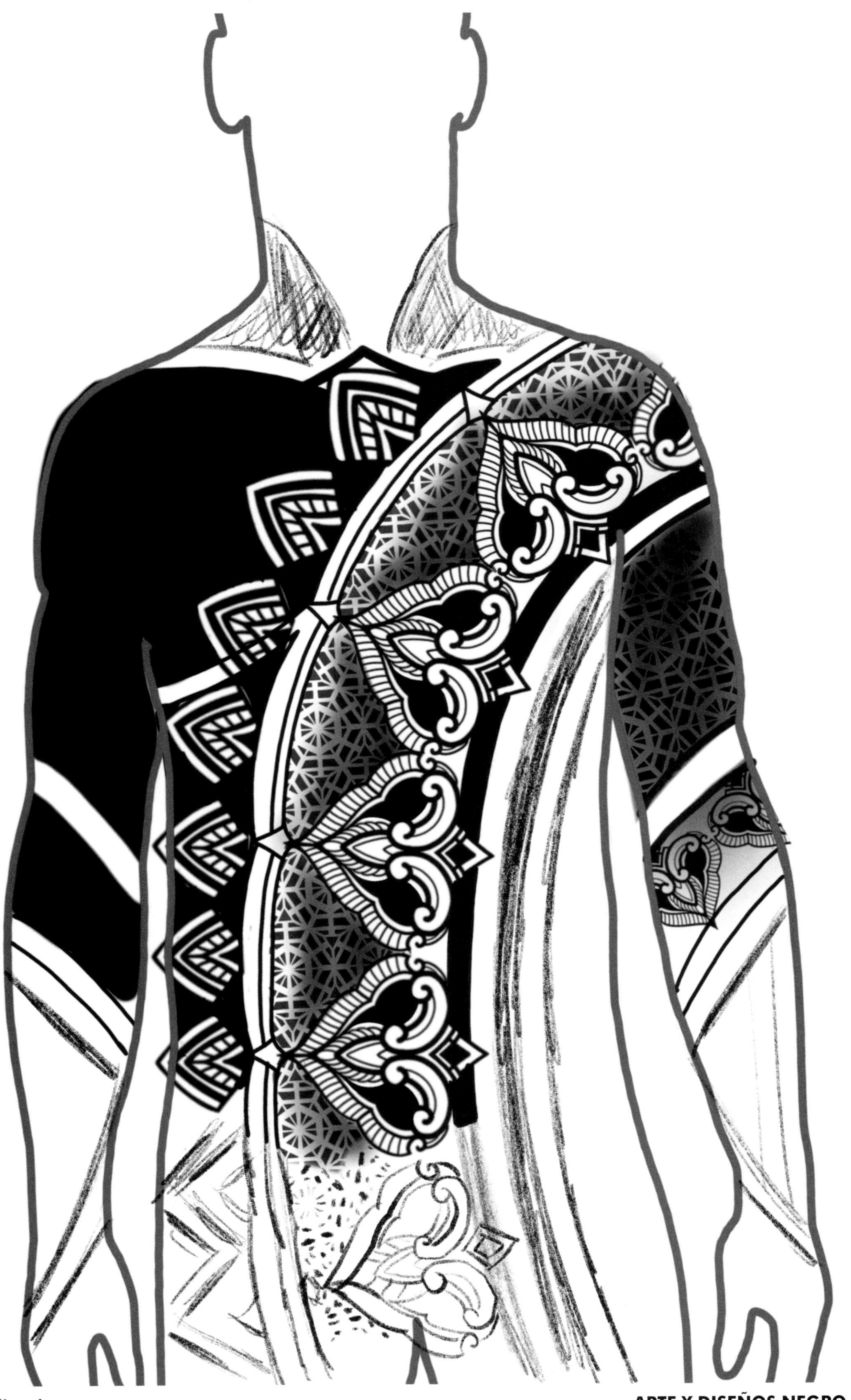

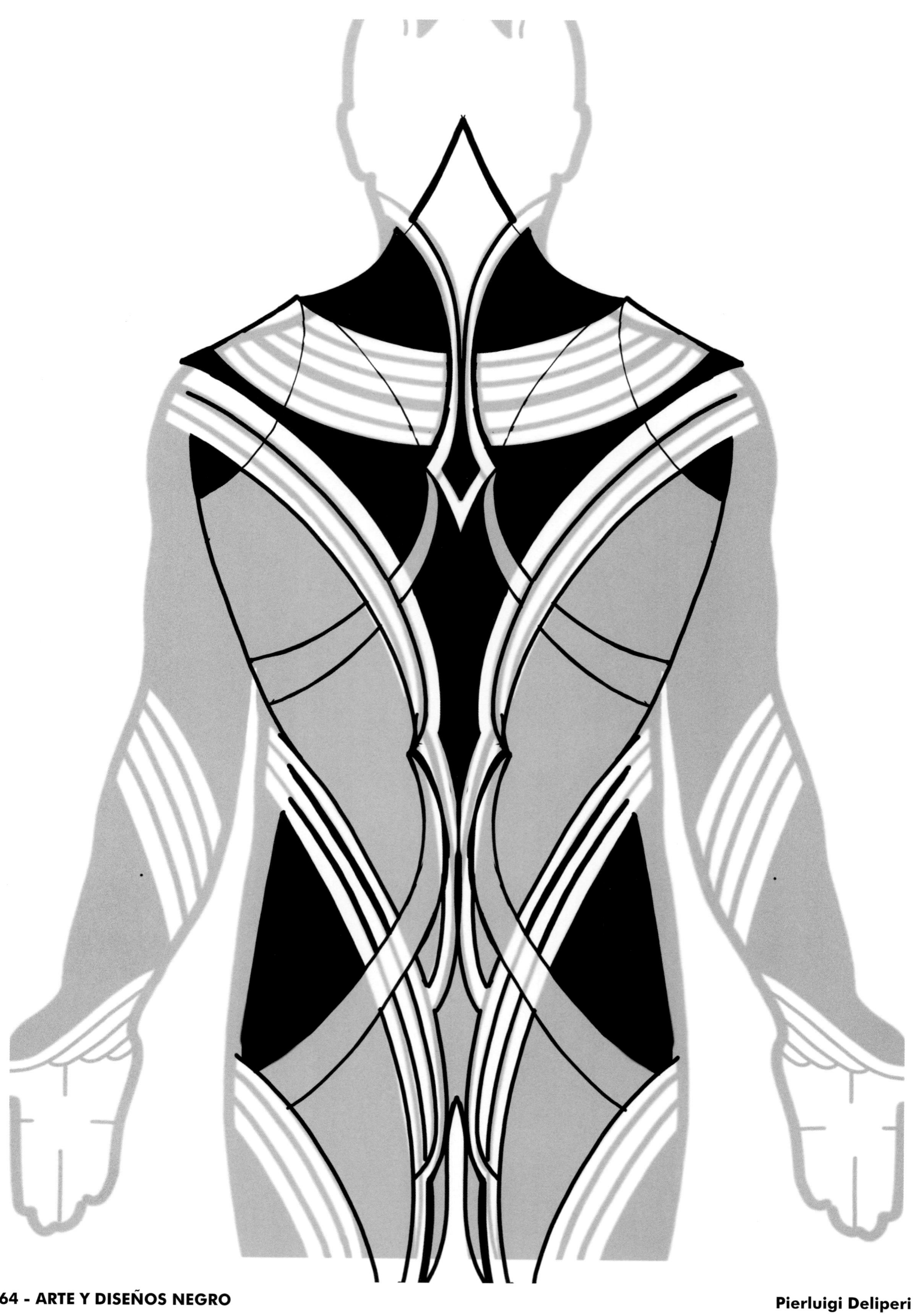

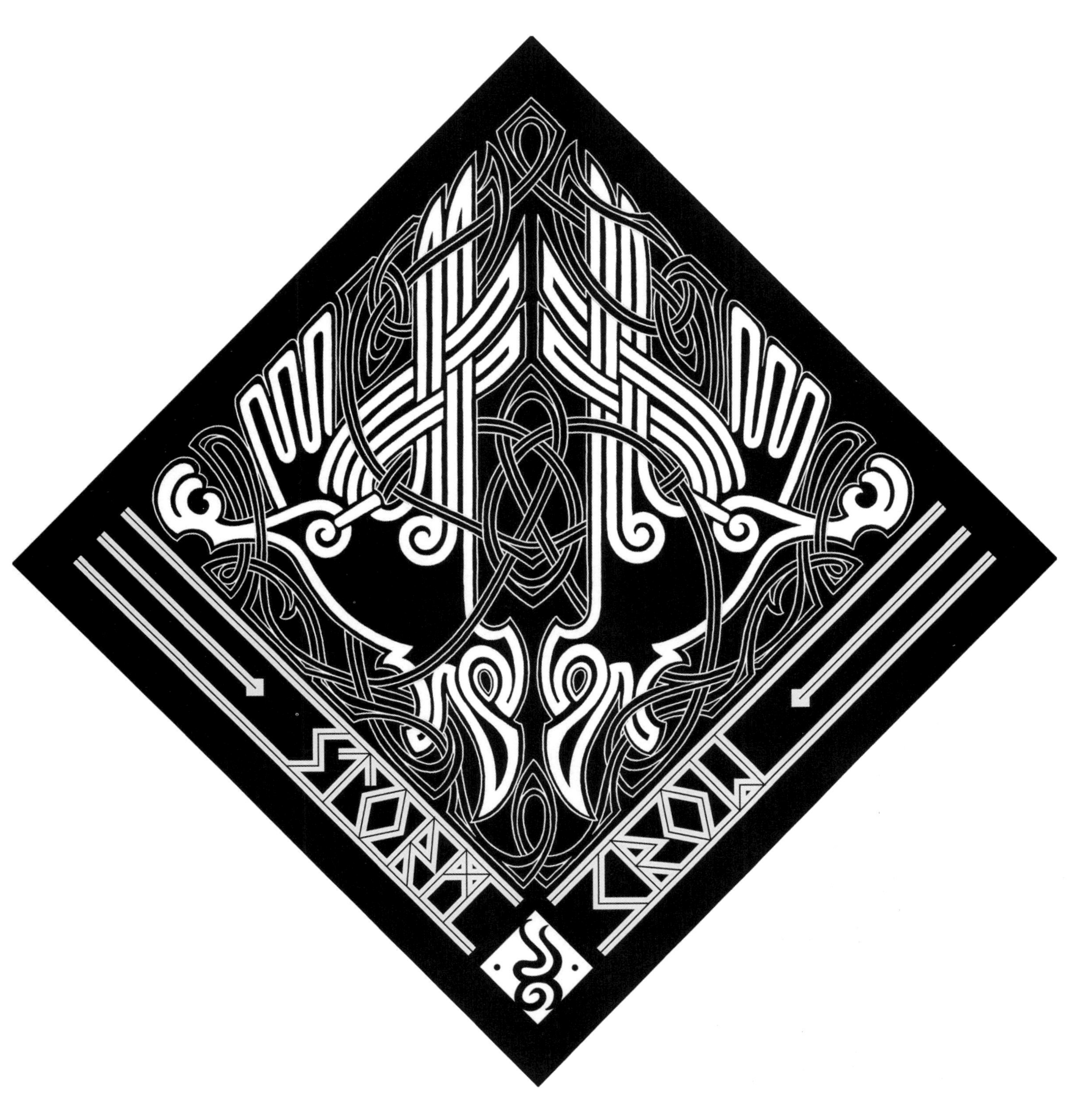

Diseño nórdico (vikingo) que representa a los cuervos de Odín, Hugin y Munin.
Nordic (Viking) design representing Odin's ravens, Hugin and Munin.

Rory Keating

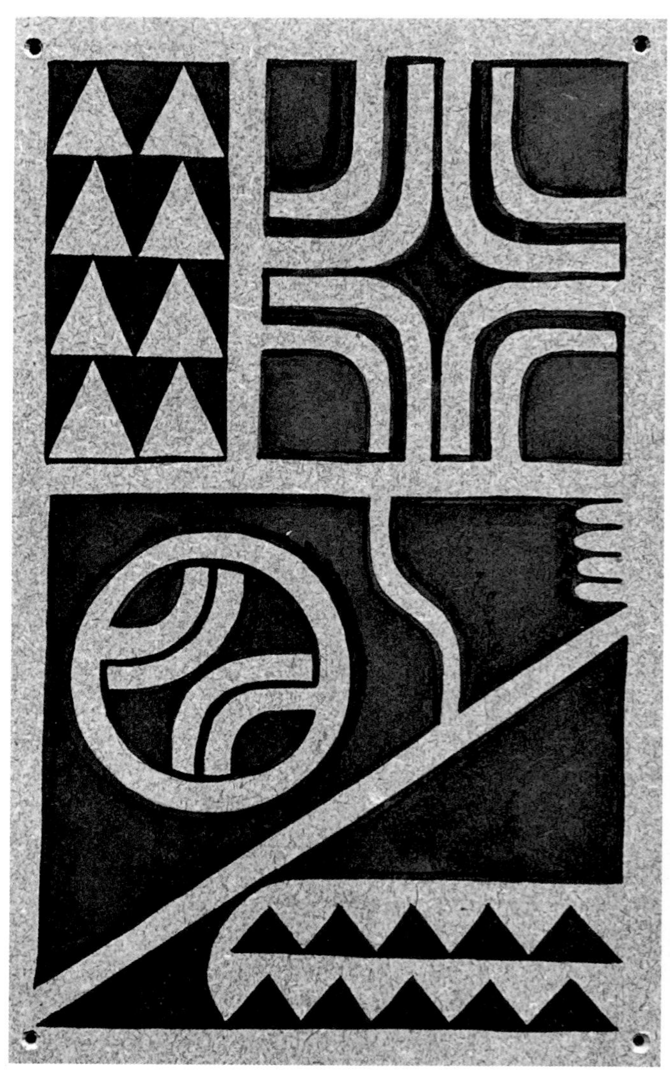
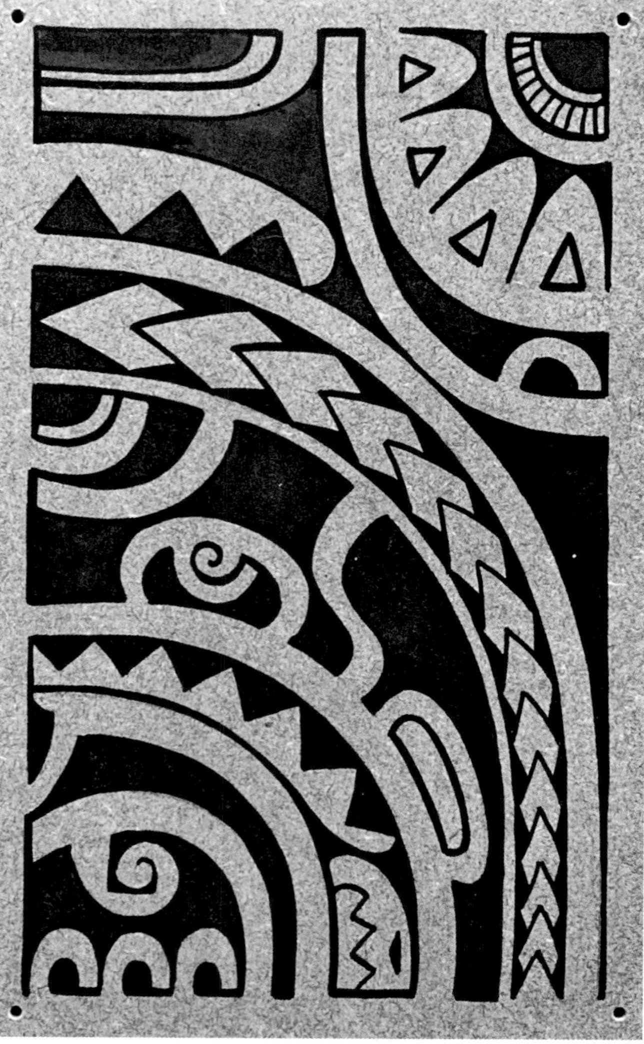
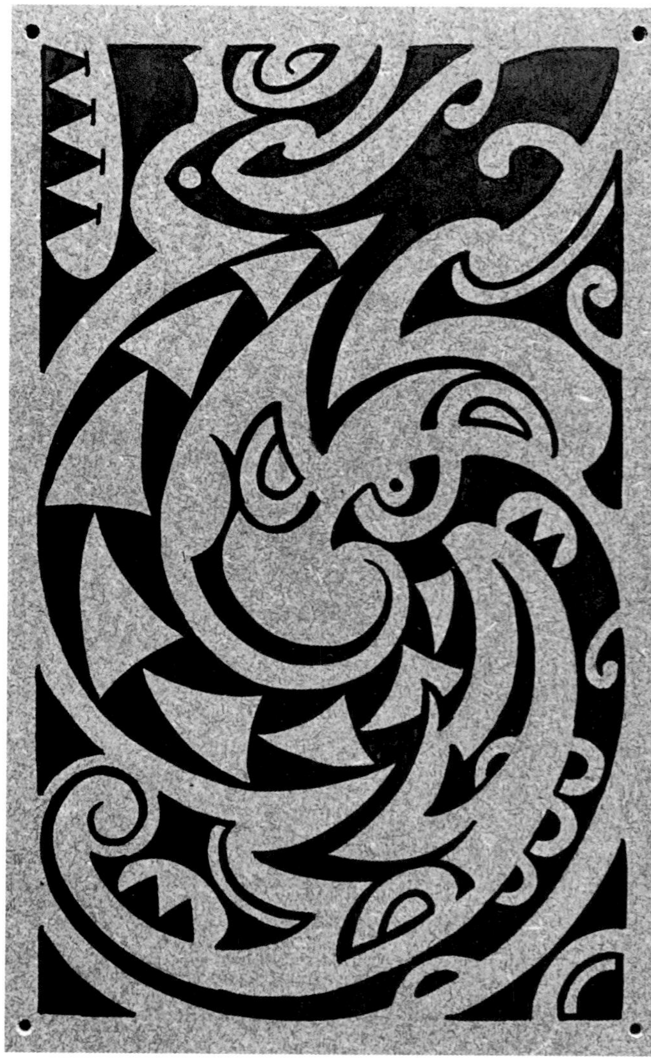
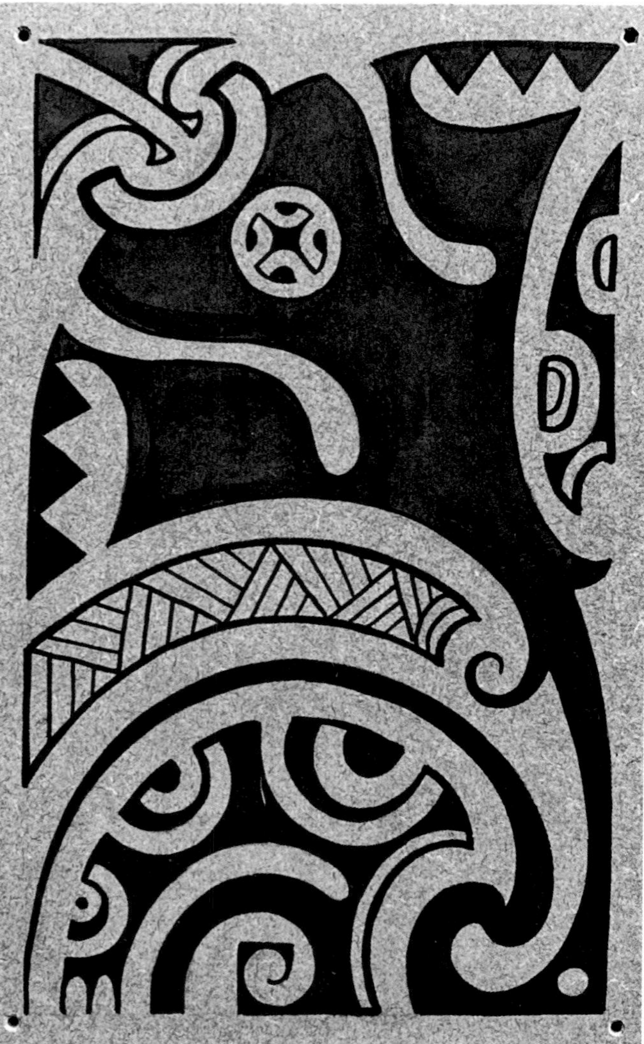

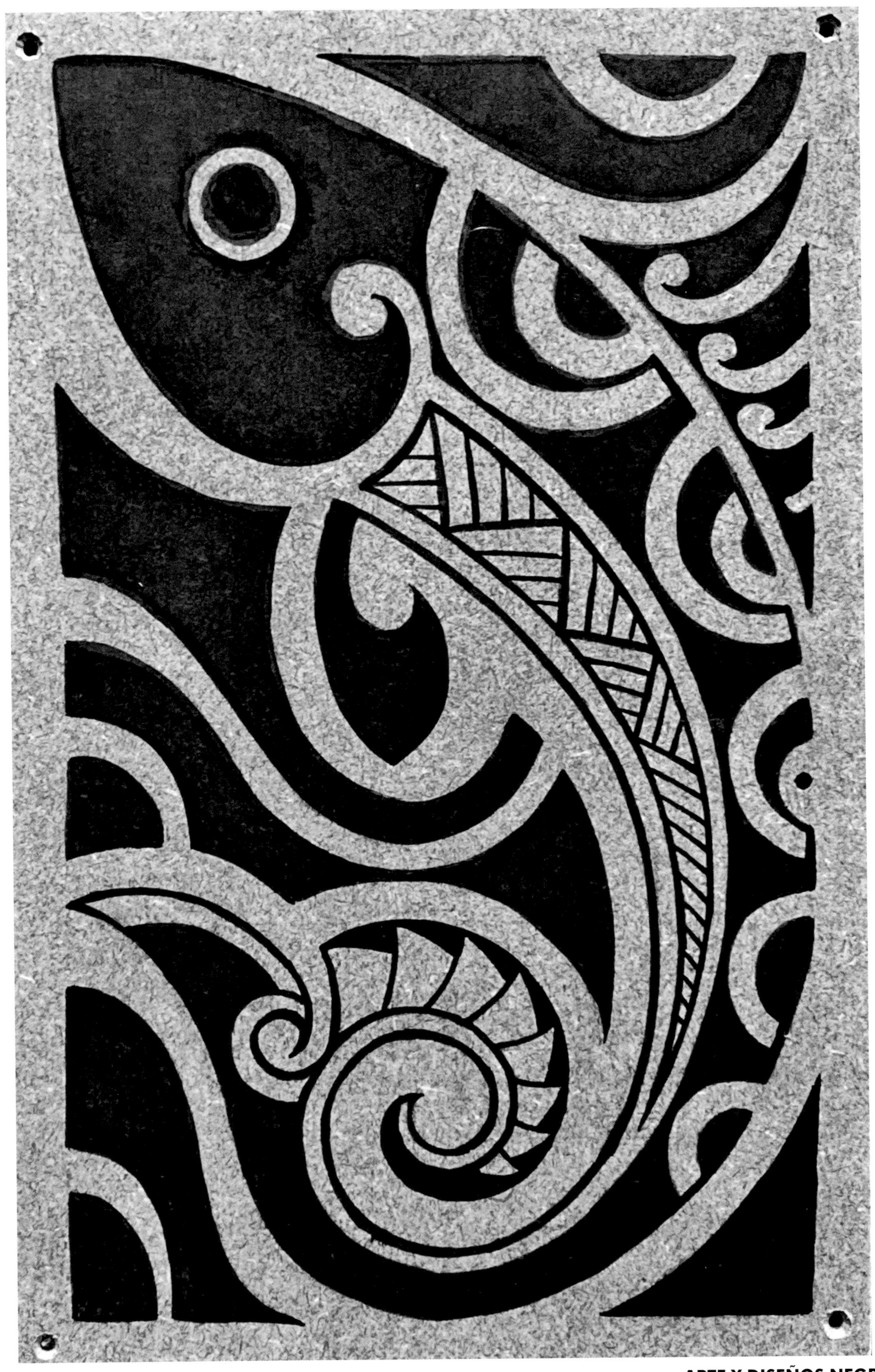

Rory Keating

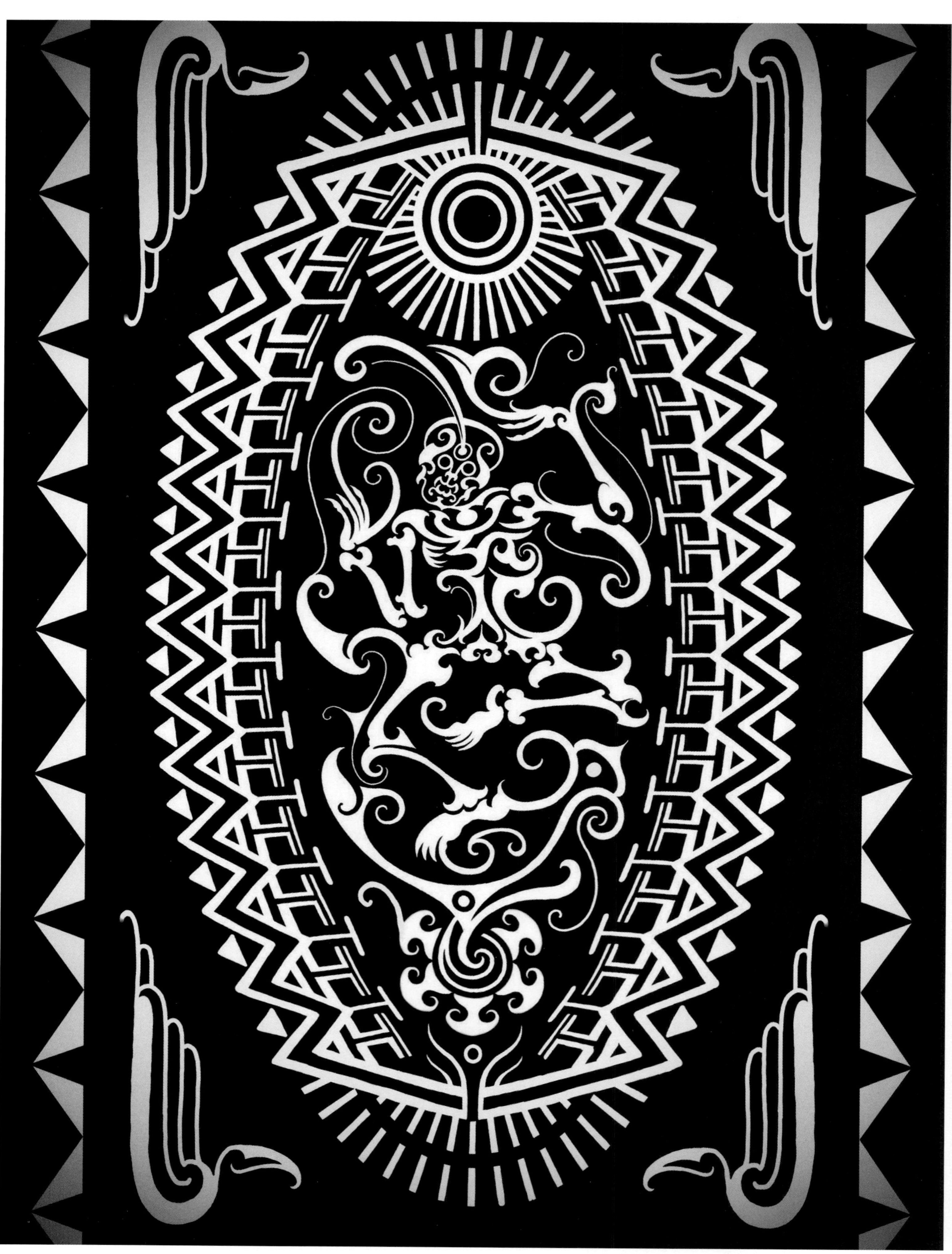

Samuel Christensen

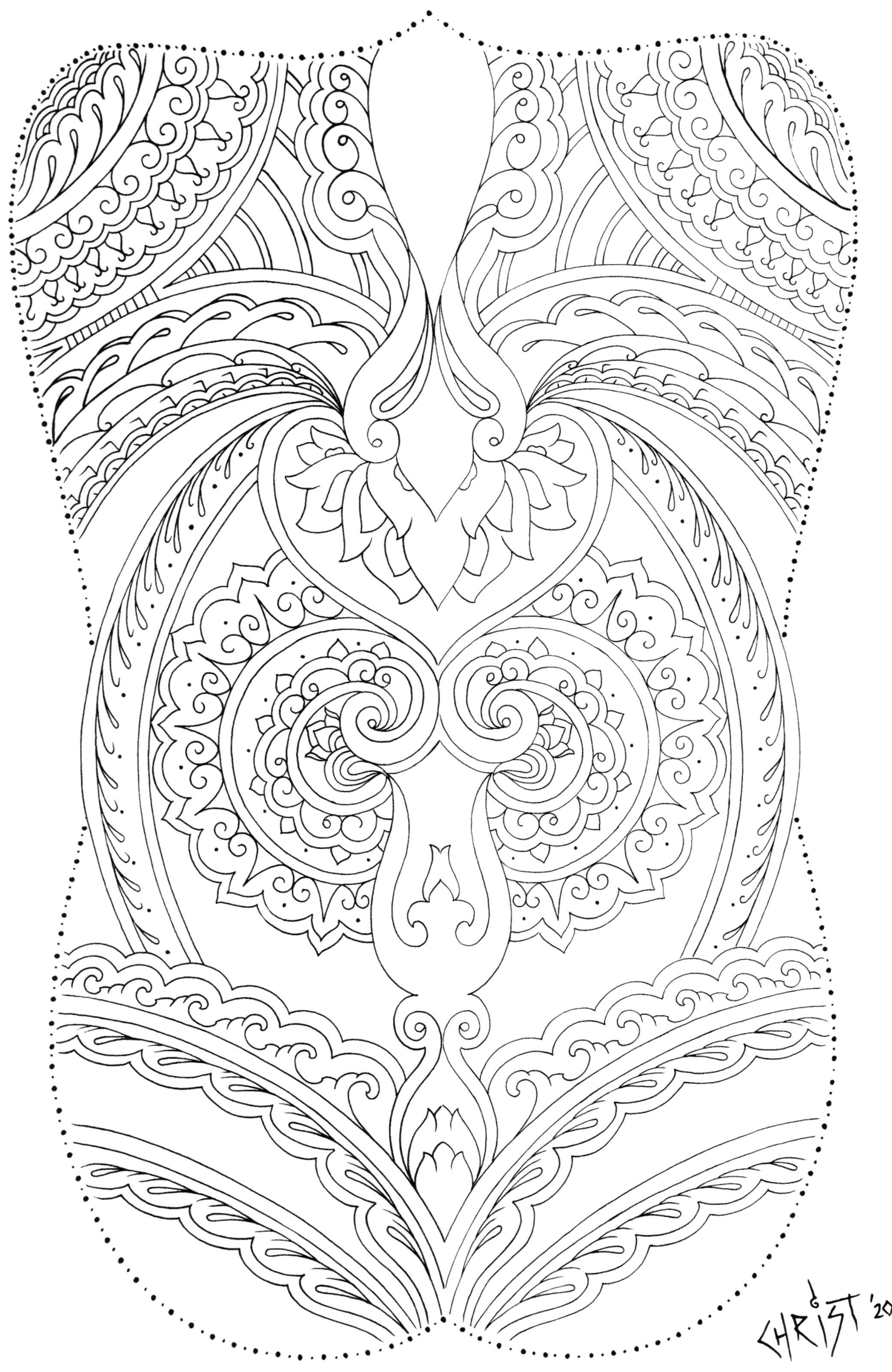
CHRIST '20

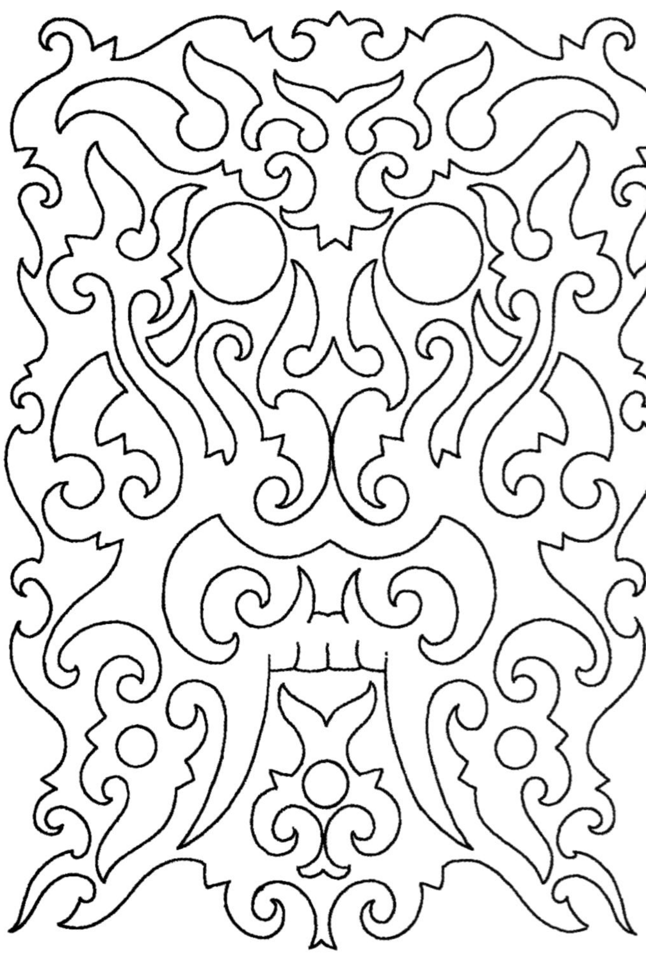

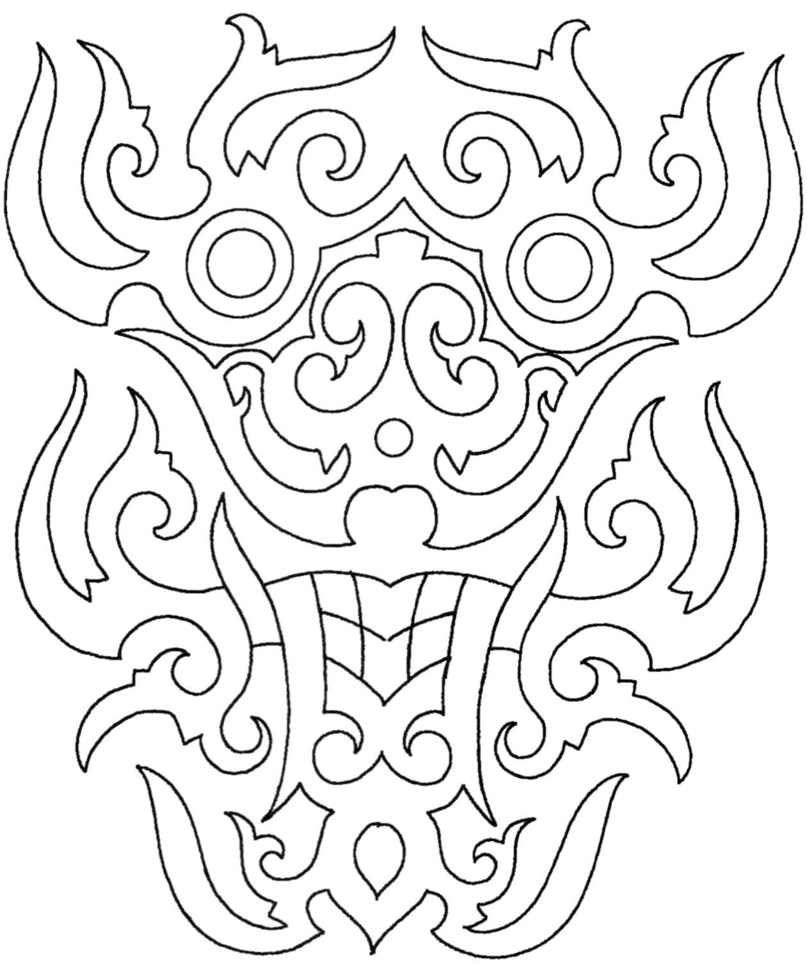

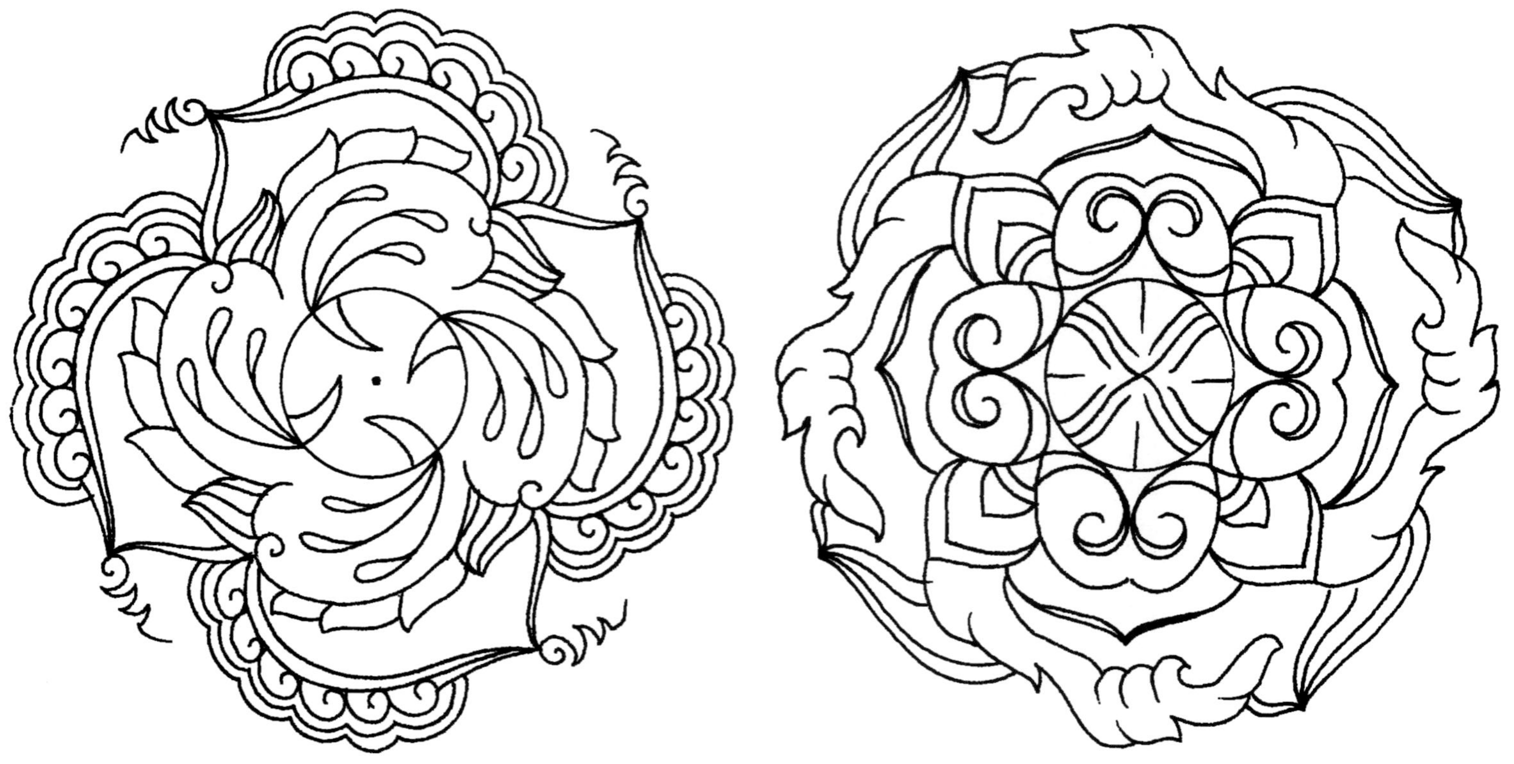

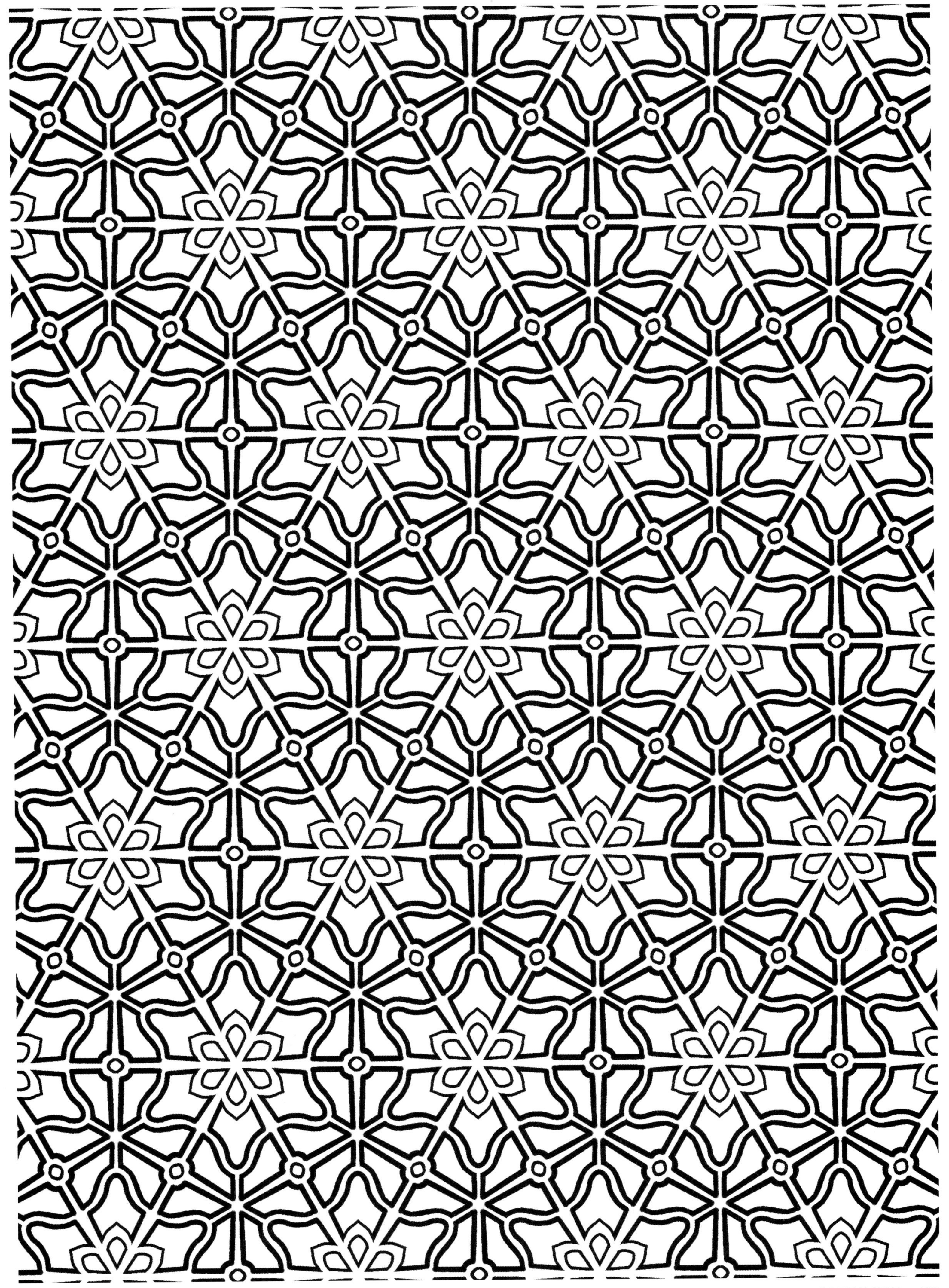

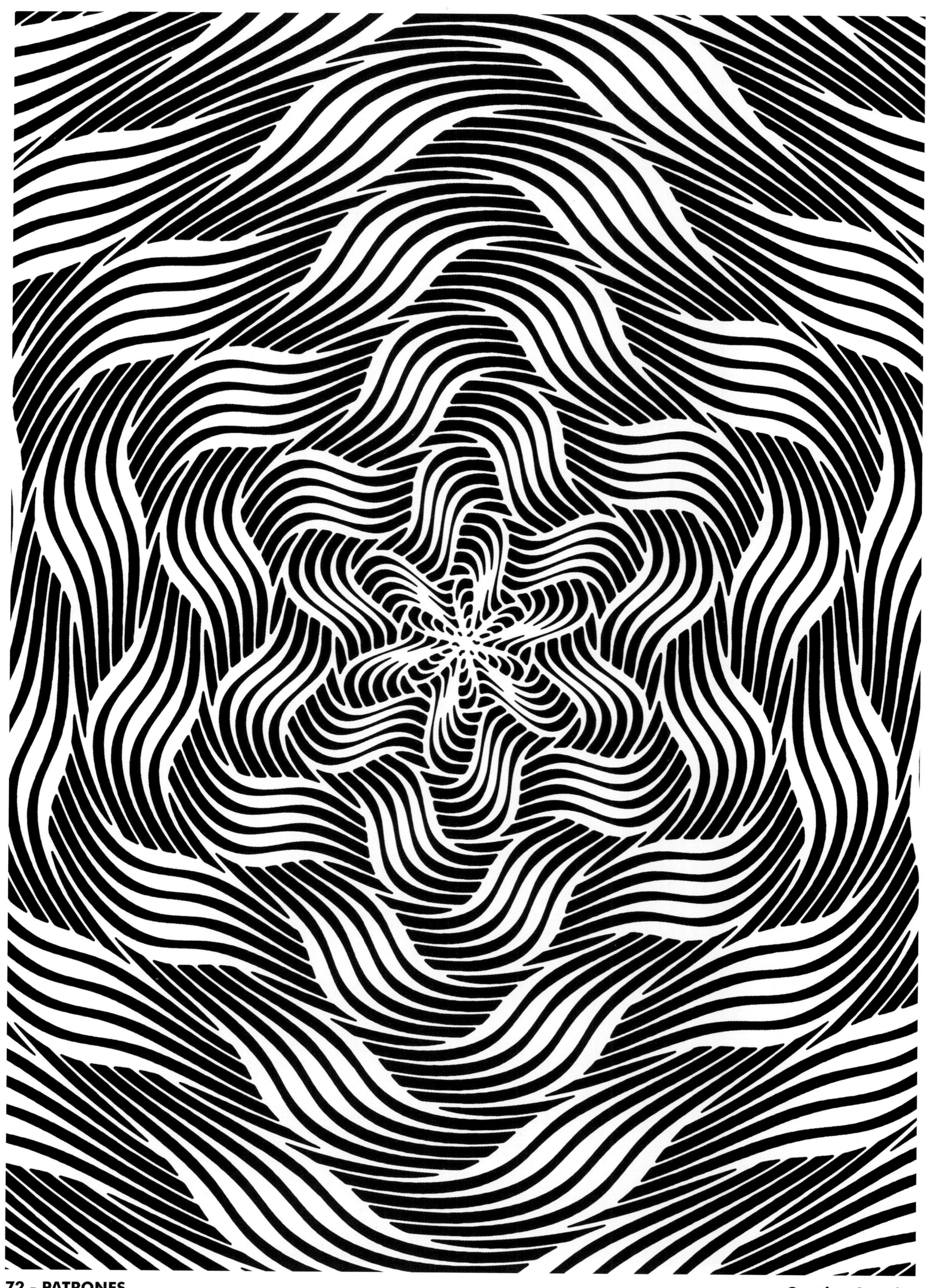

Gunther Iscariot

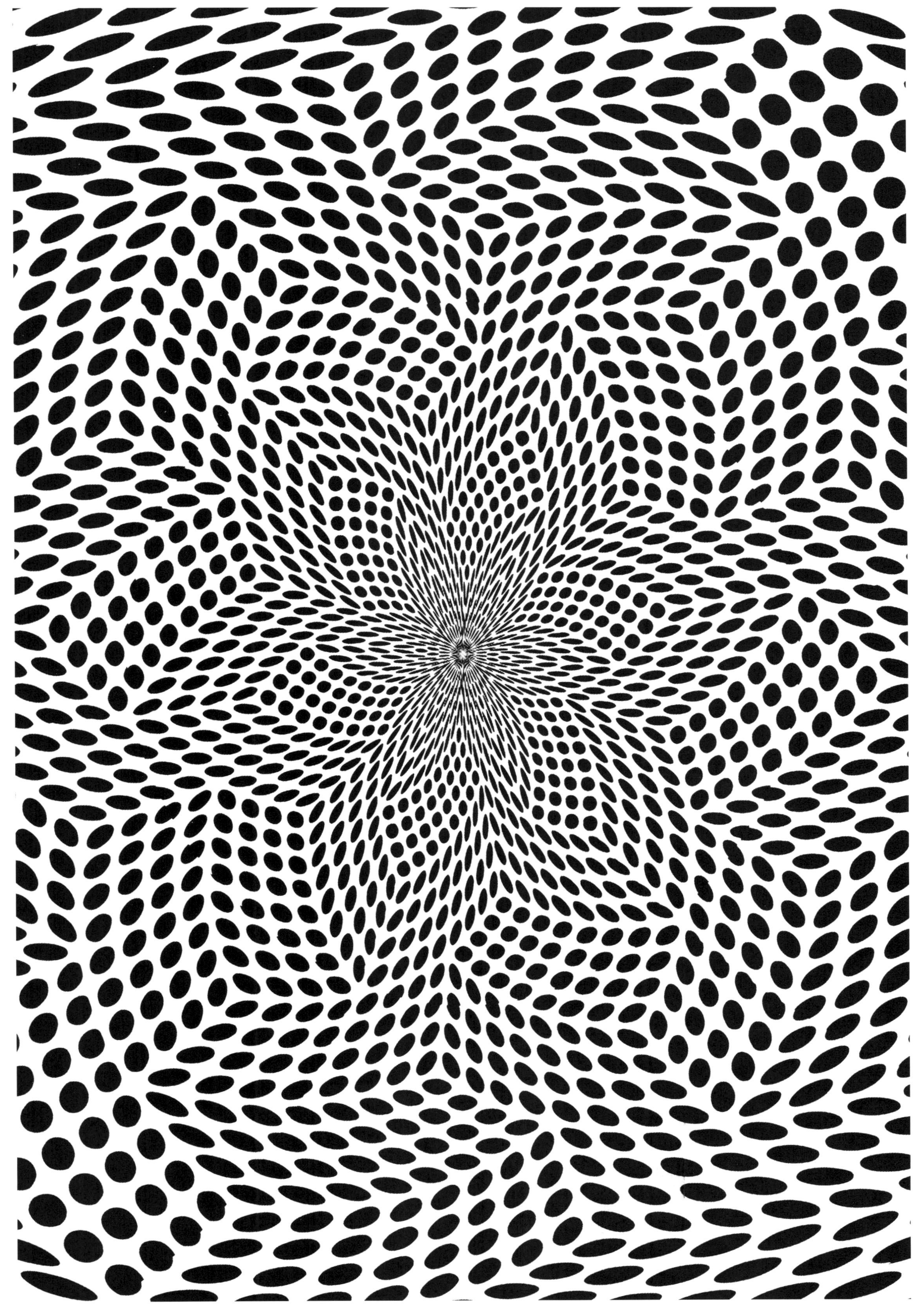

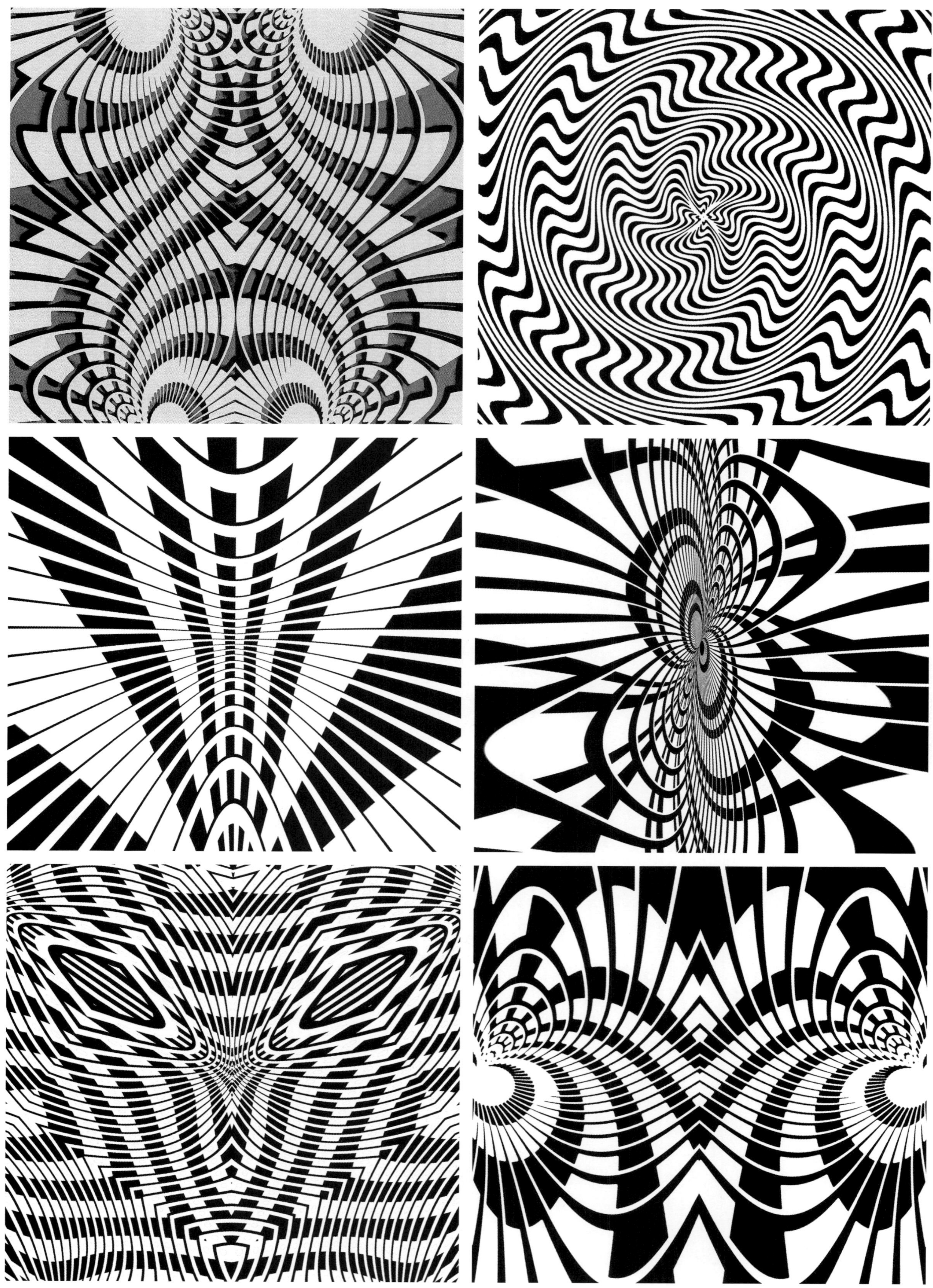

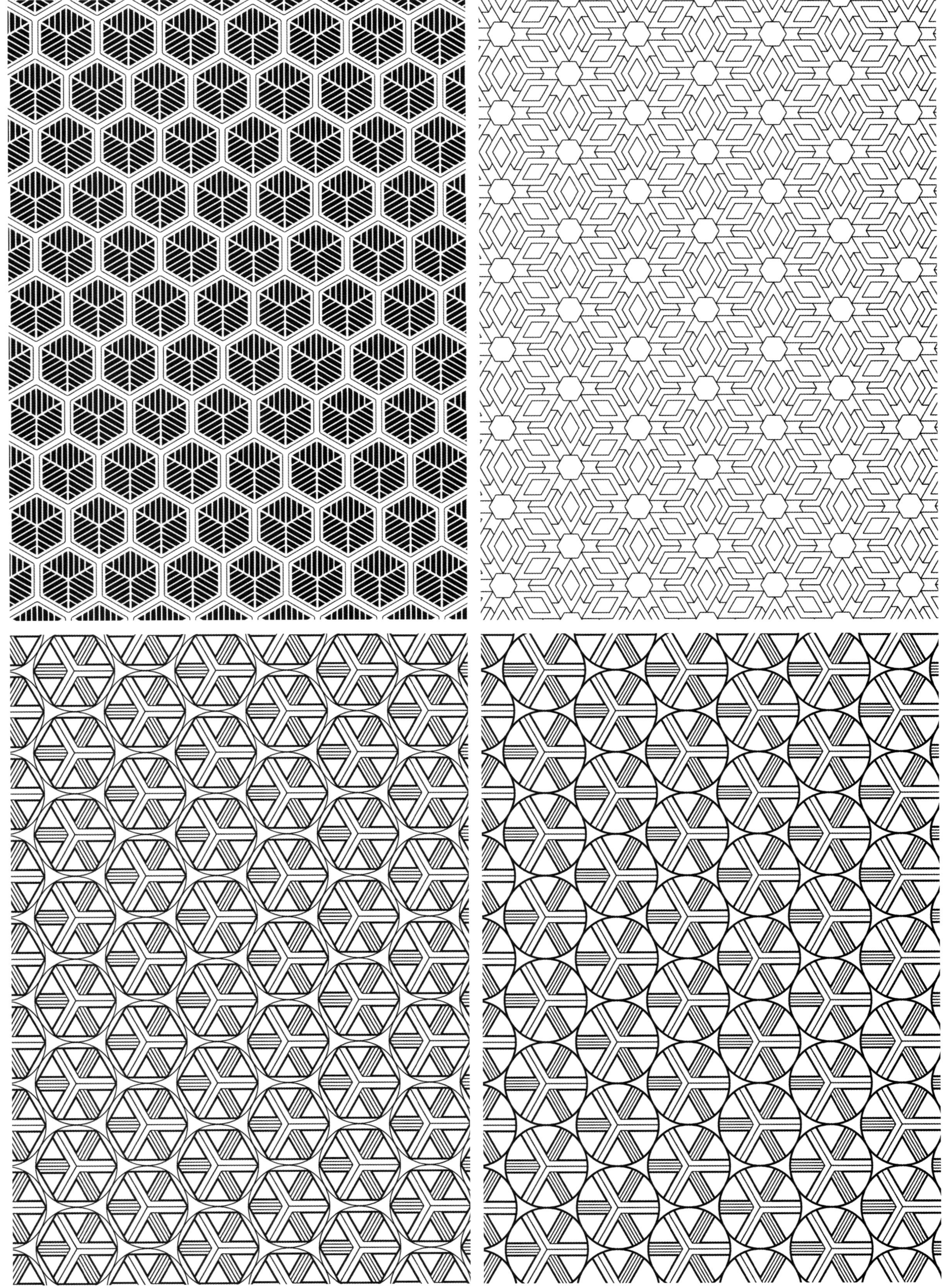

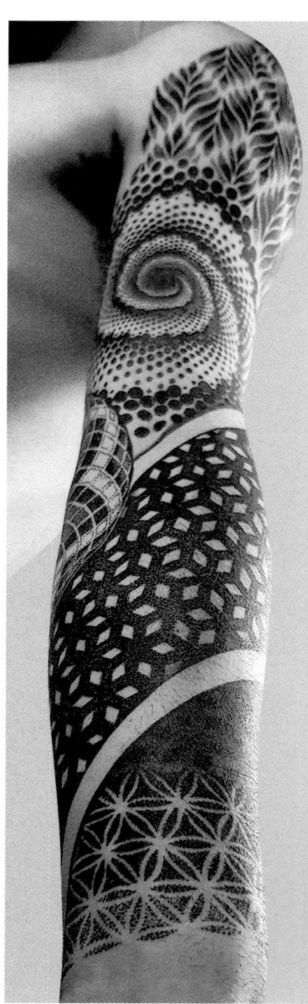
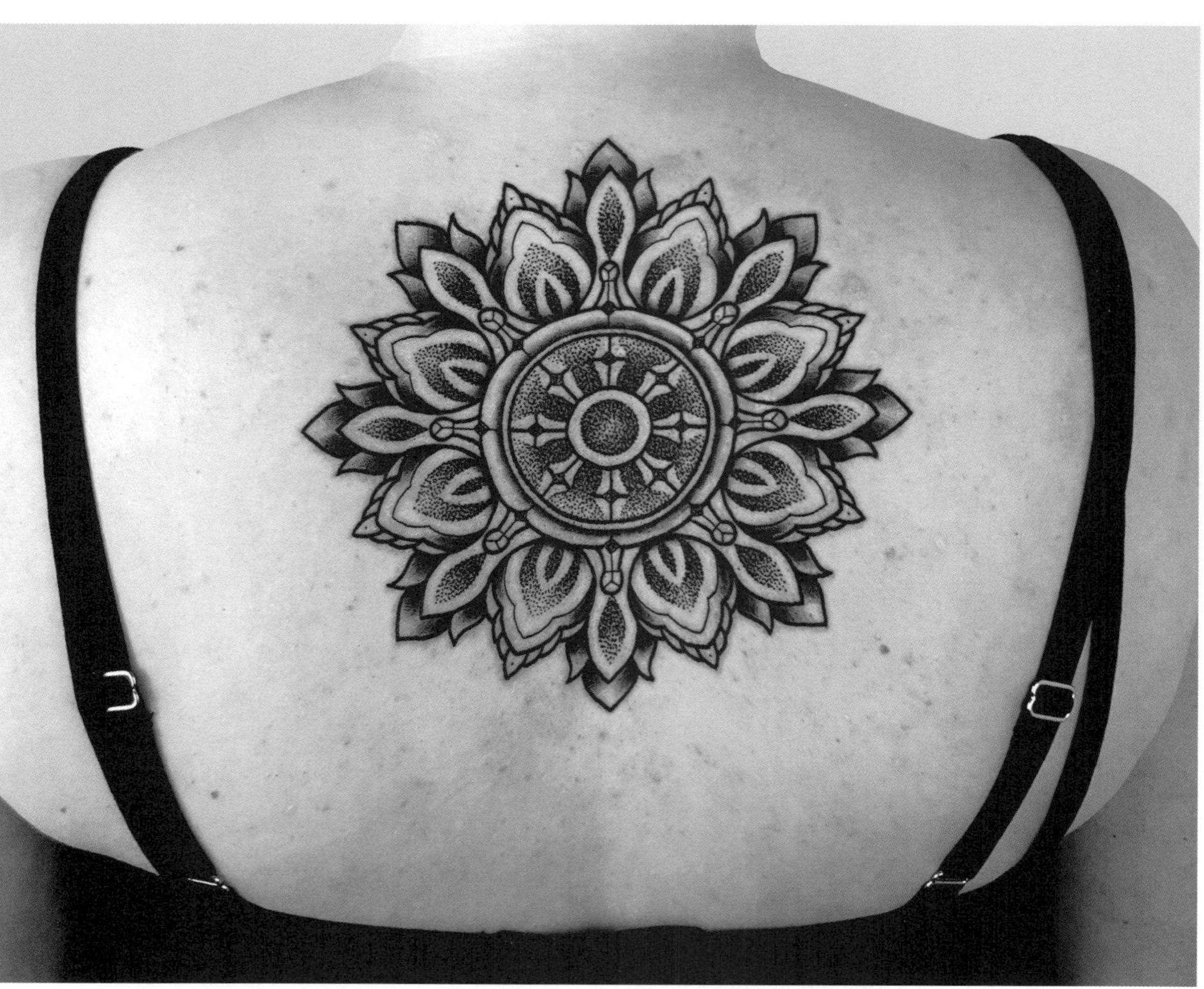
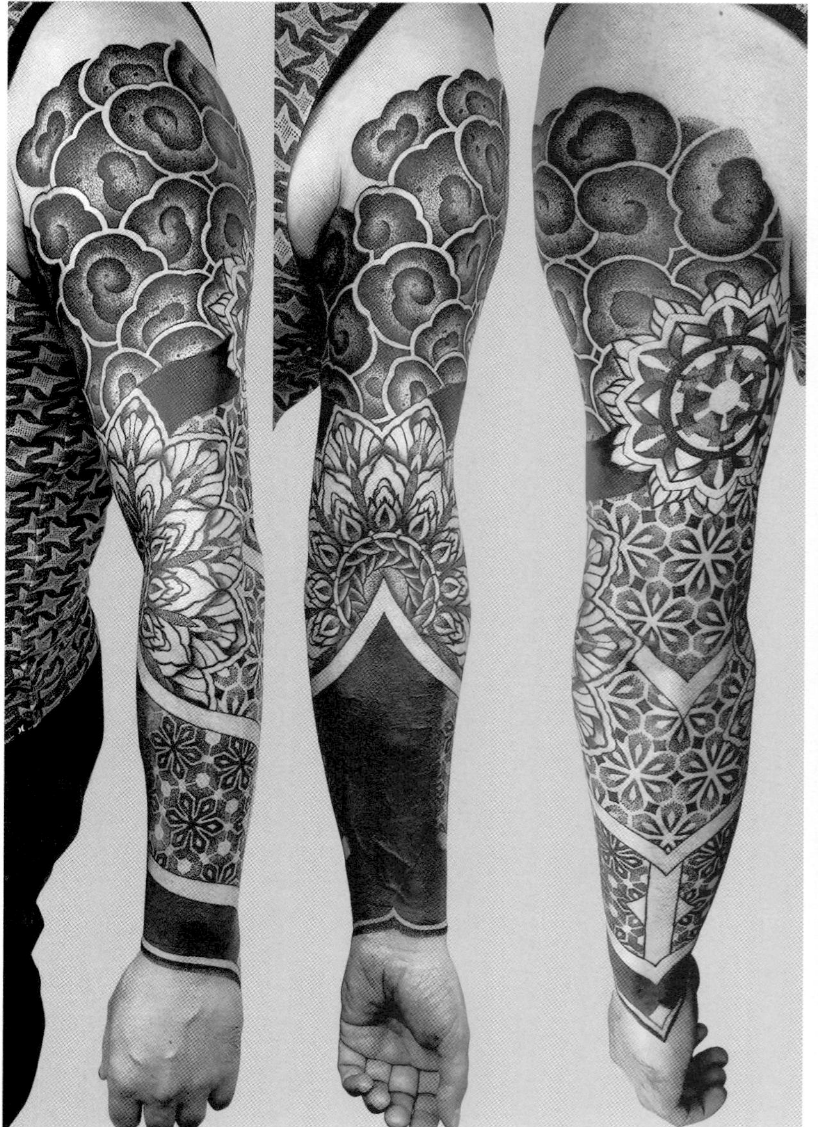
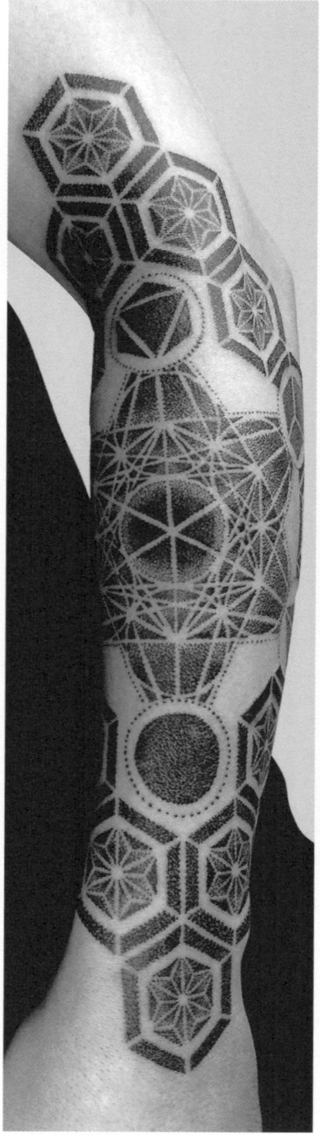
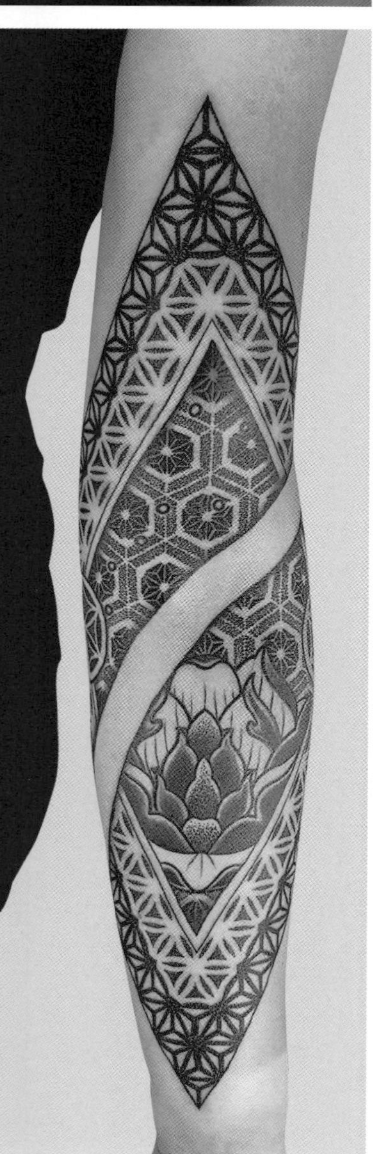

Andi Rest_Less

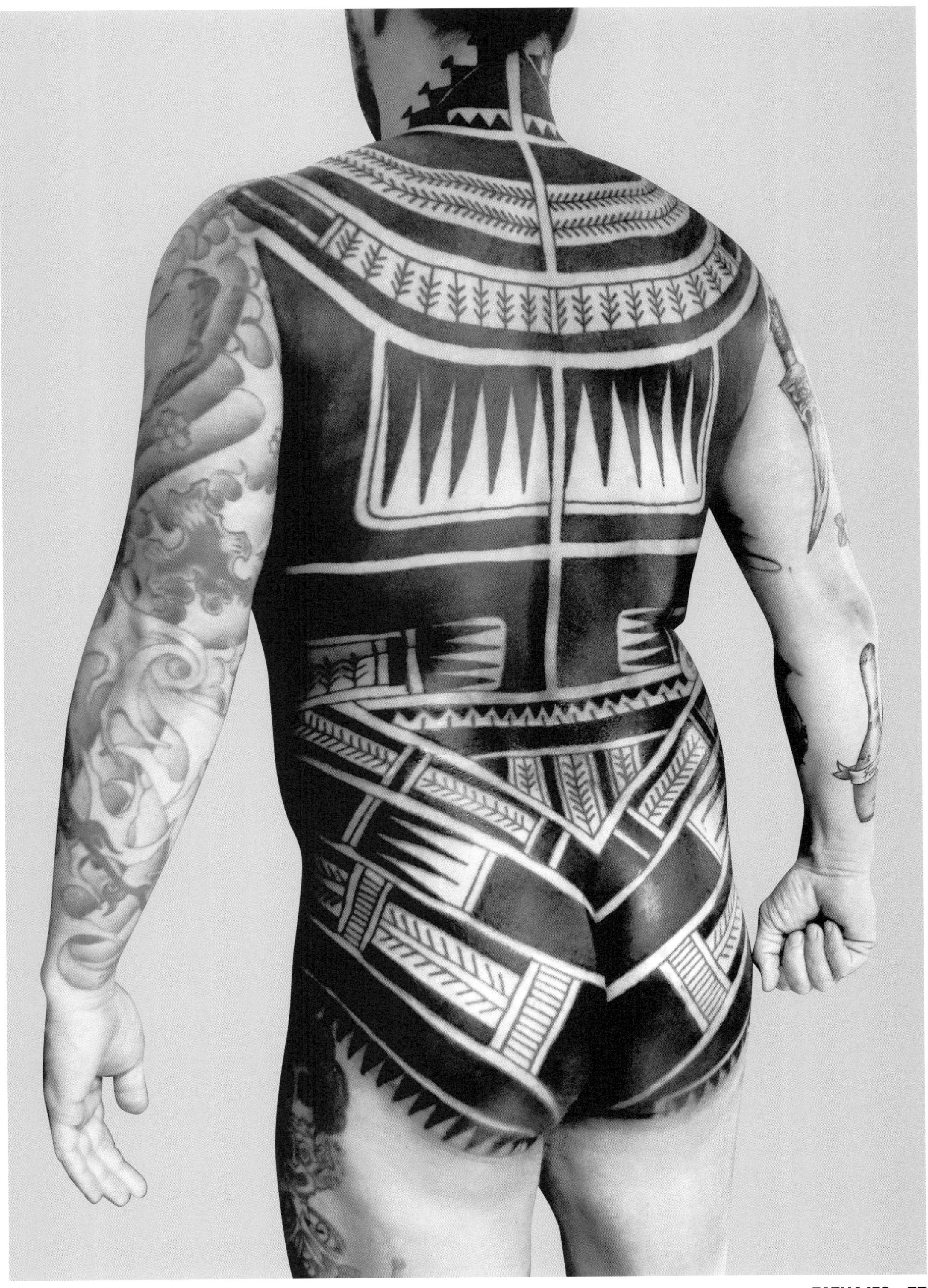

Antti Kuurne

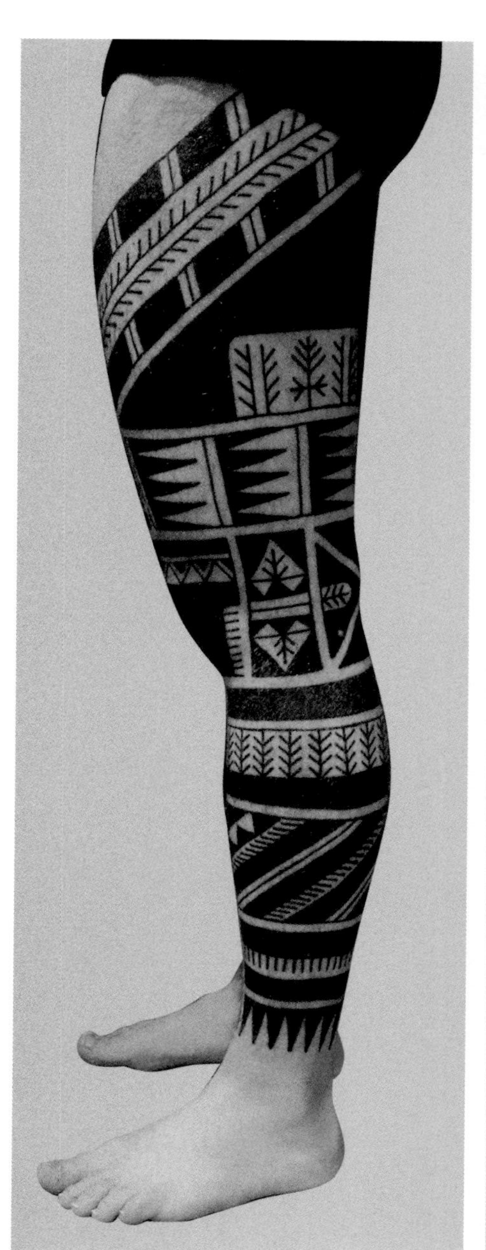
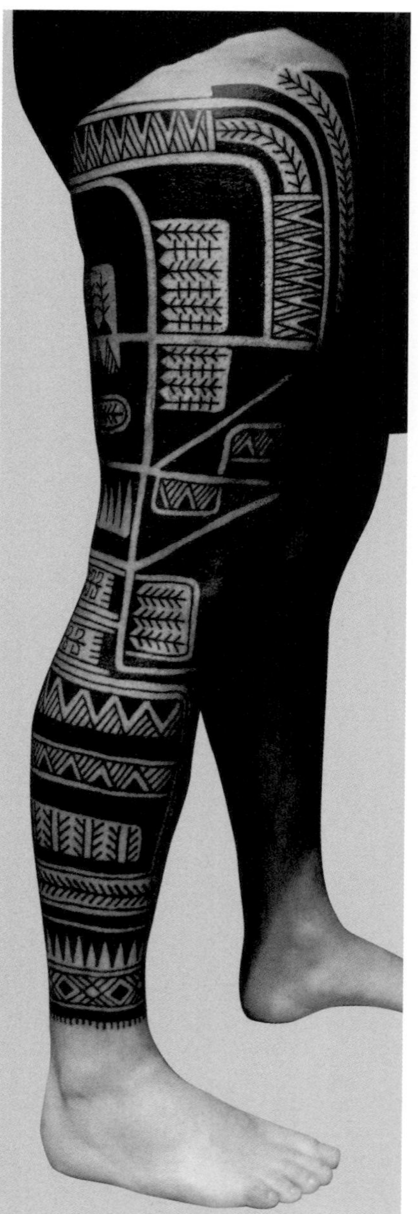
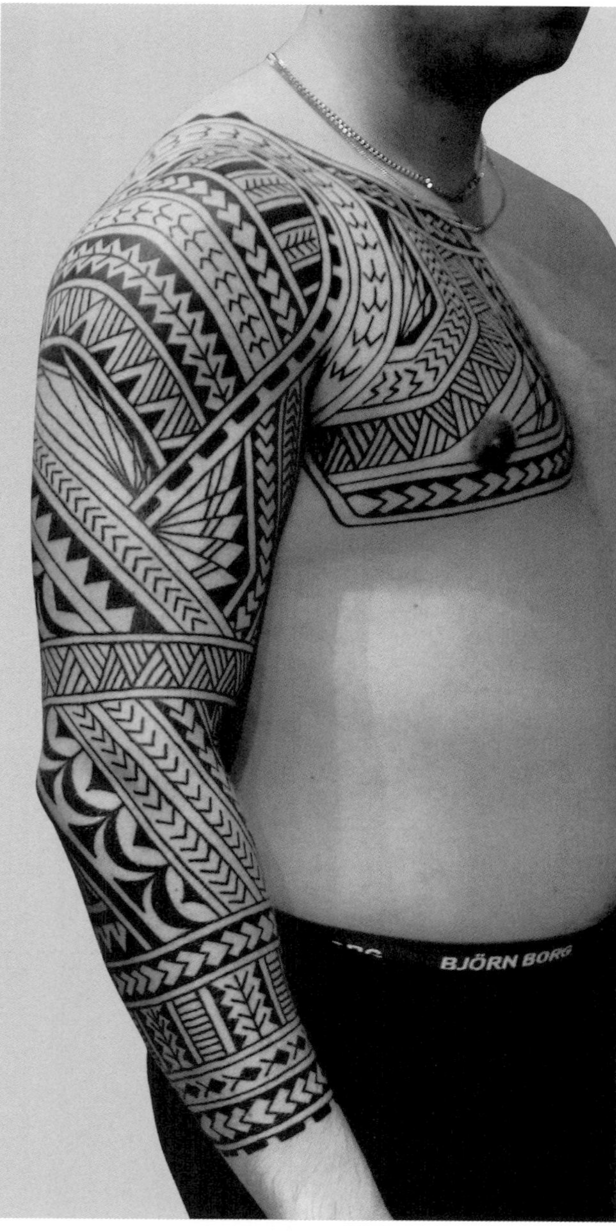

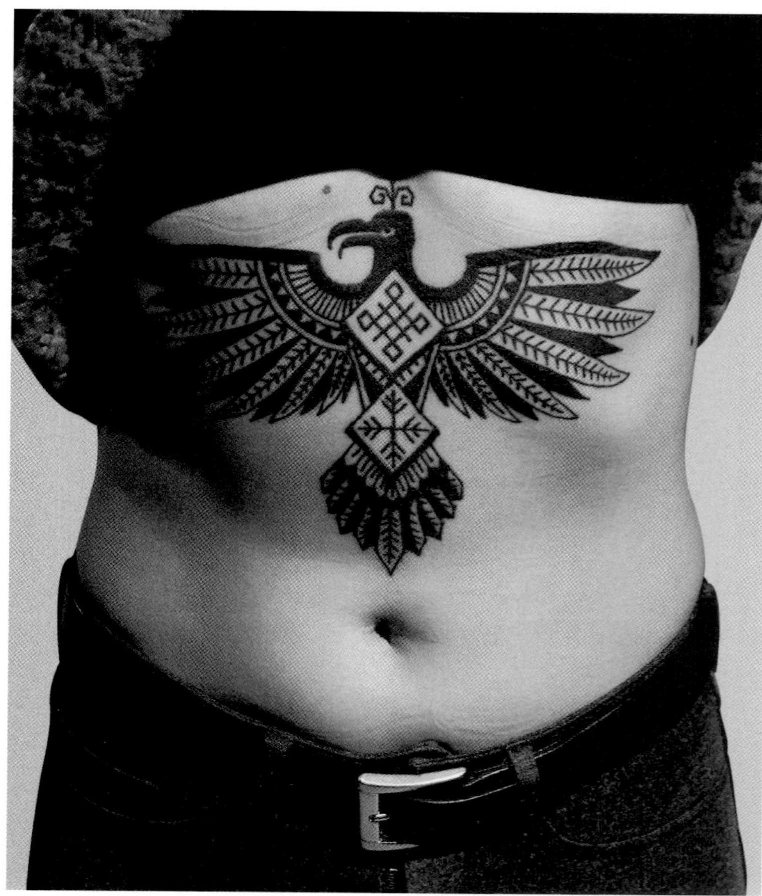
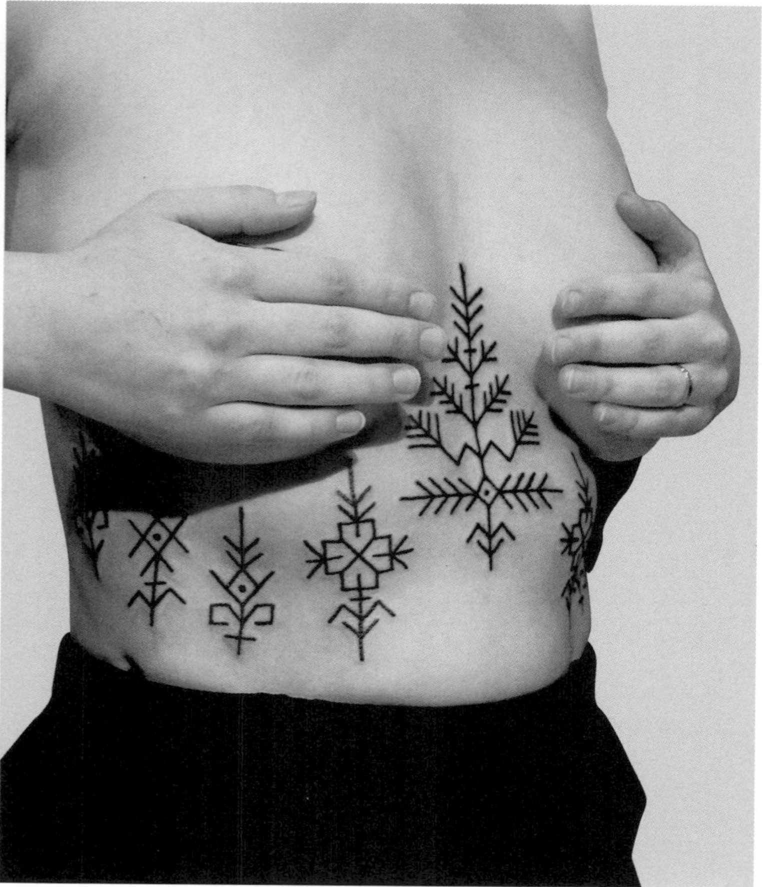

Antti Kuurne

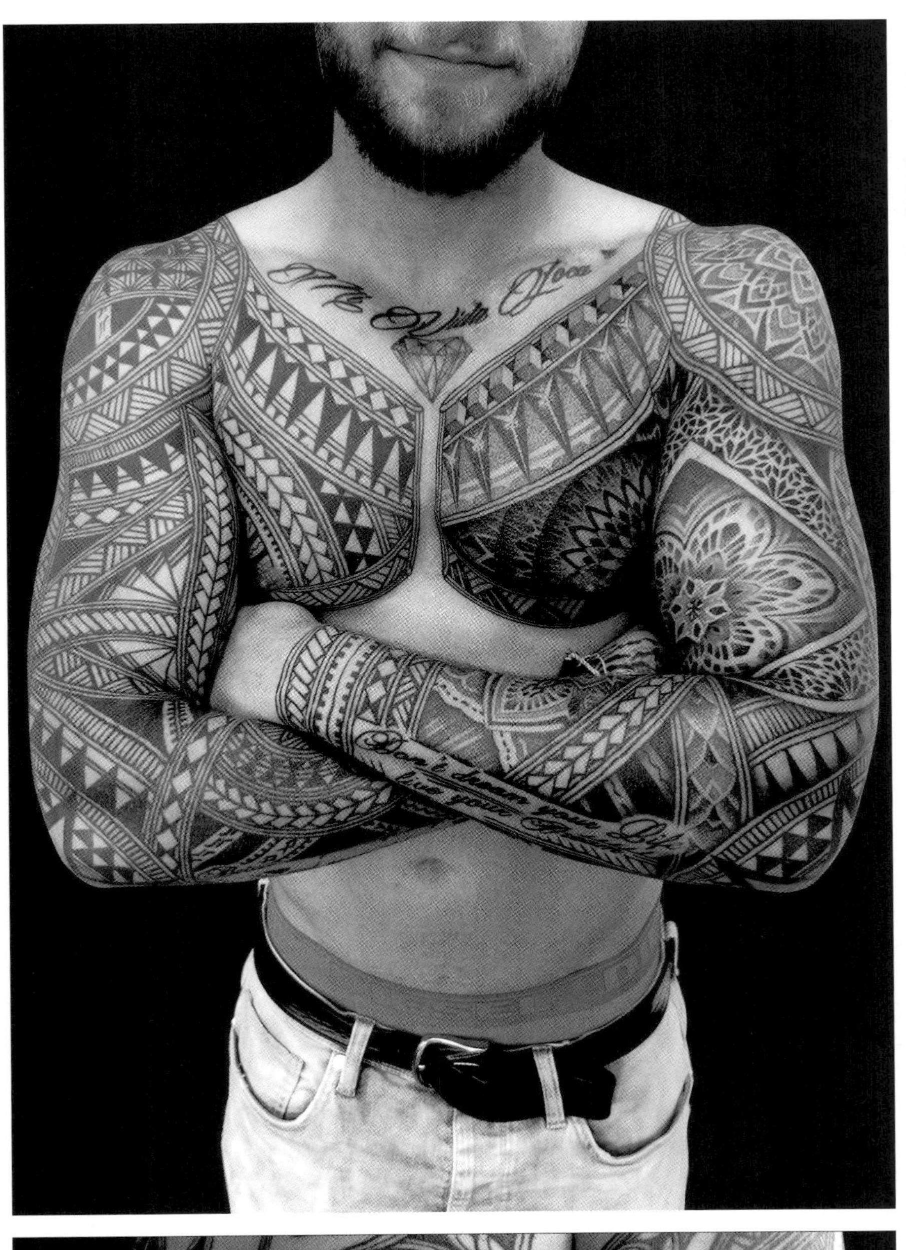

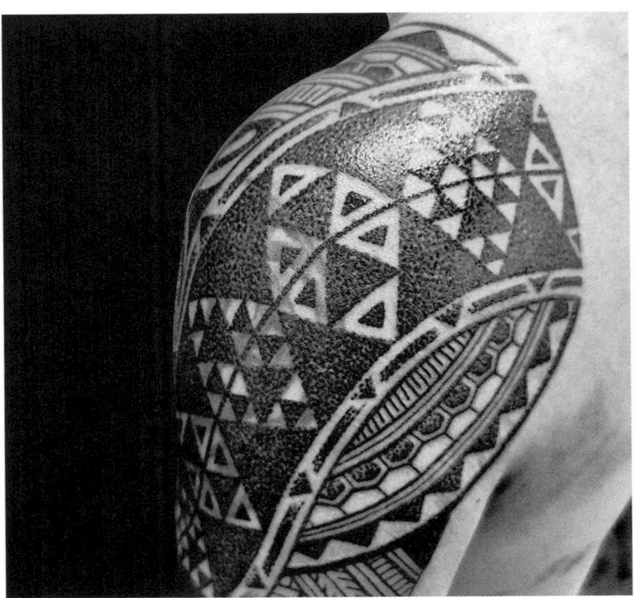

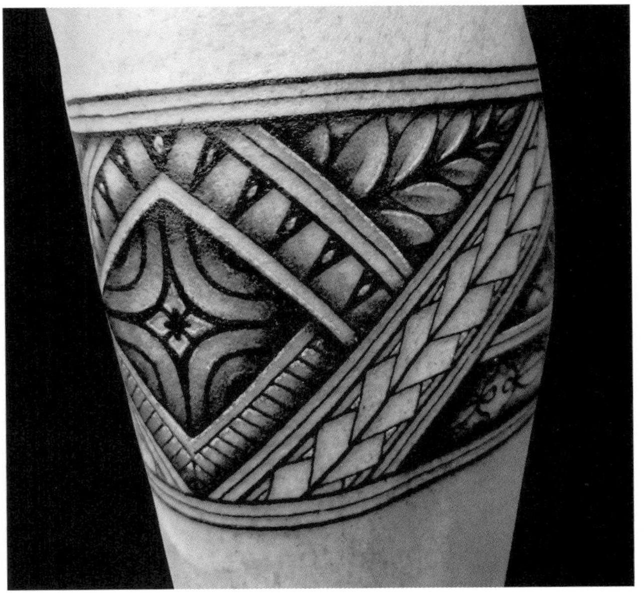

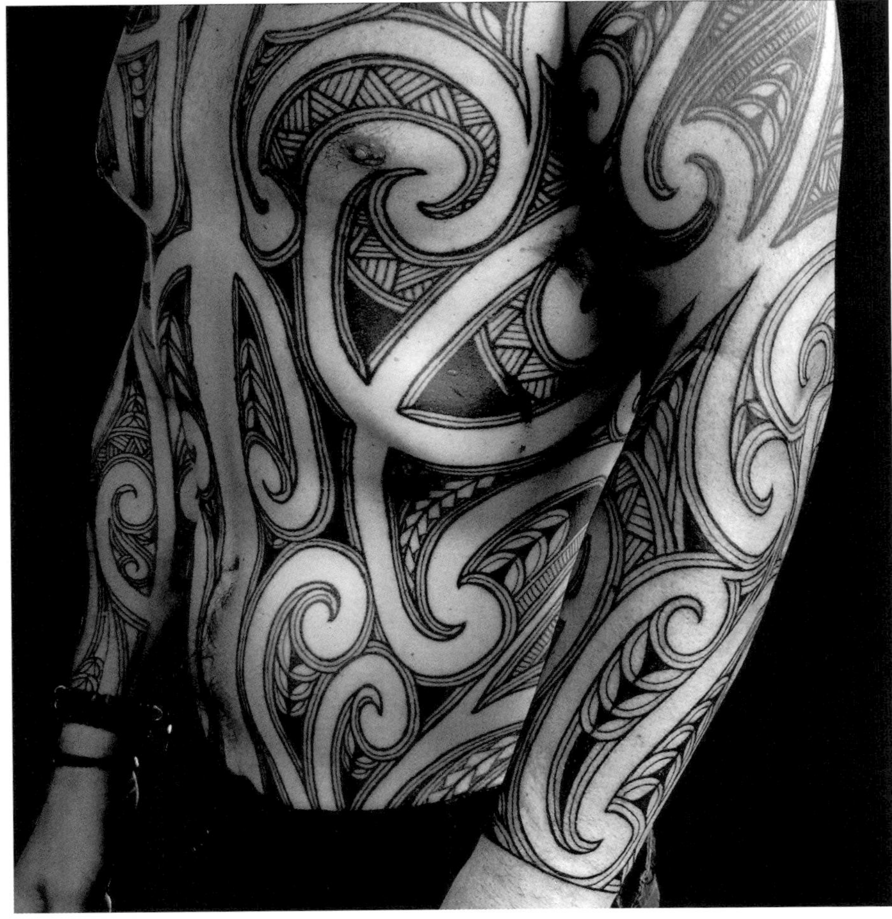

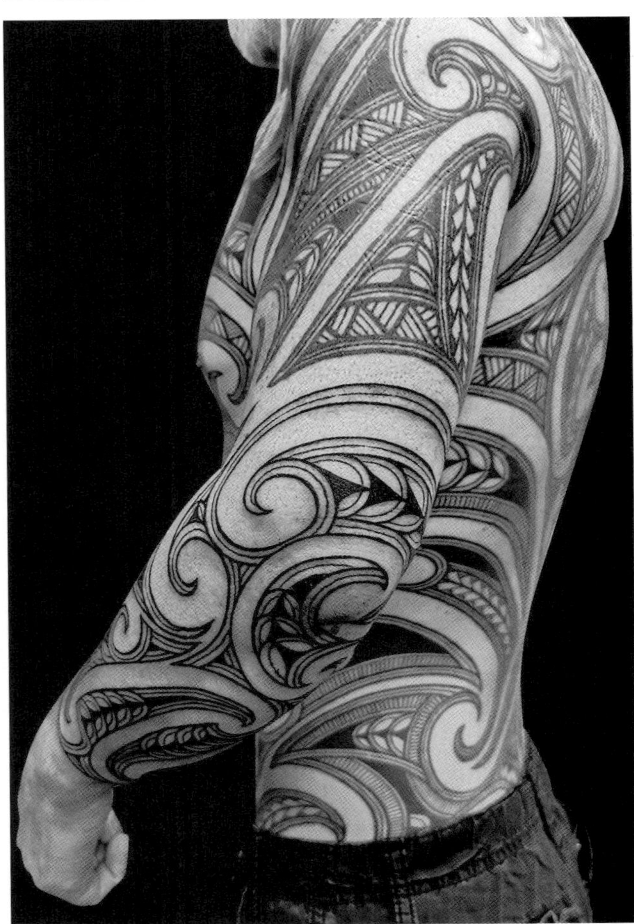

Calen Paris

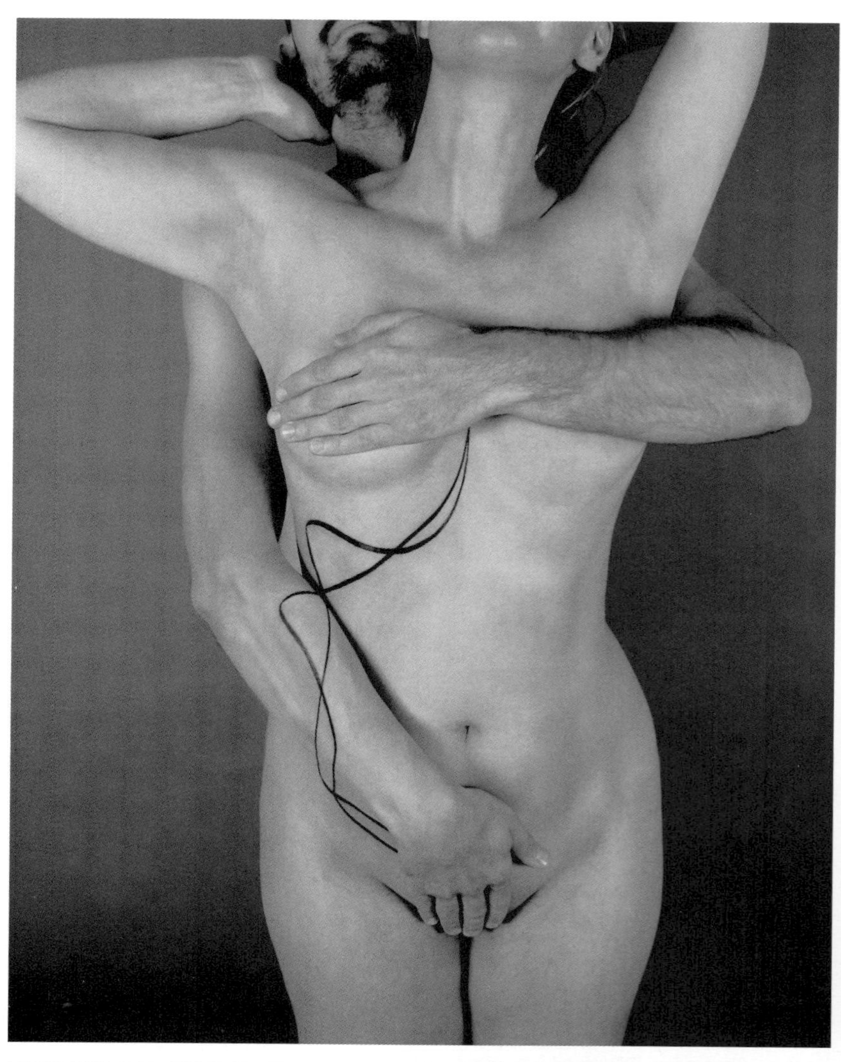

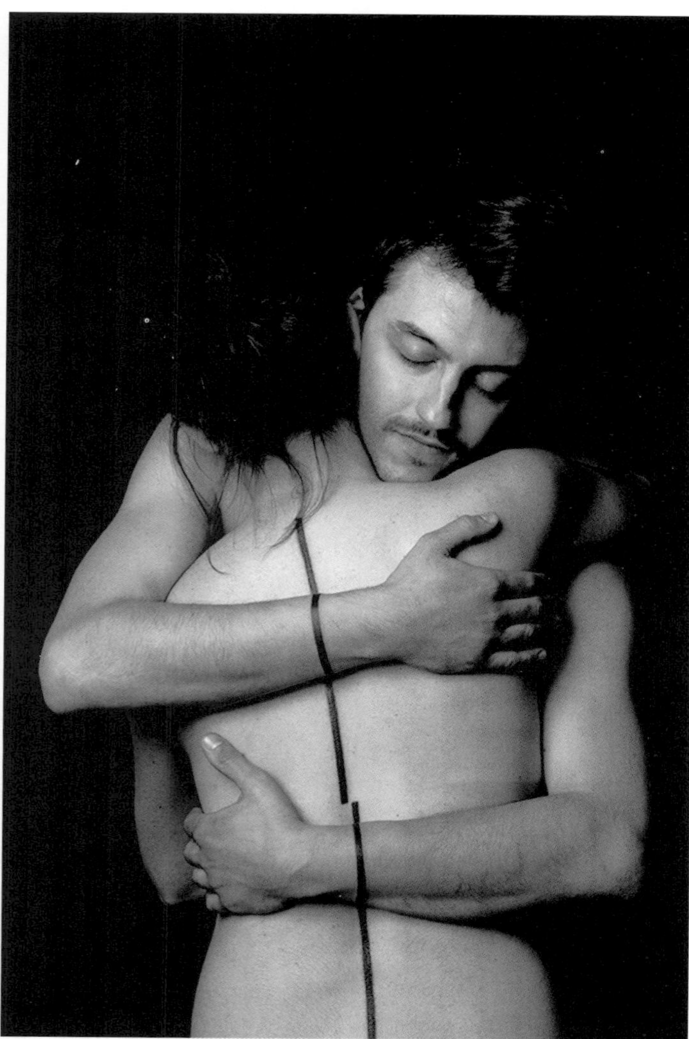

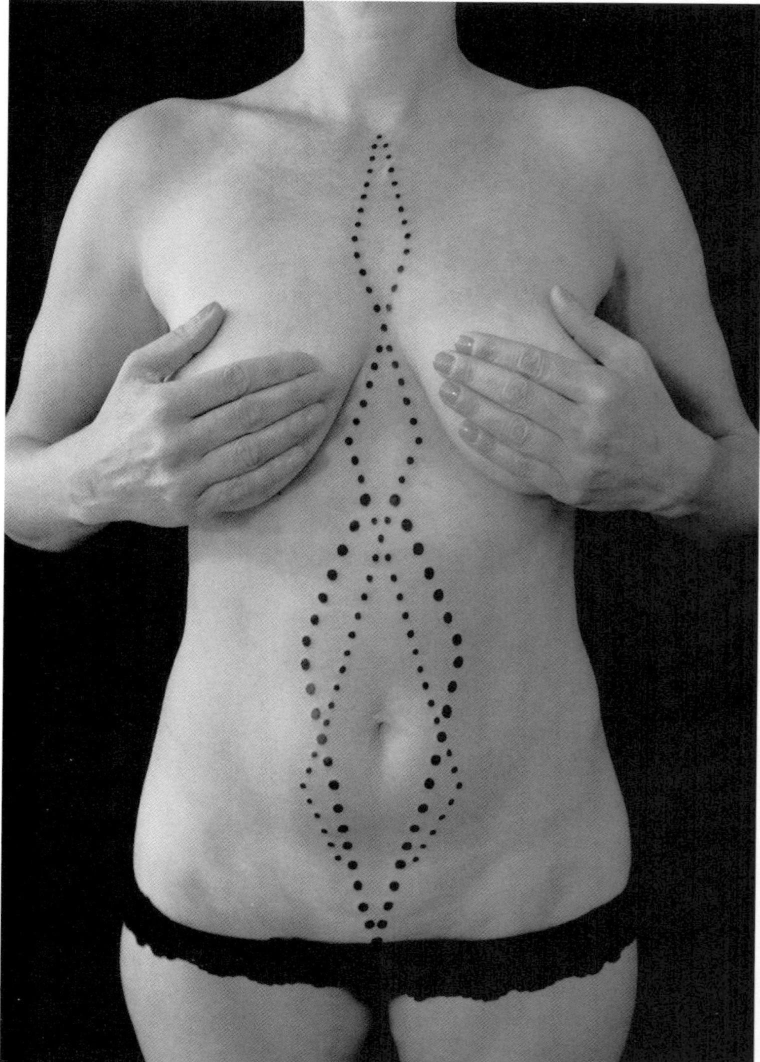

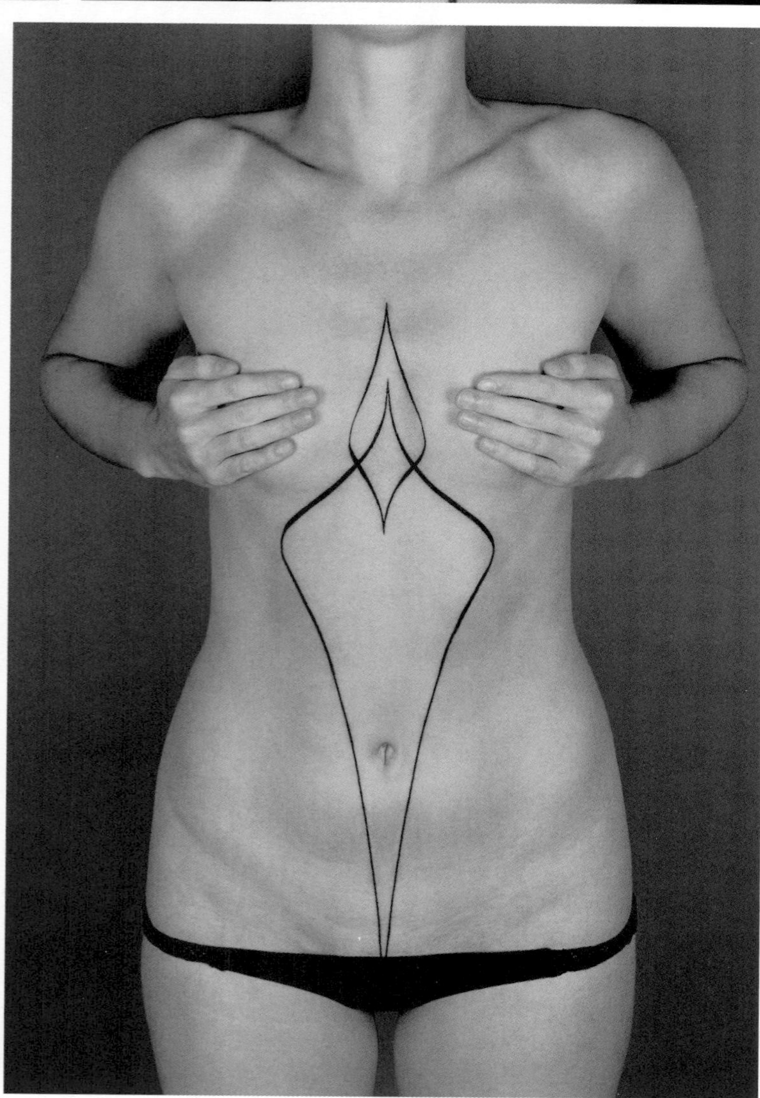

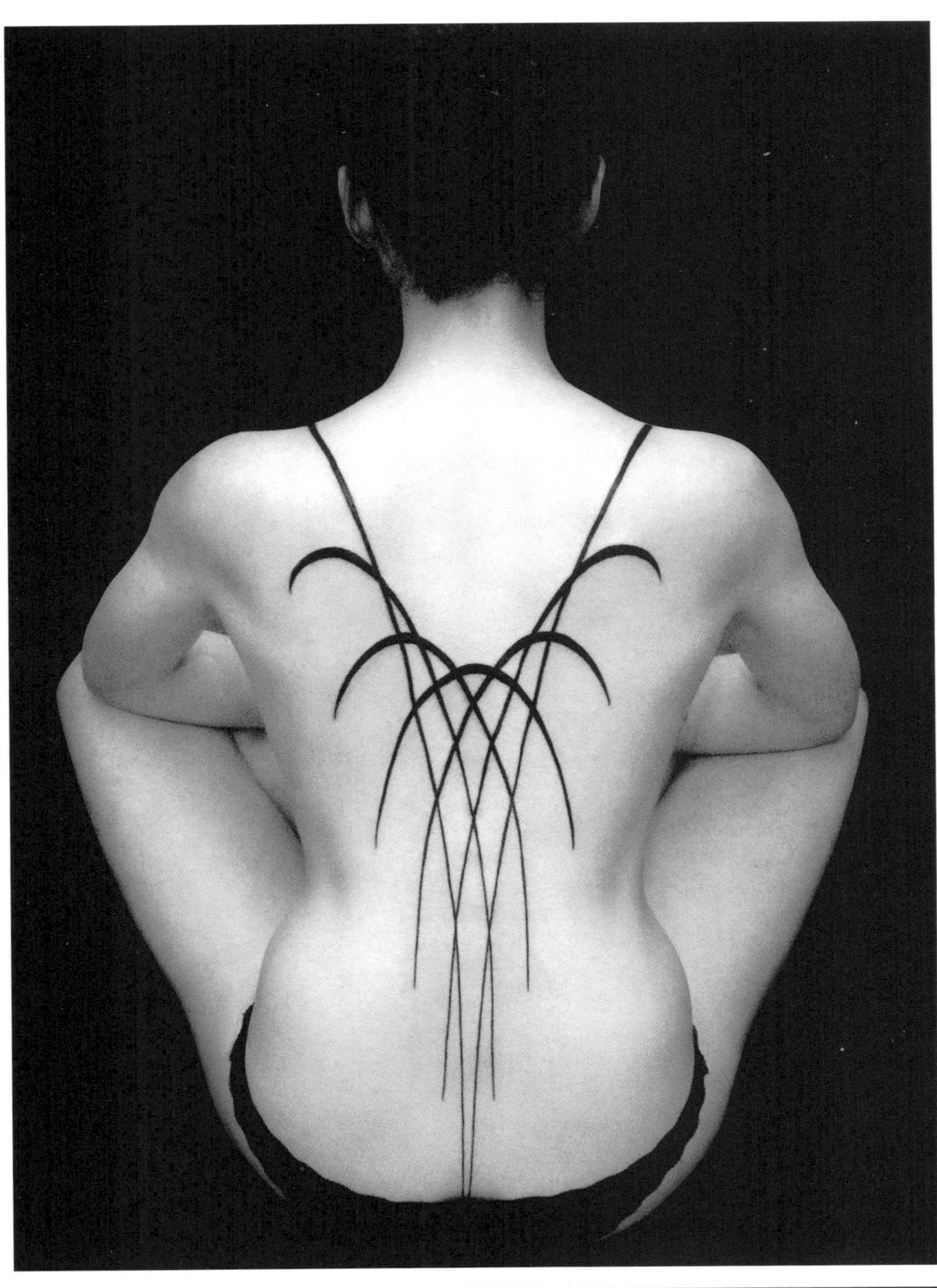
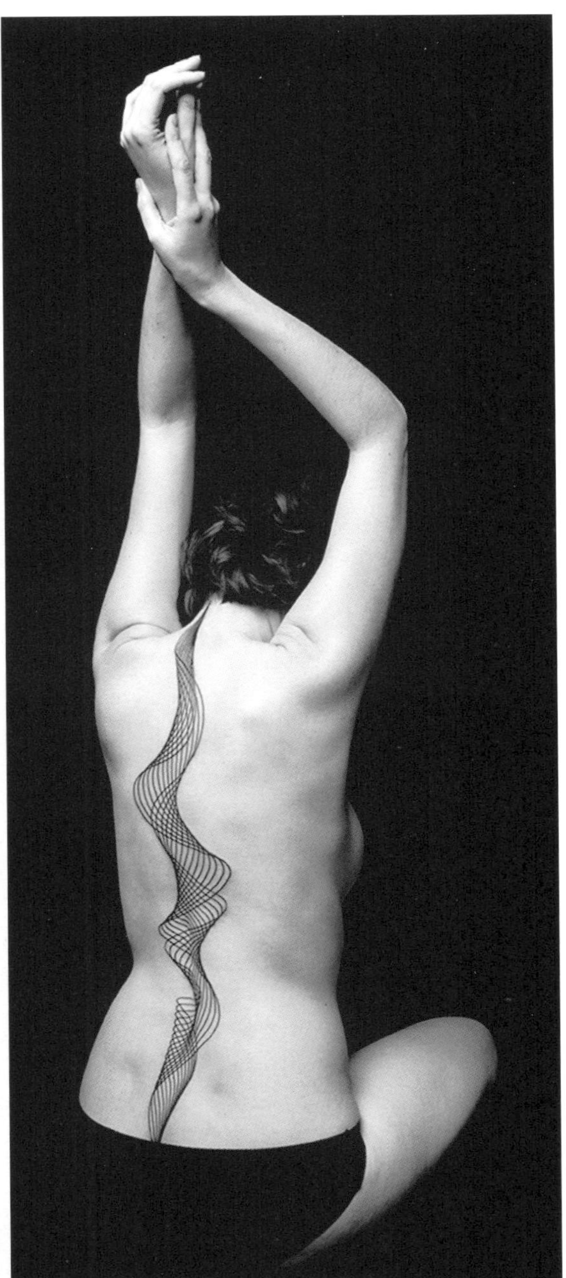
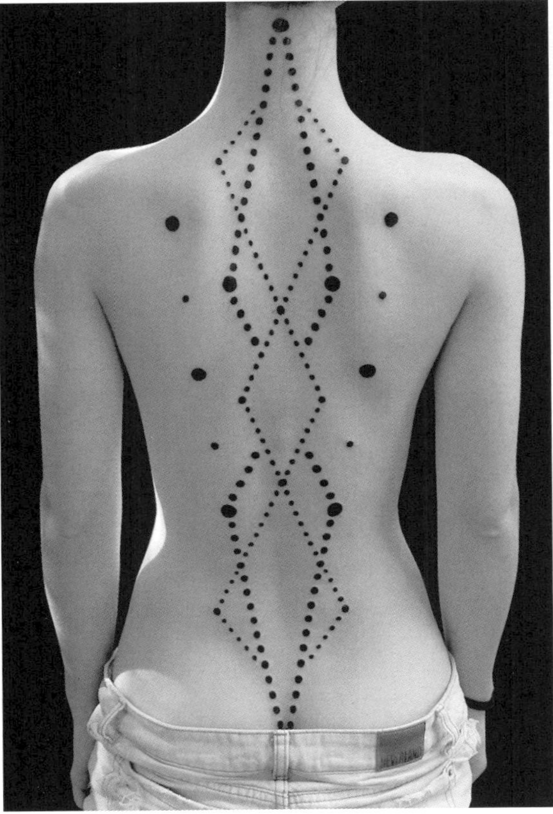
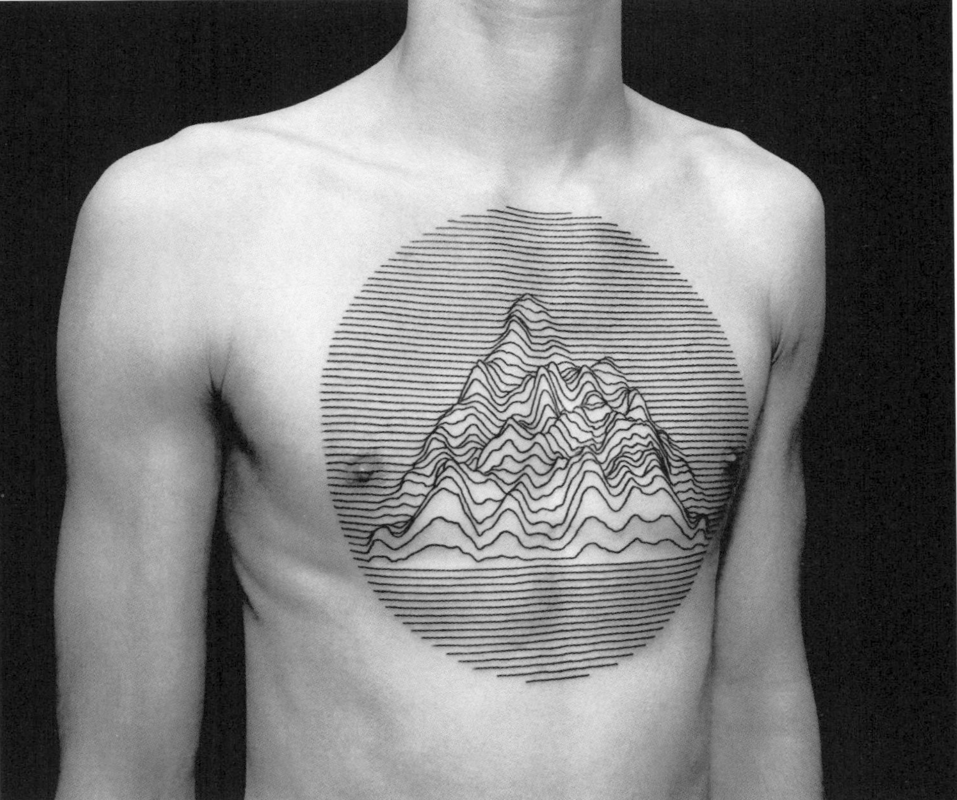

Chaim Machlev

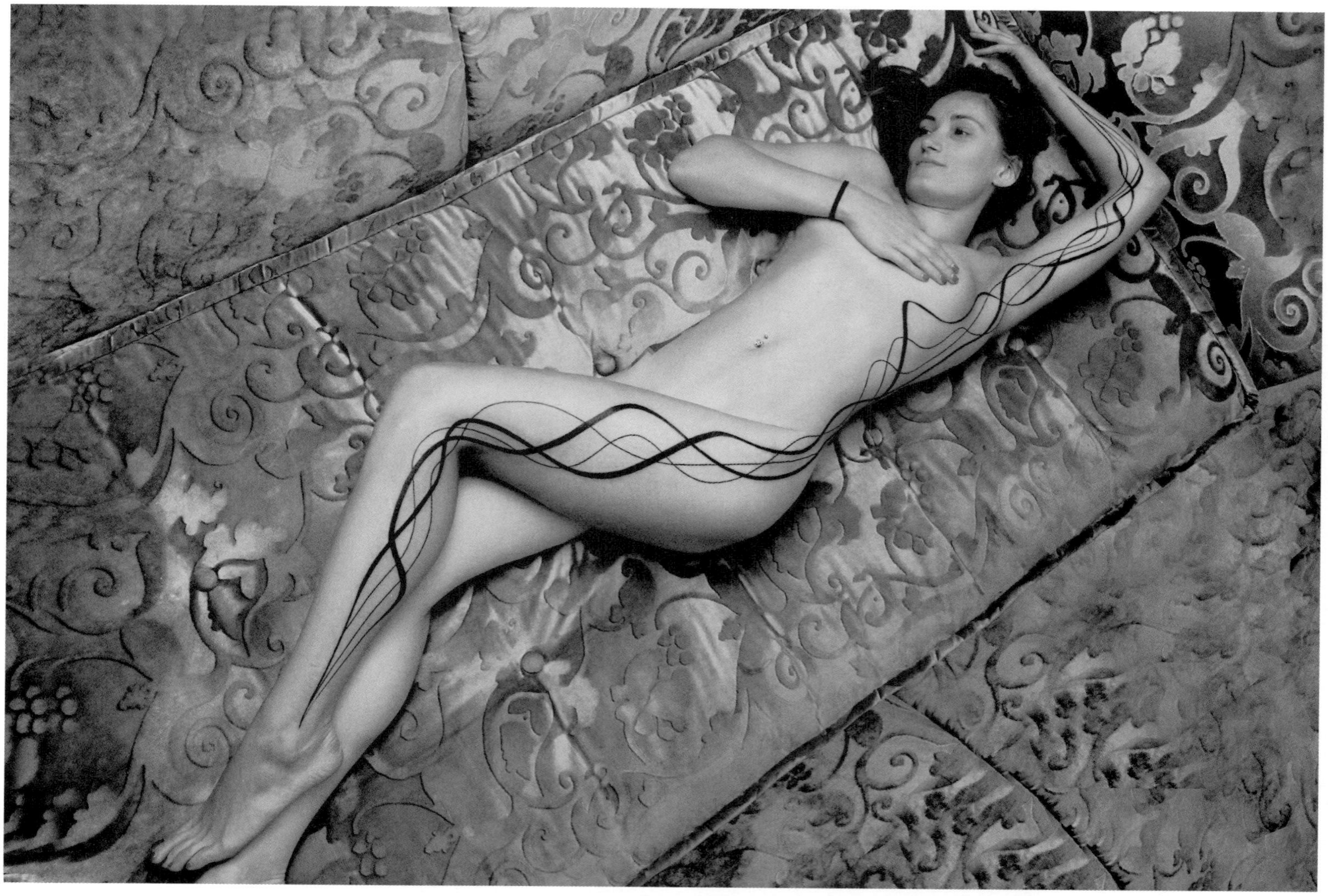

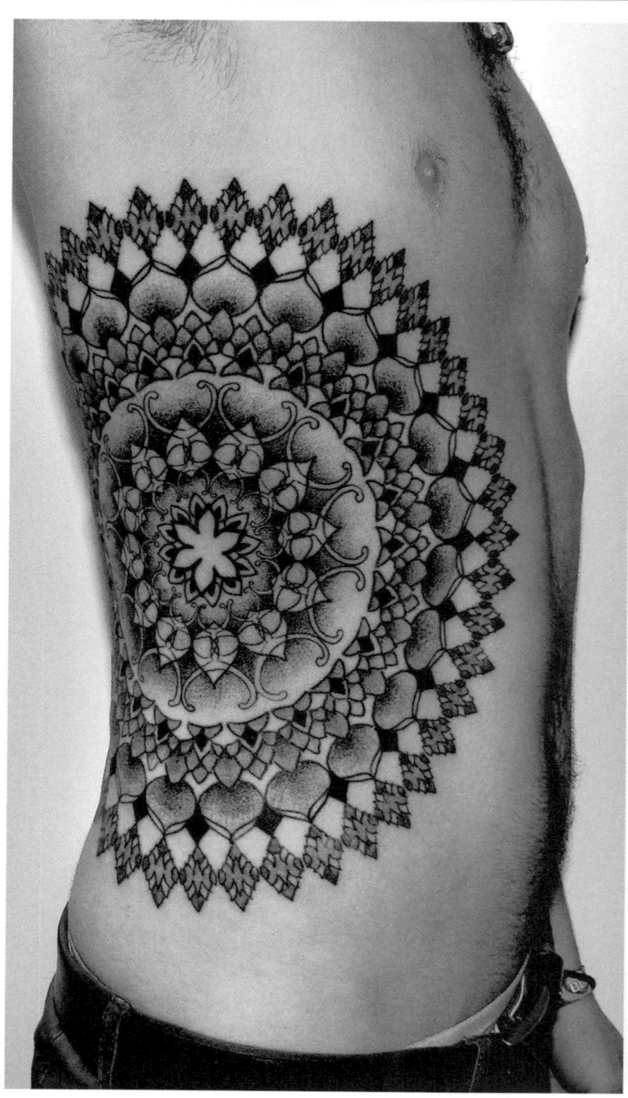

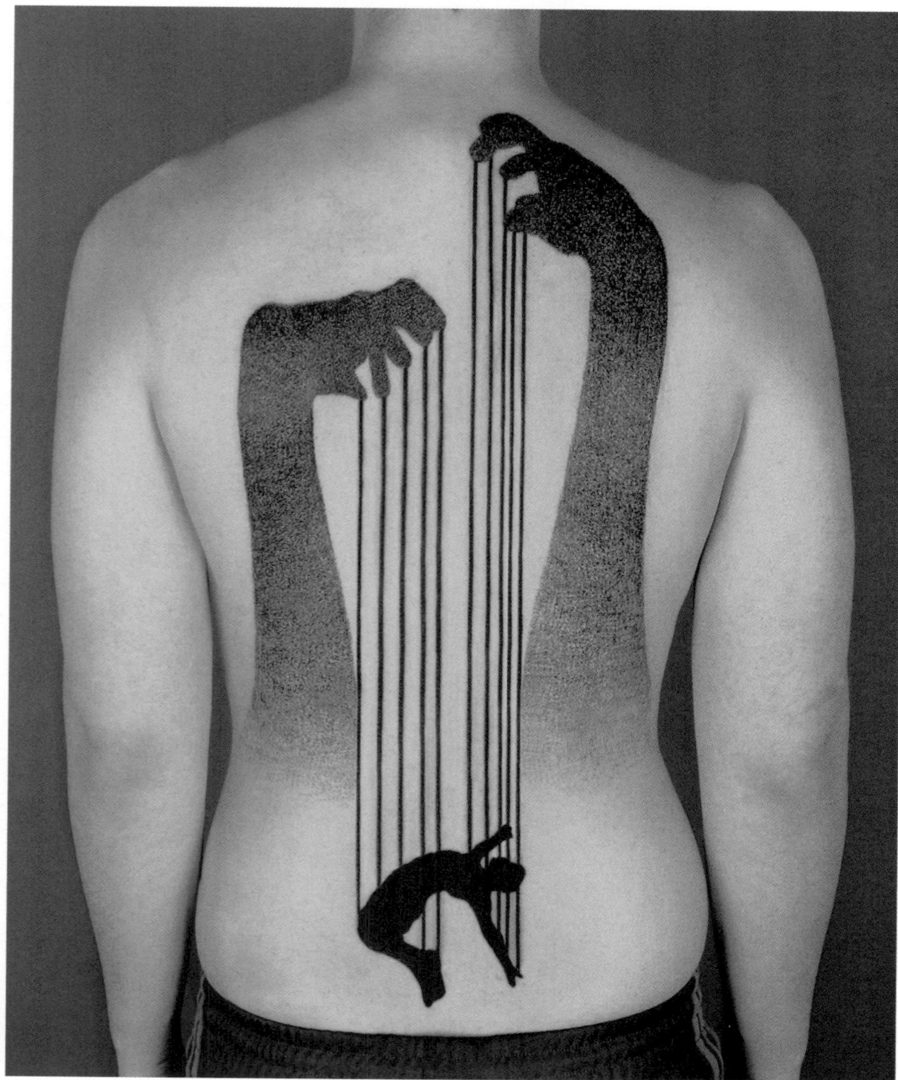

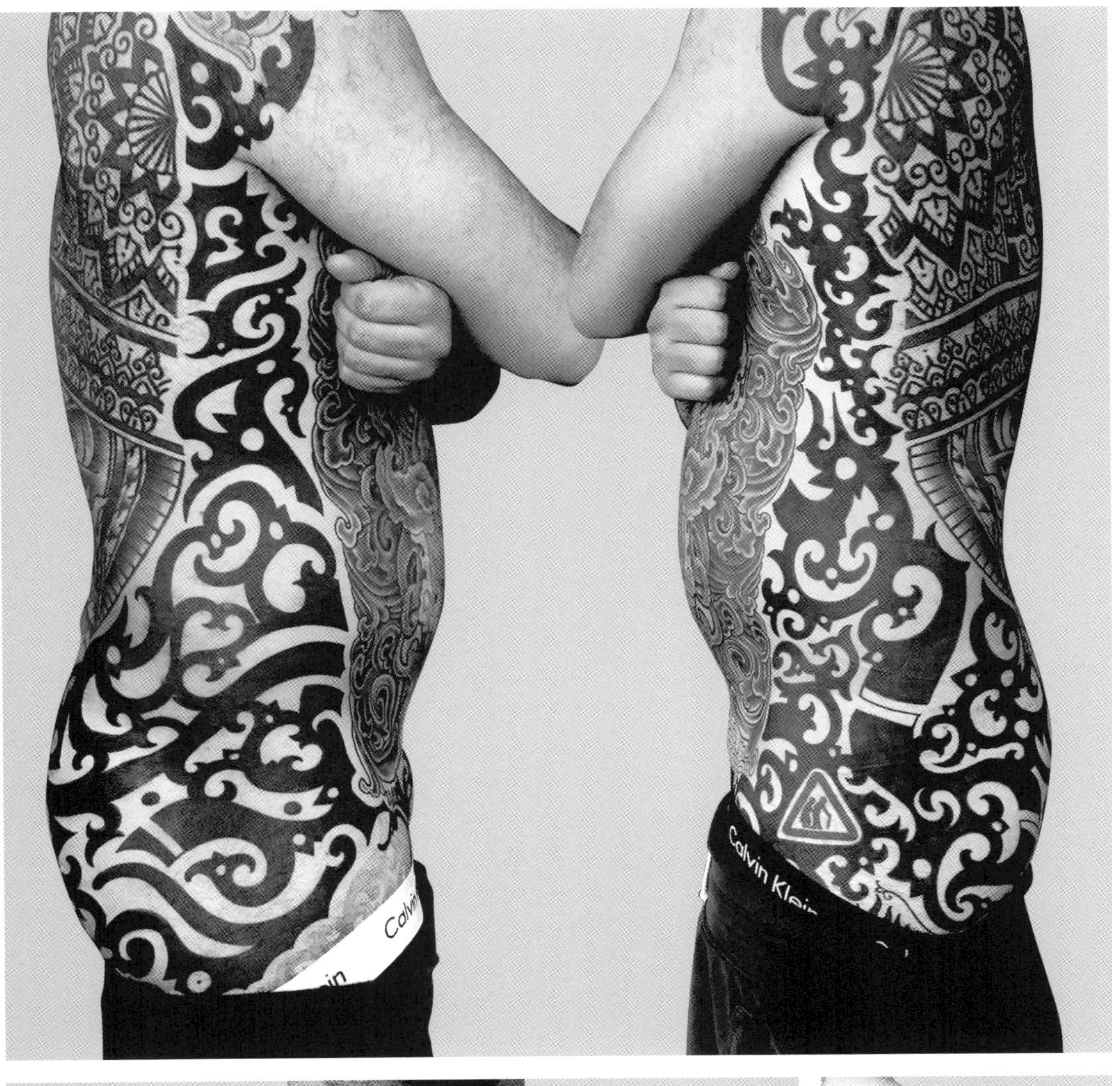
Calvin Klein

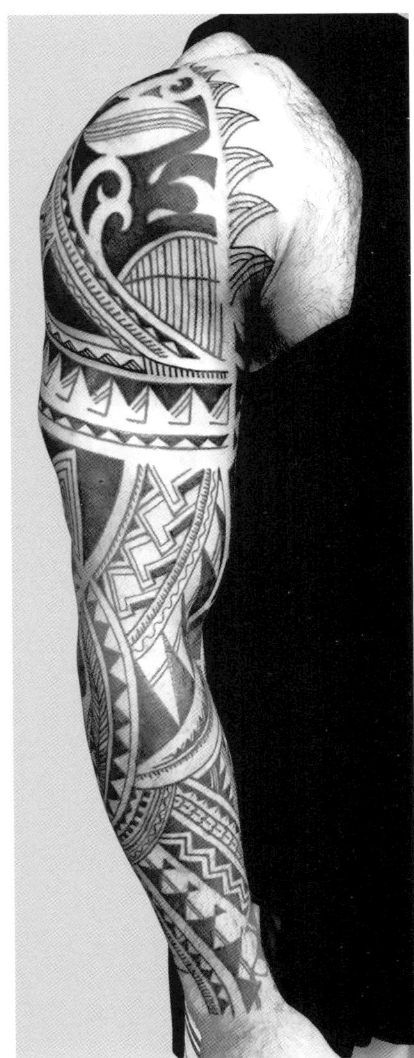

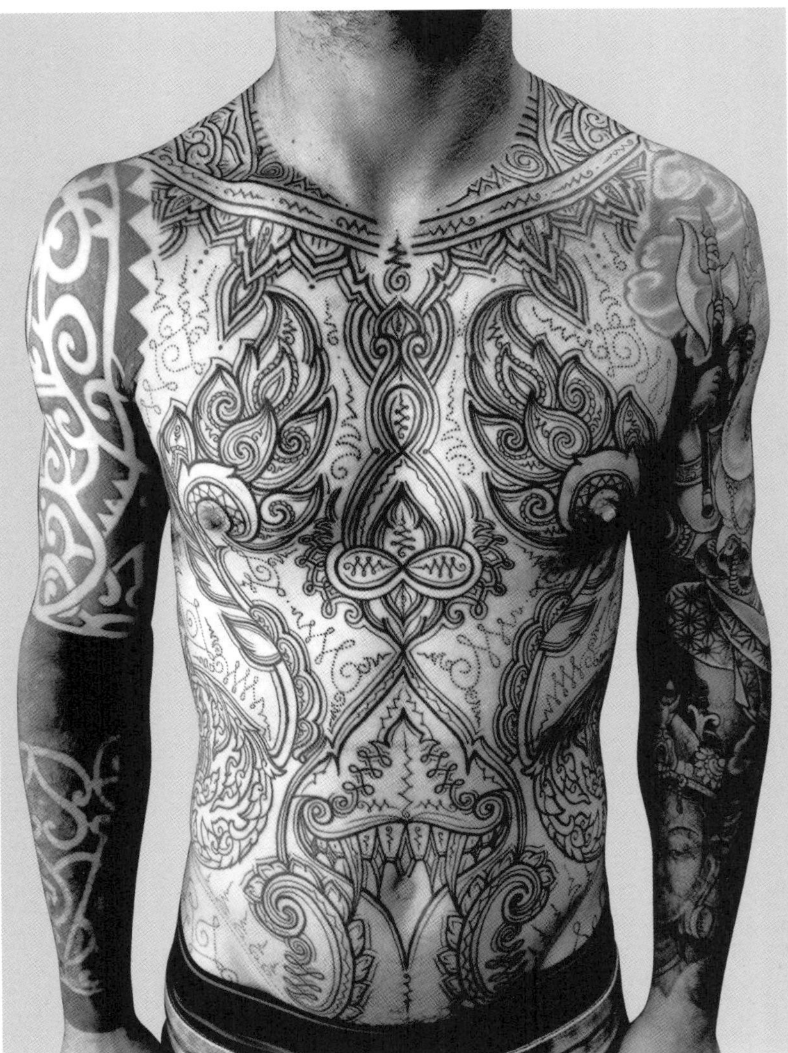

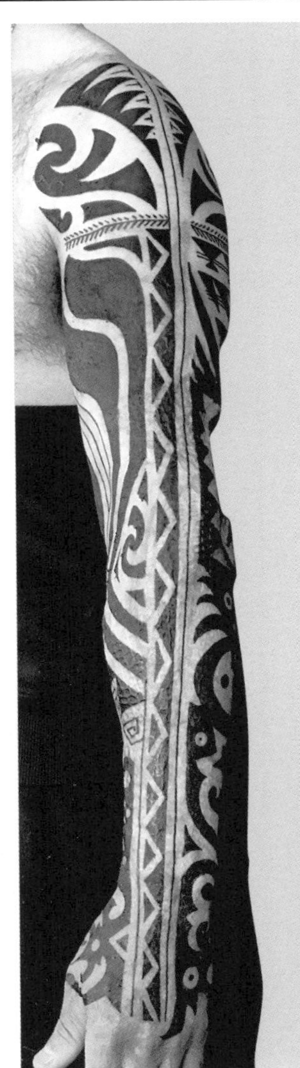

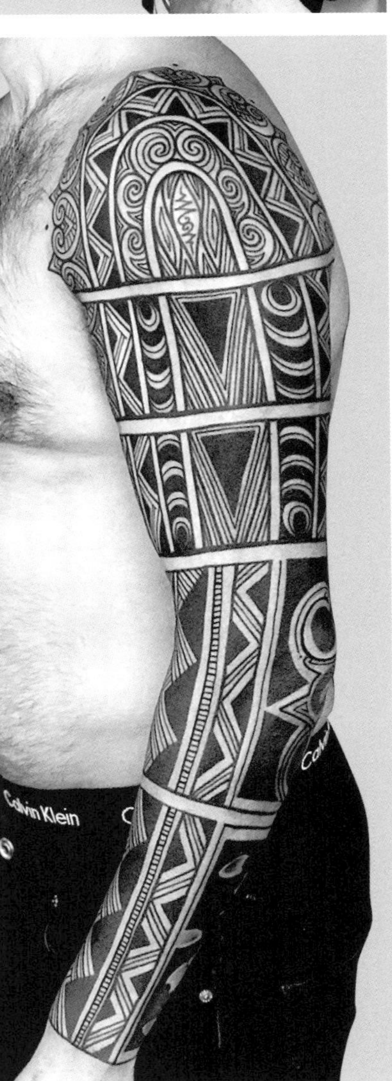
Calvin Klein

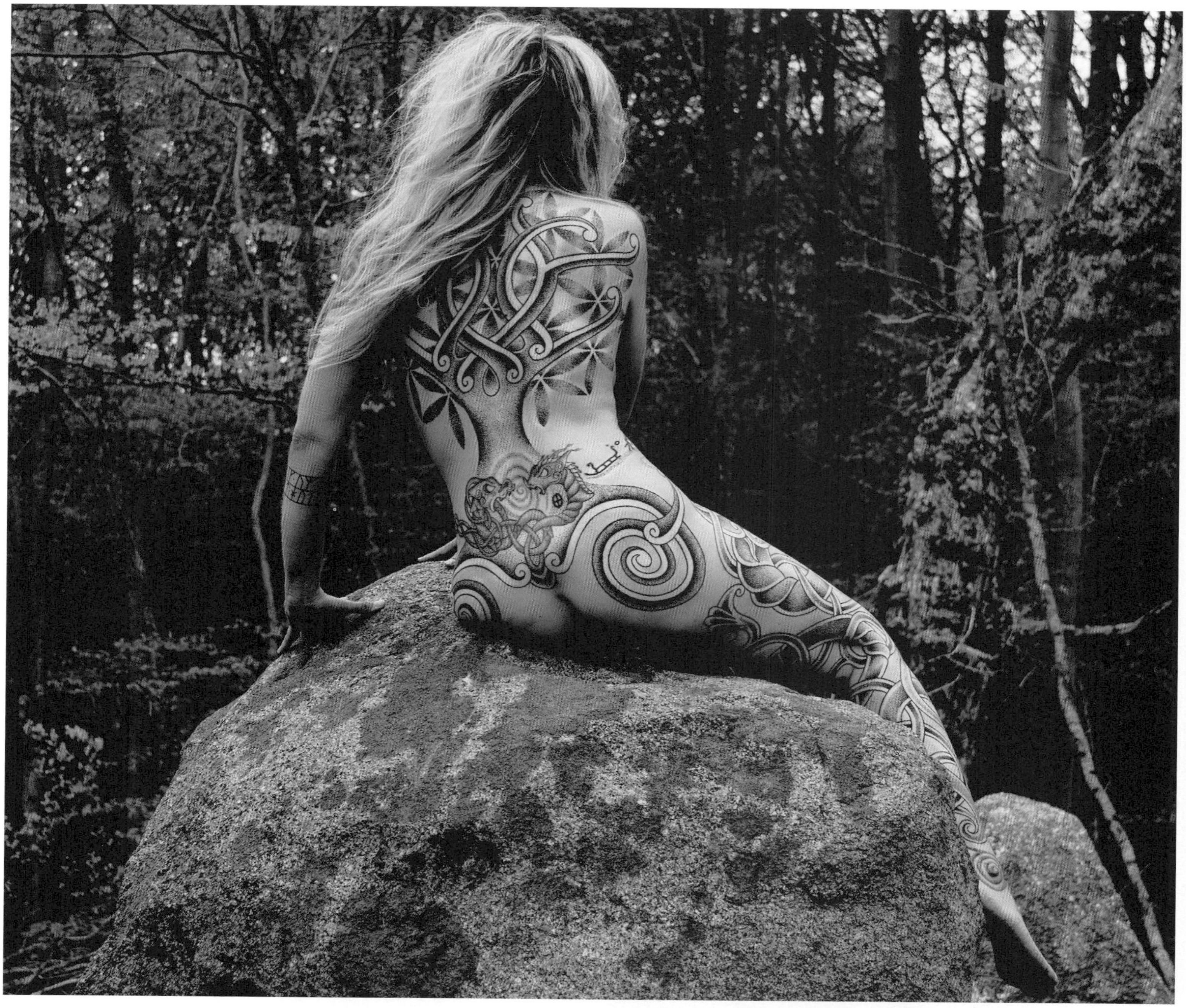

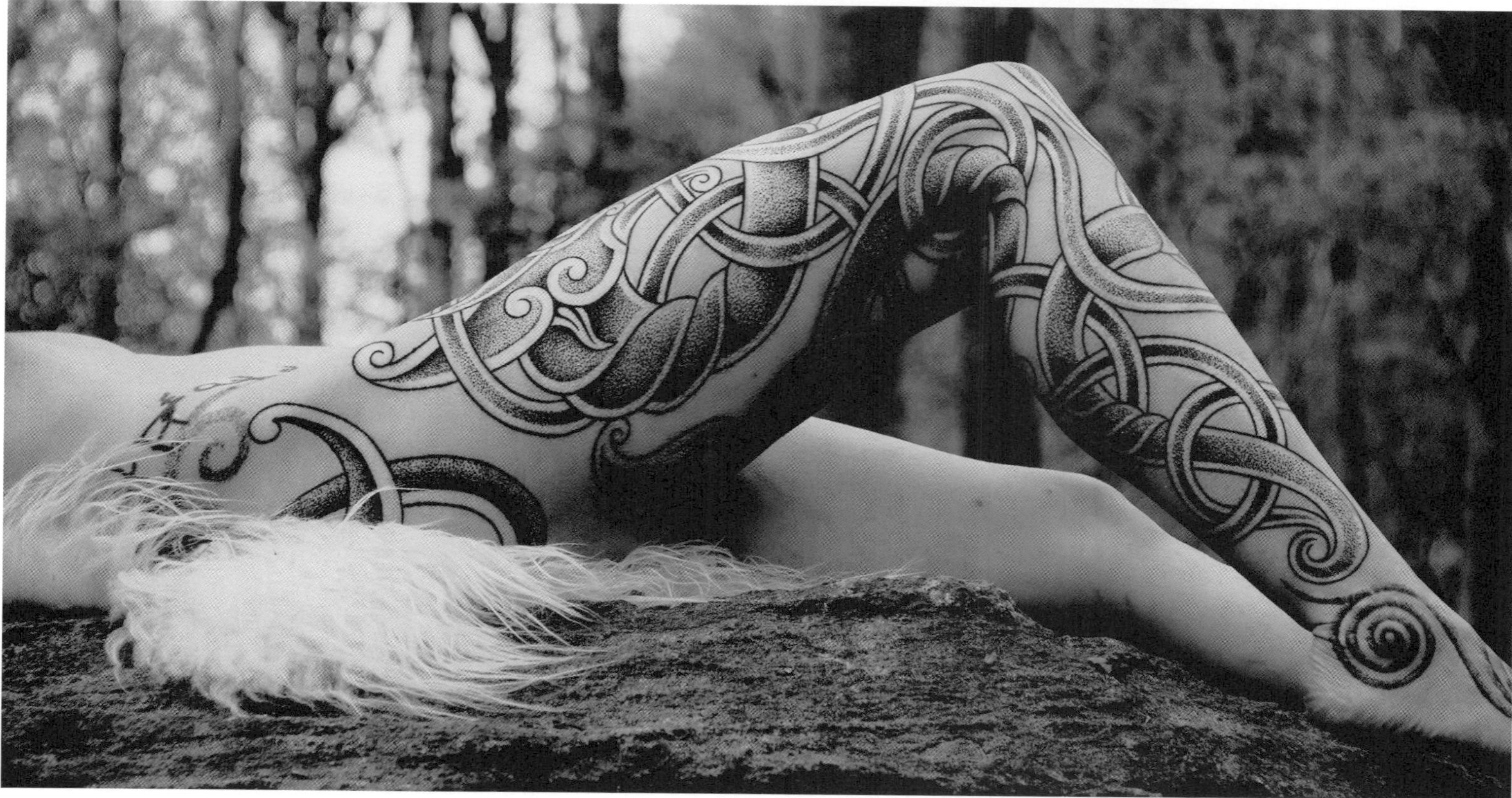

Colin Dale

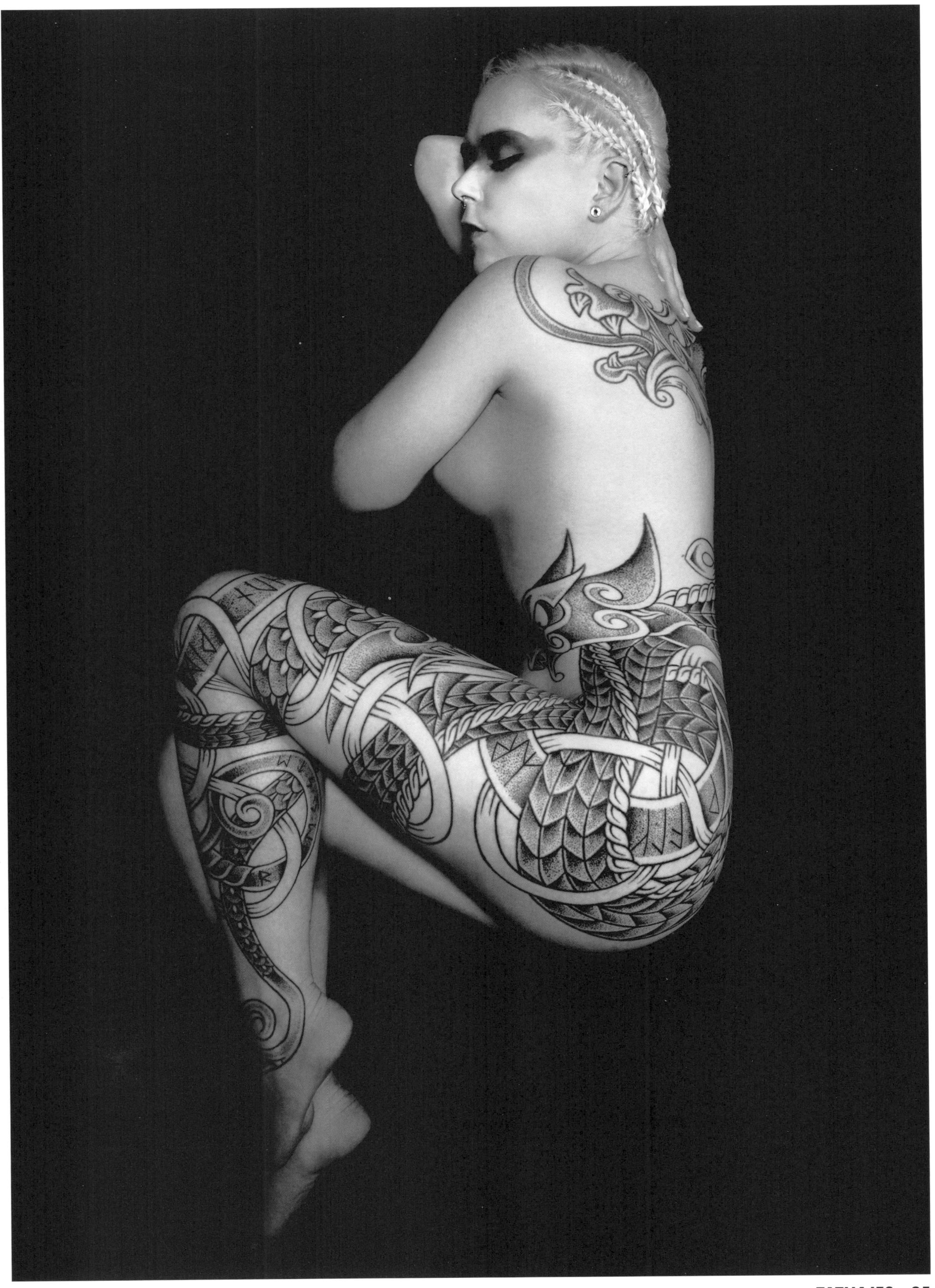

Colin Dale

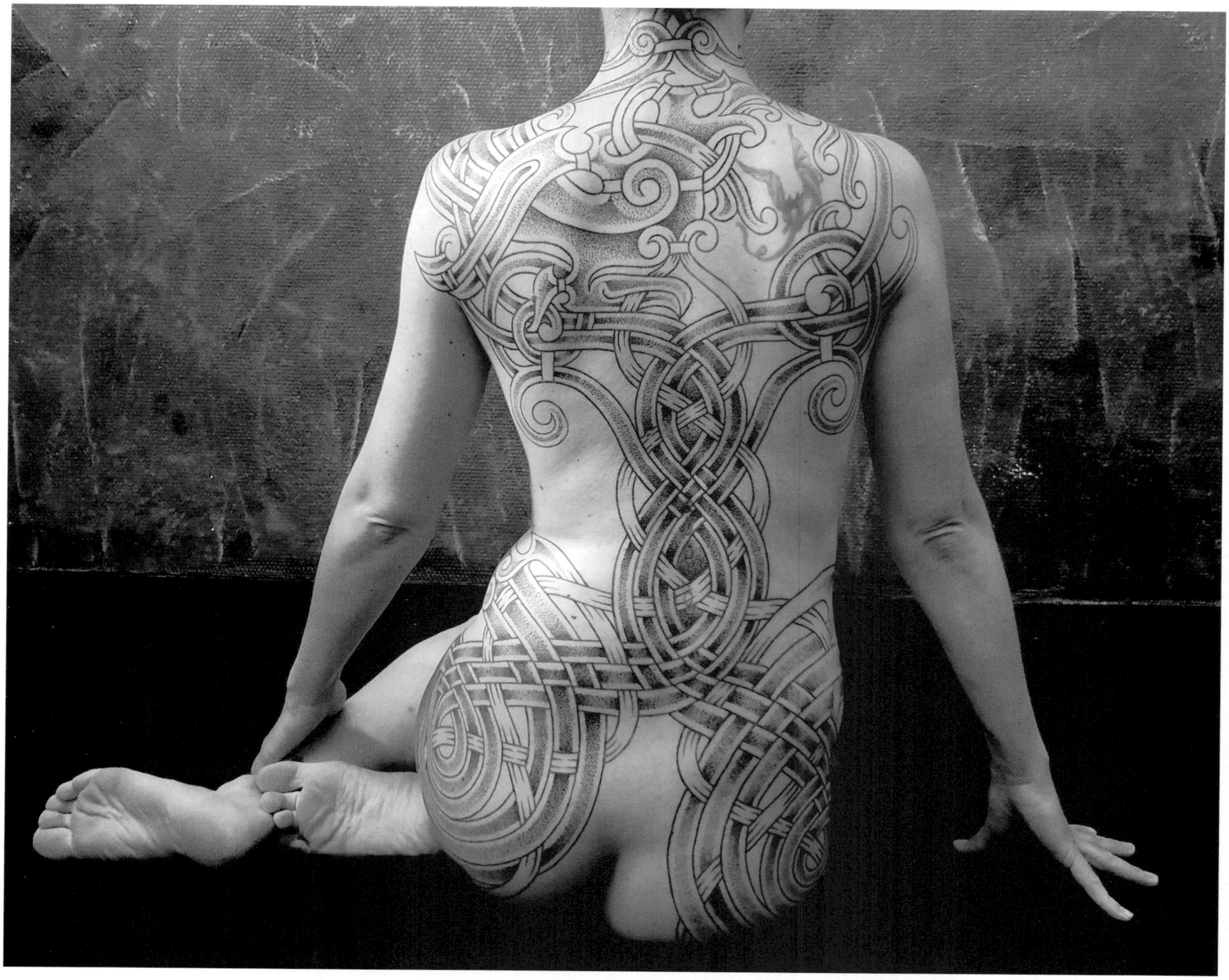

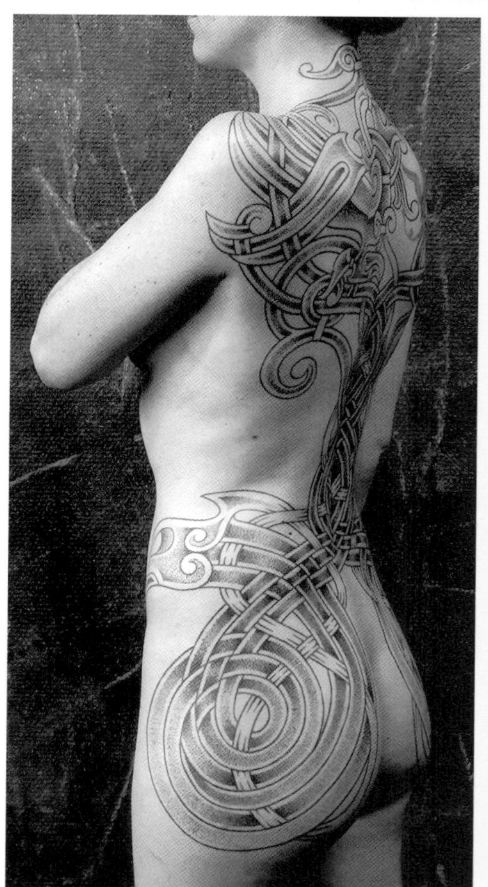

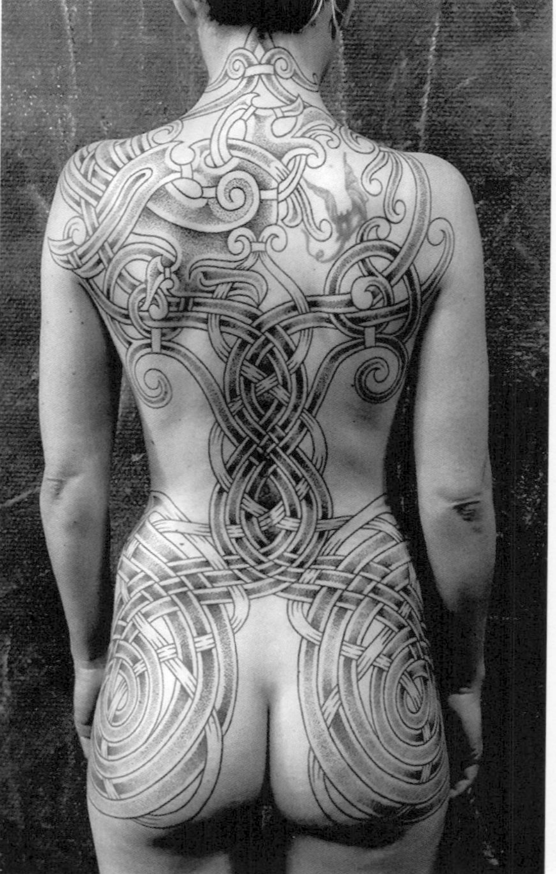

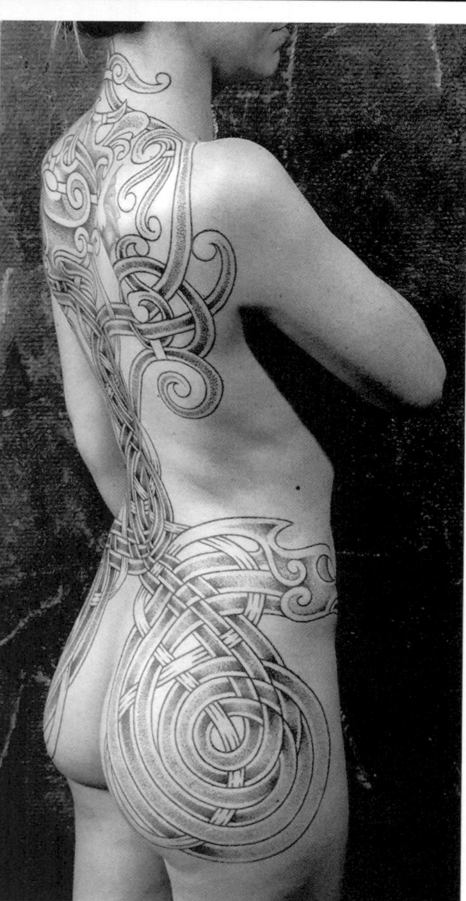

Colin Dale

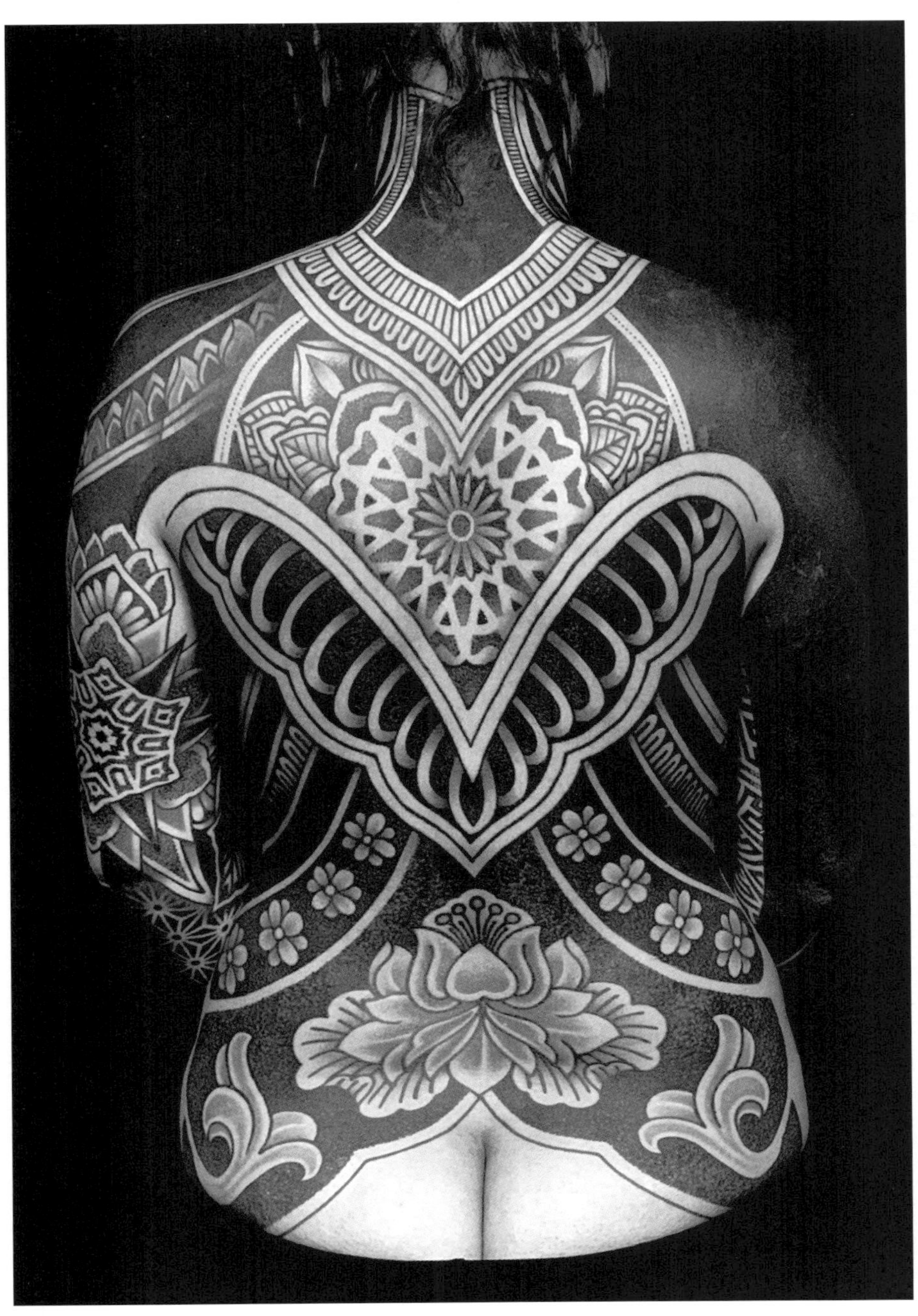

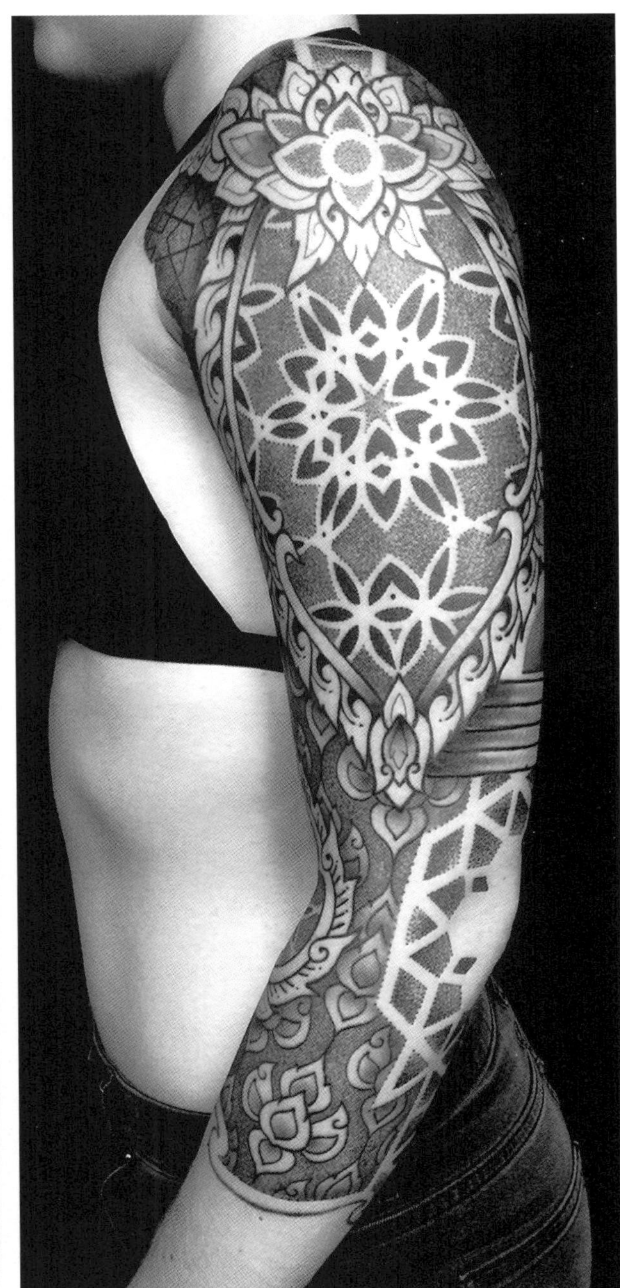

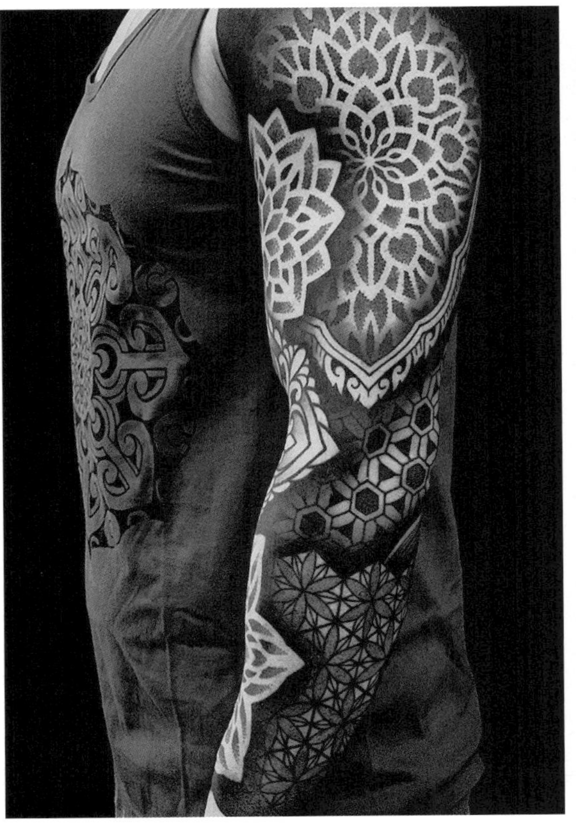

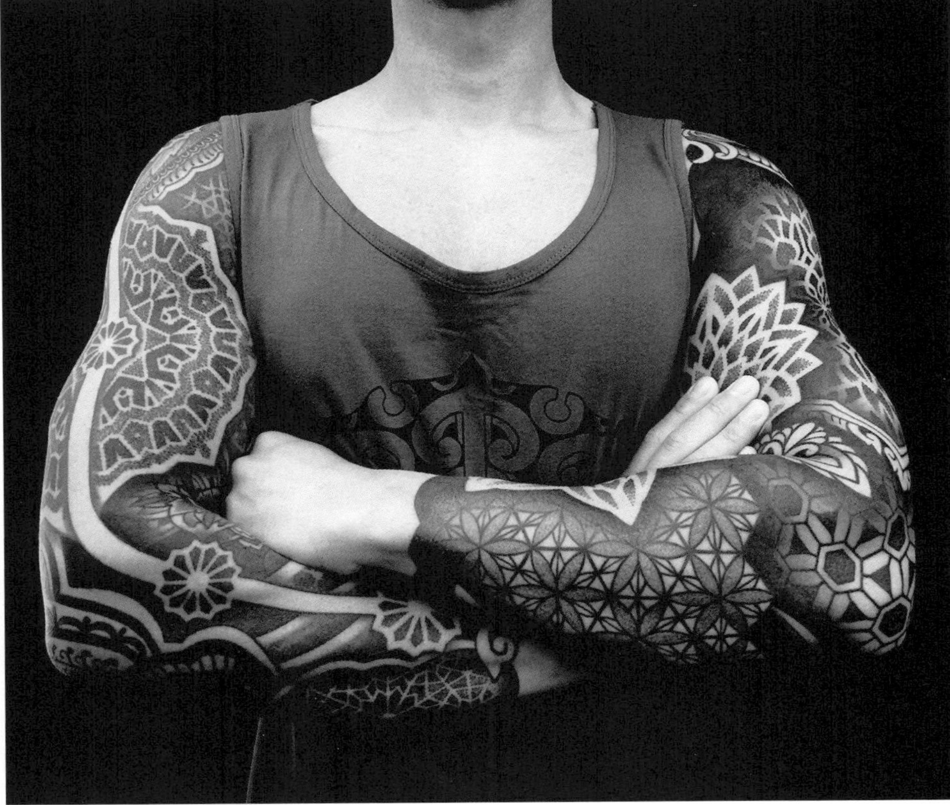

Colin Zumbro

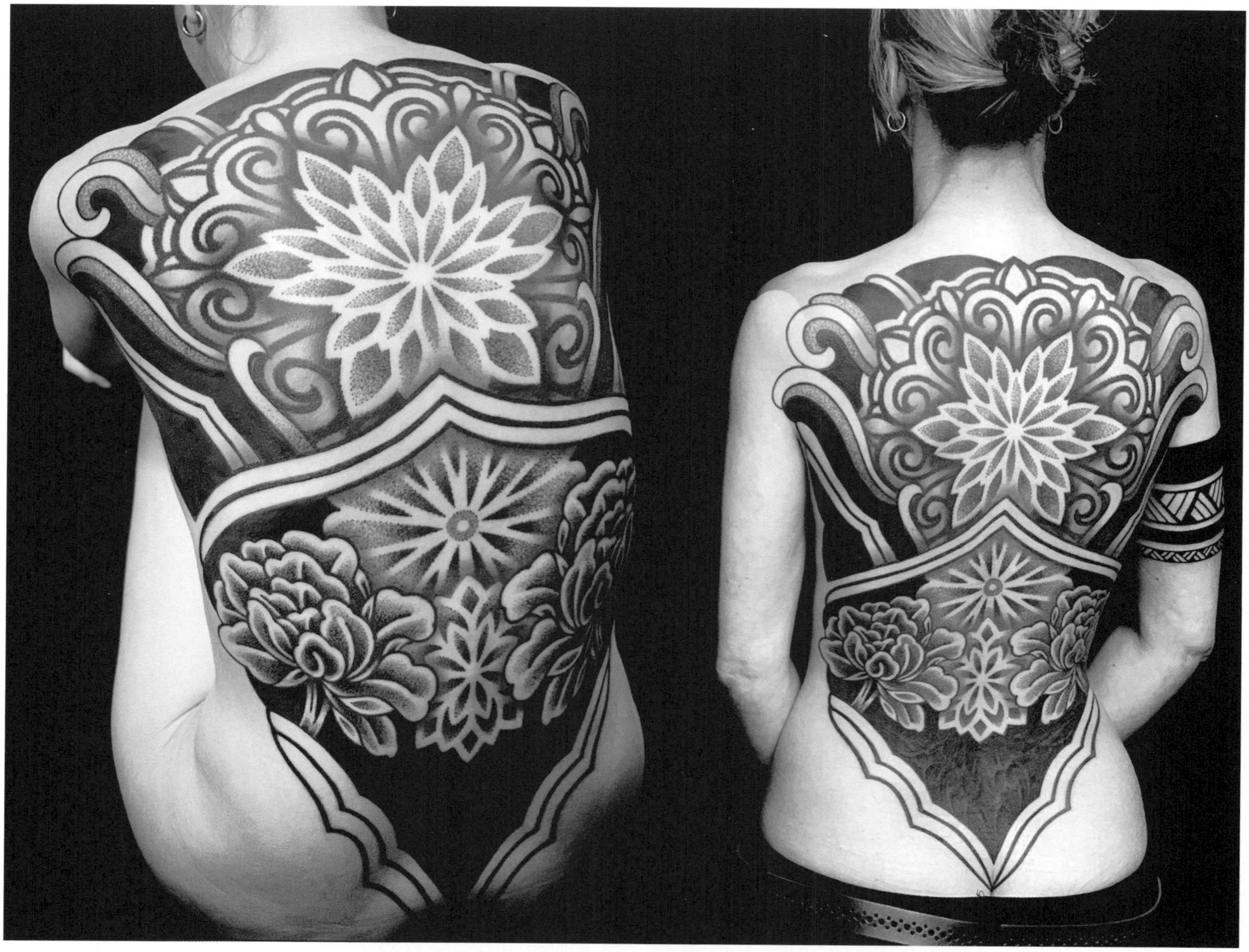

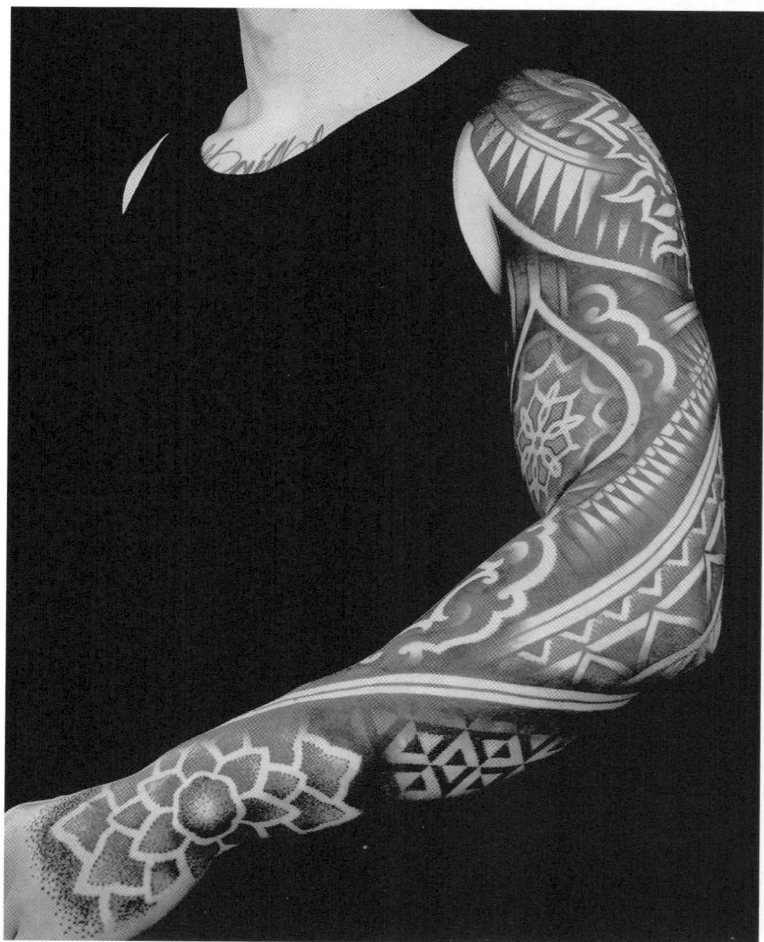

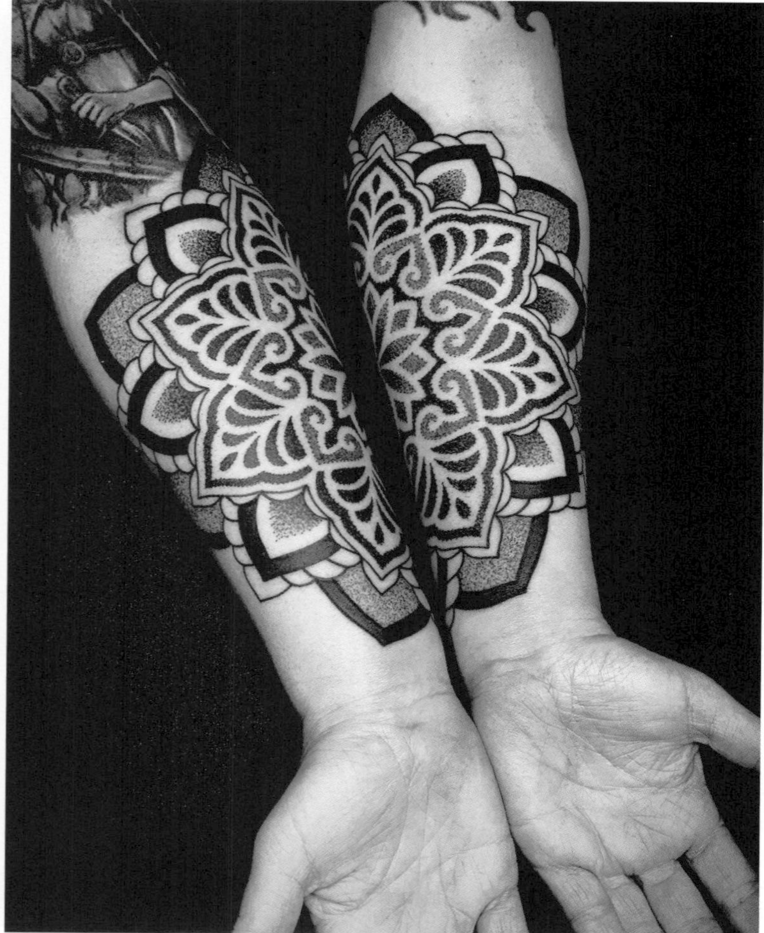

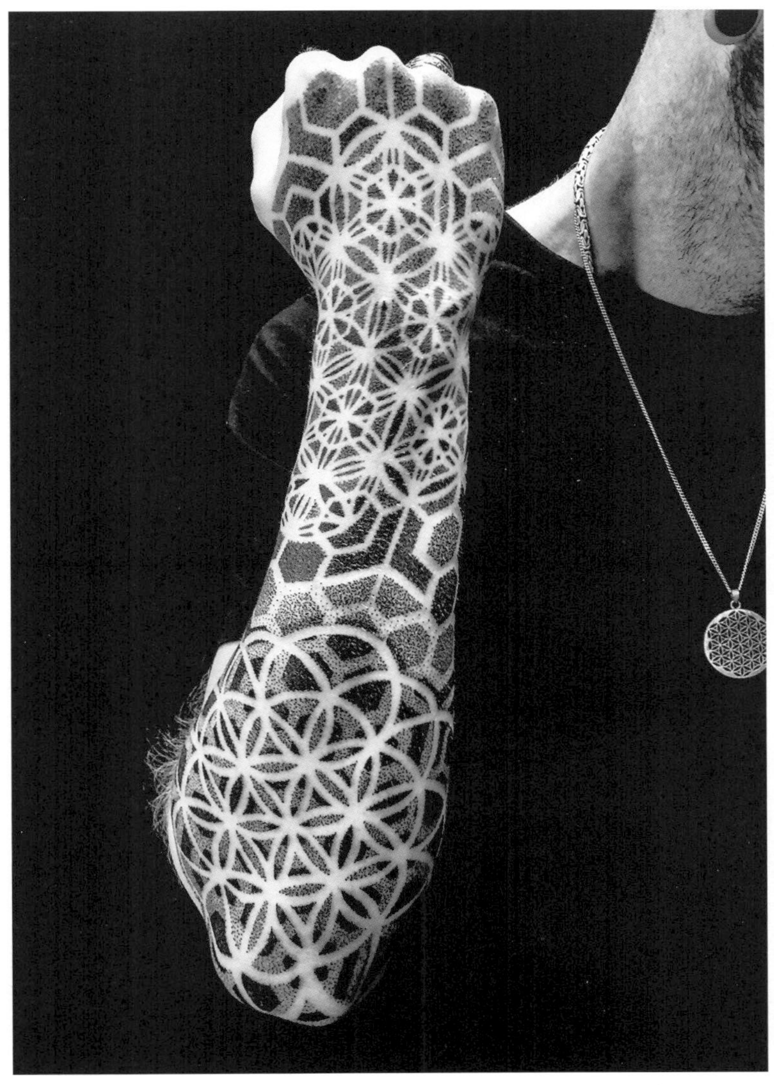

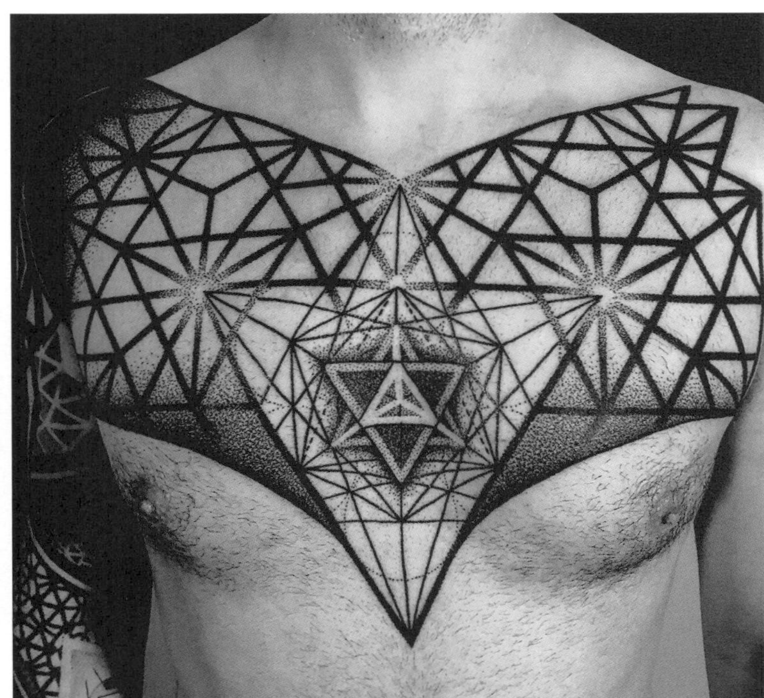

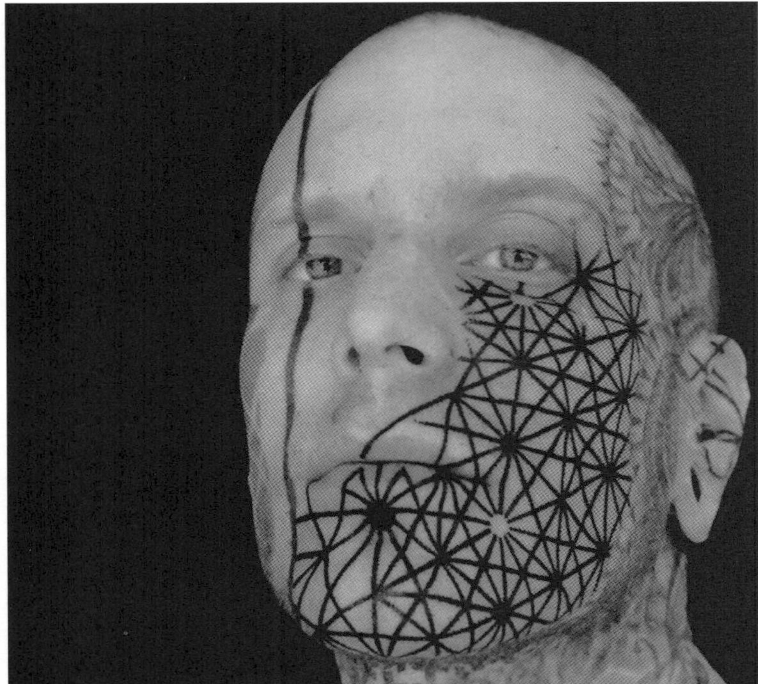

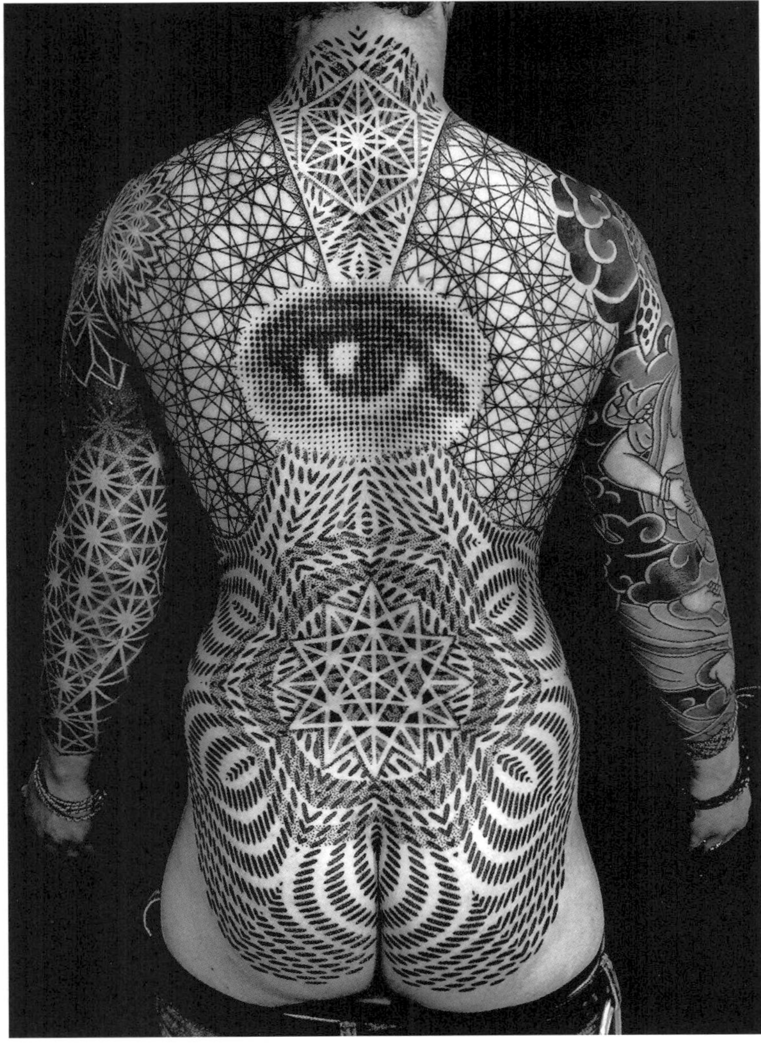

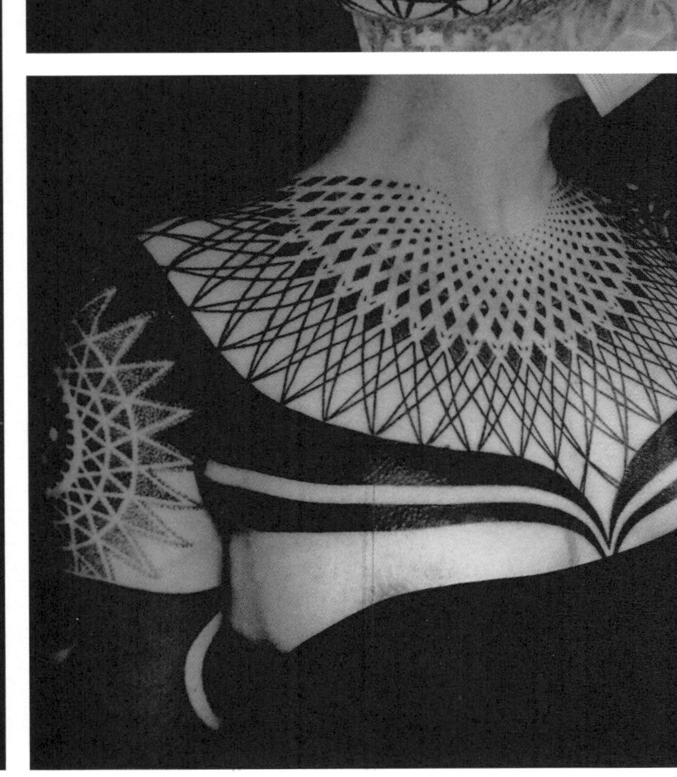

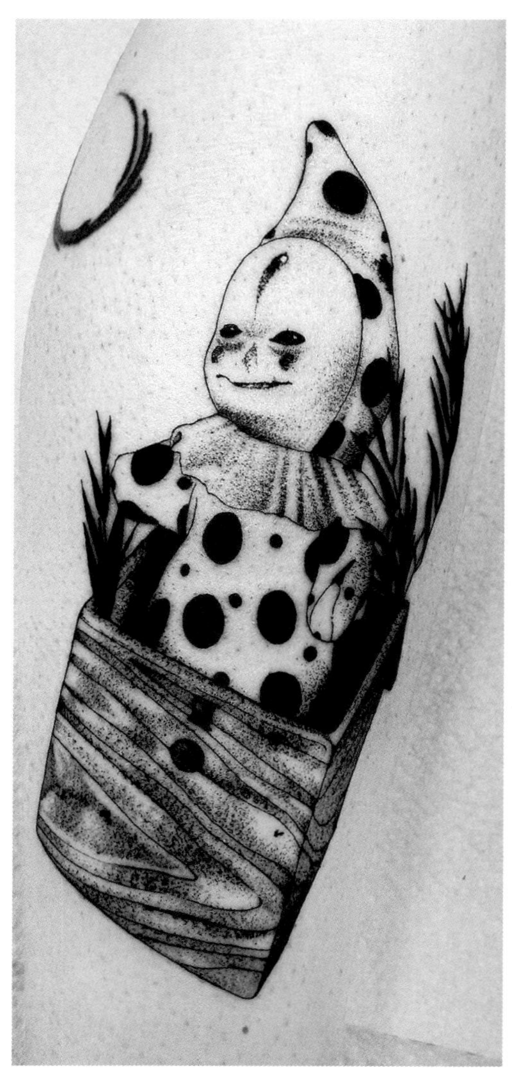

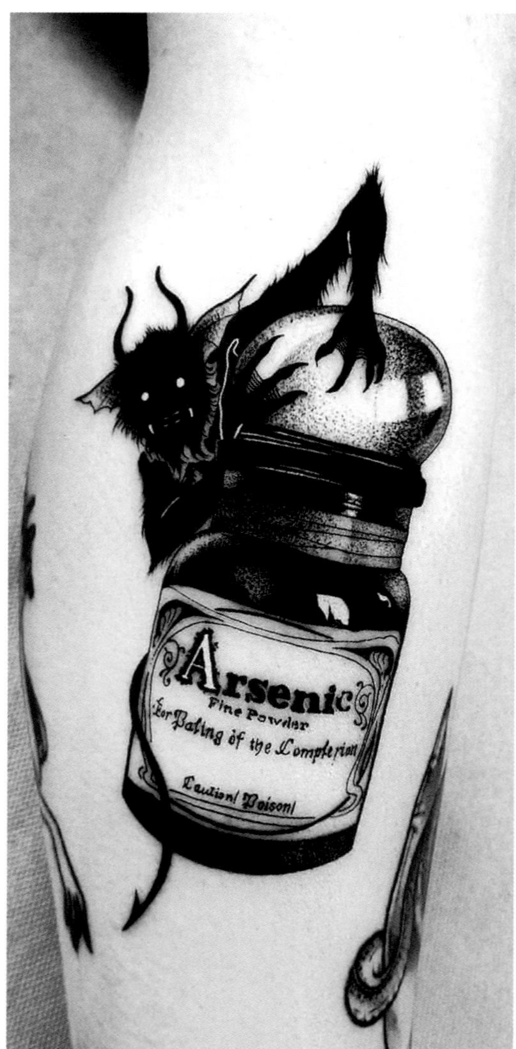
Arsenic
Fine Powder
For Paling of the Complexion
Caution! Poison!

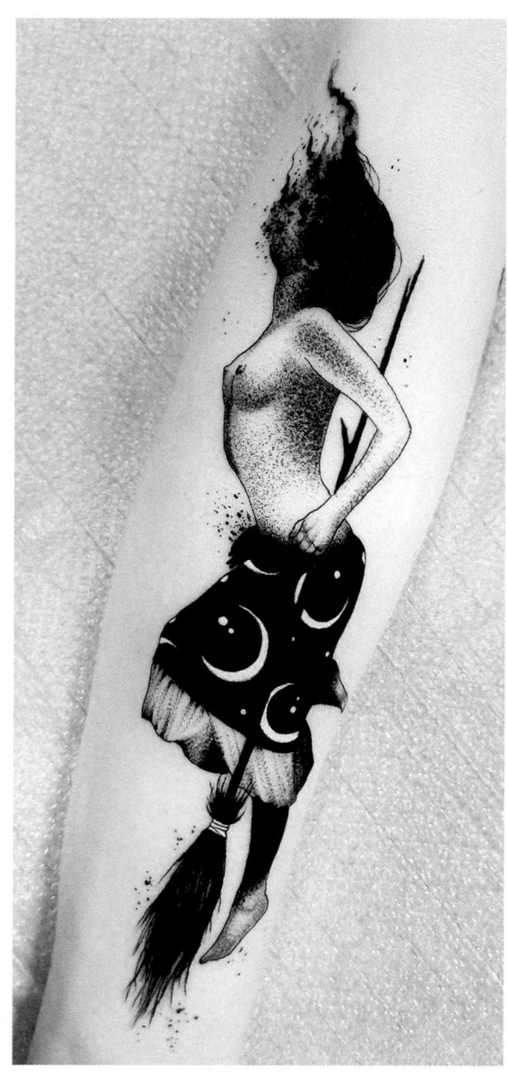

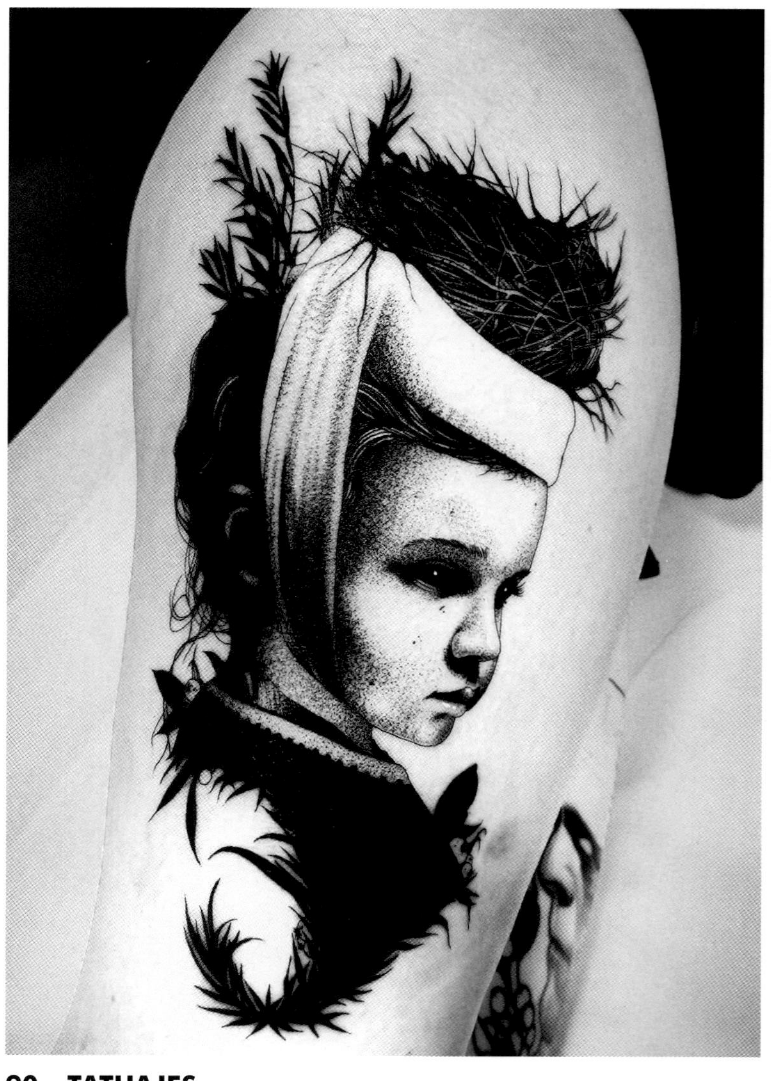

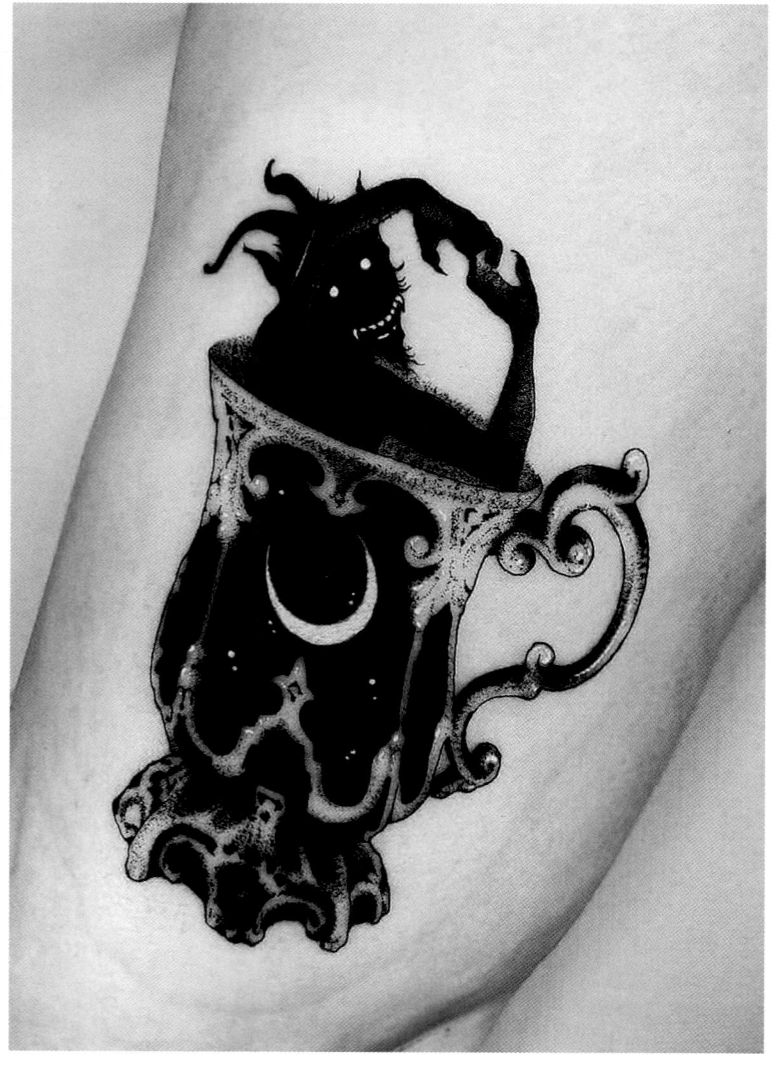

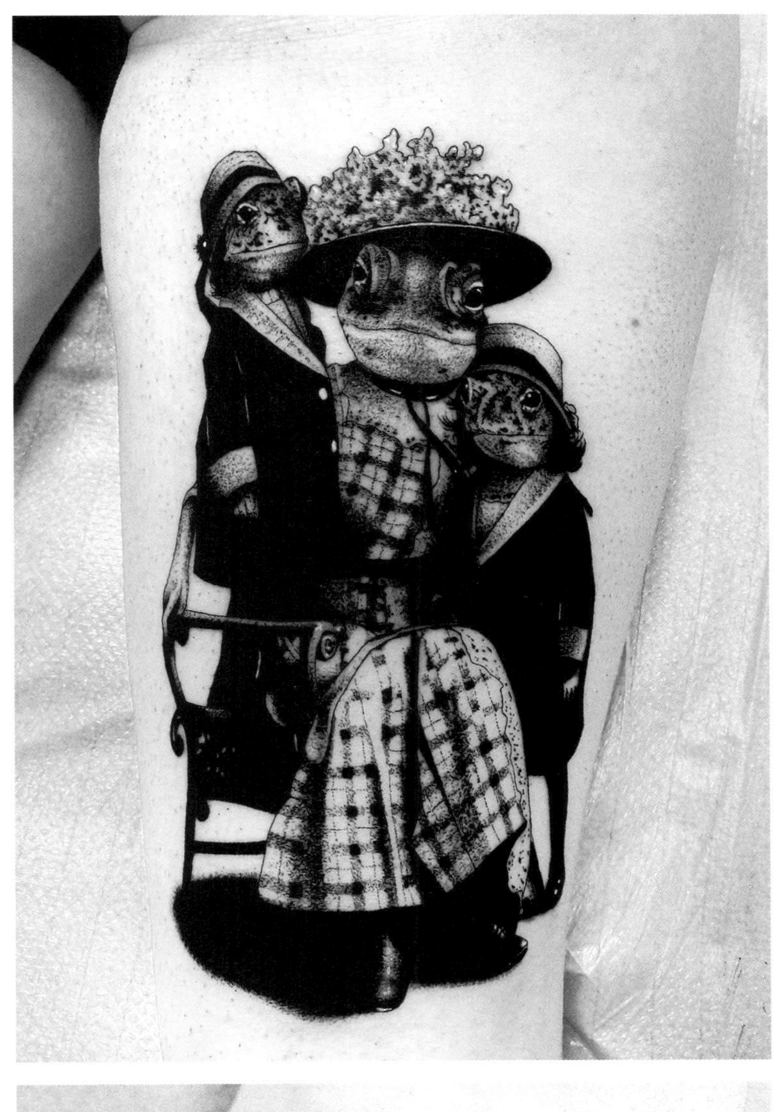

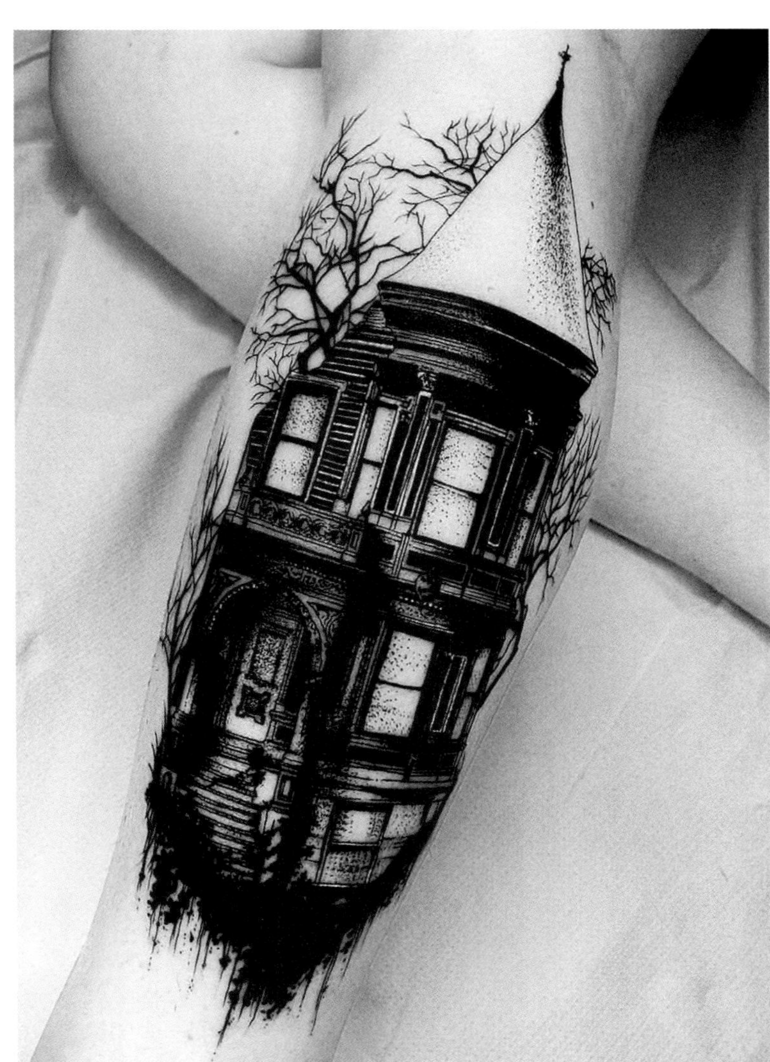

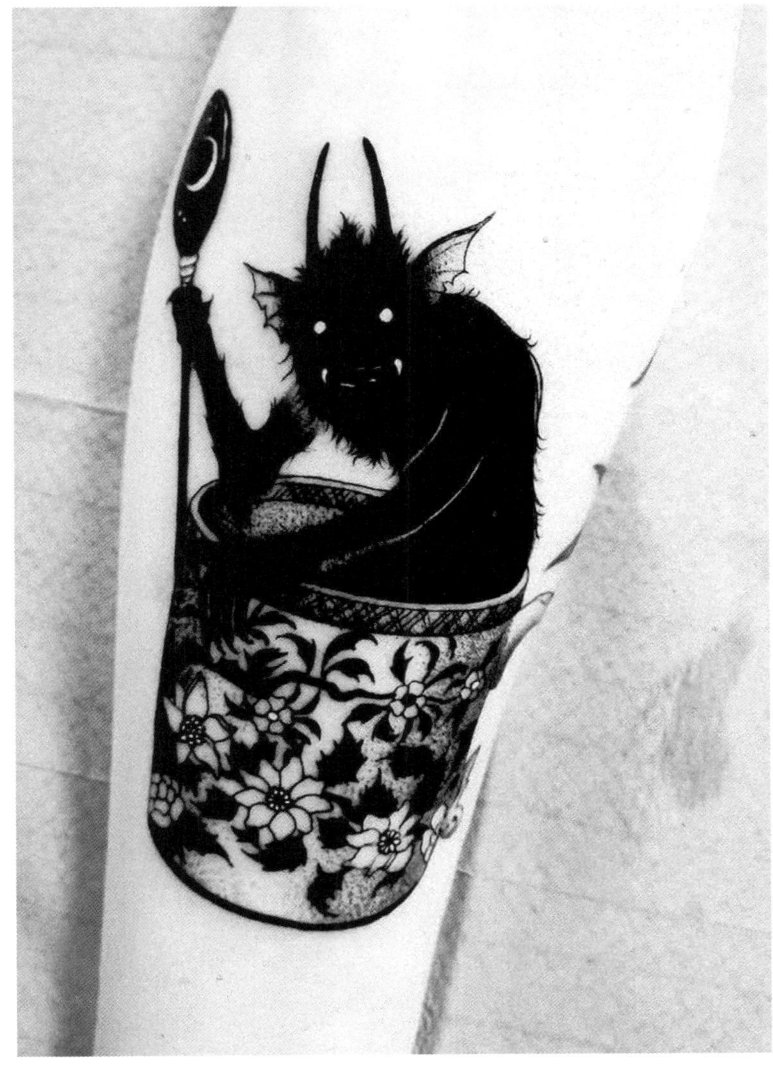

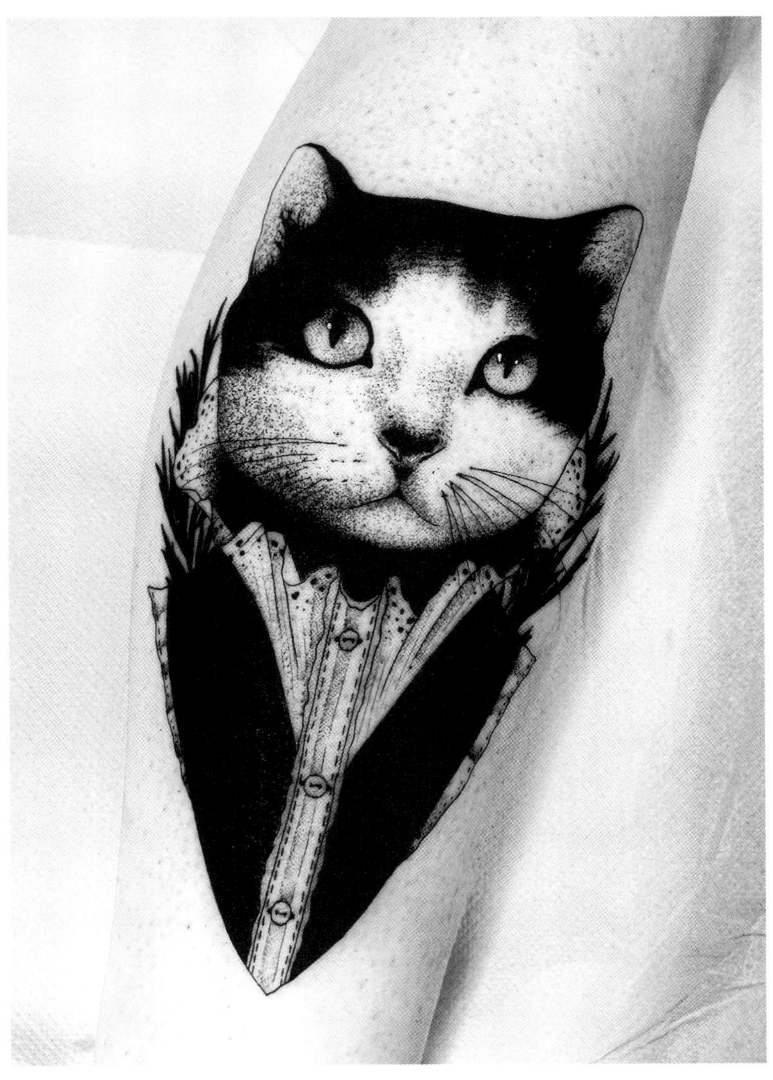

El Nigro

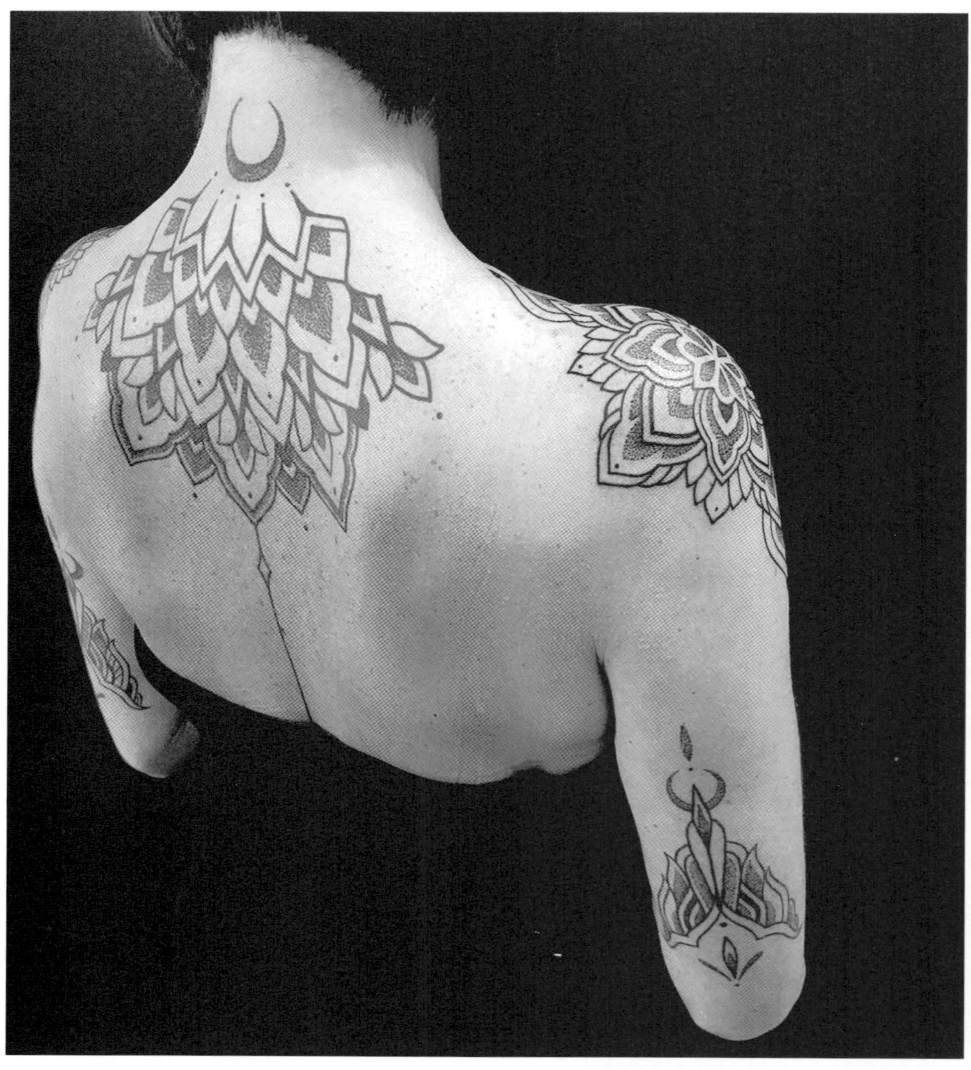
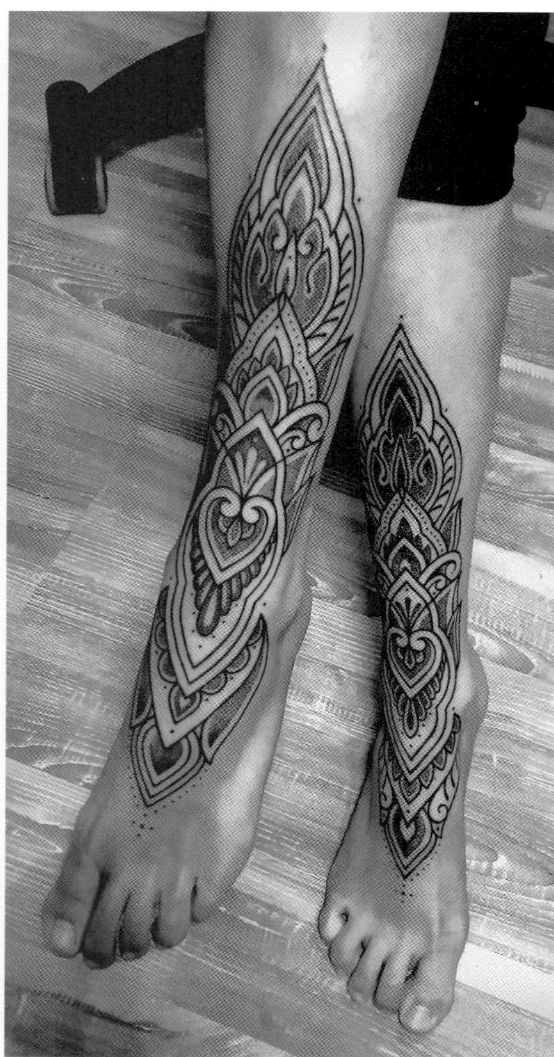
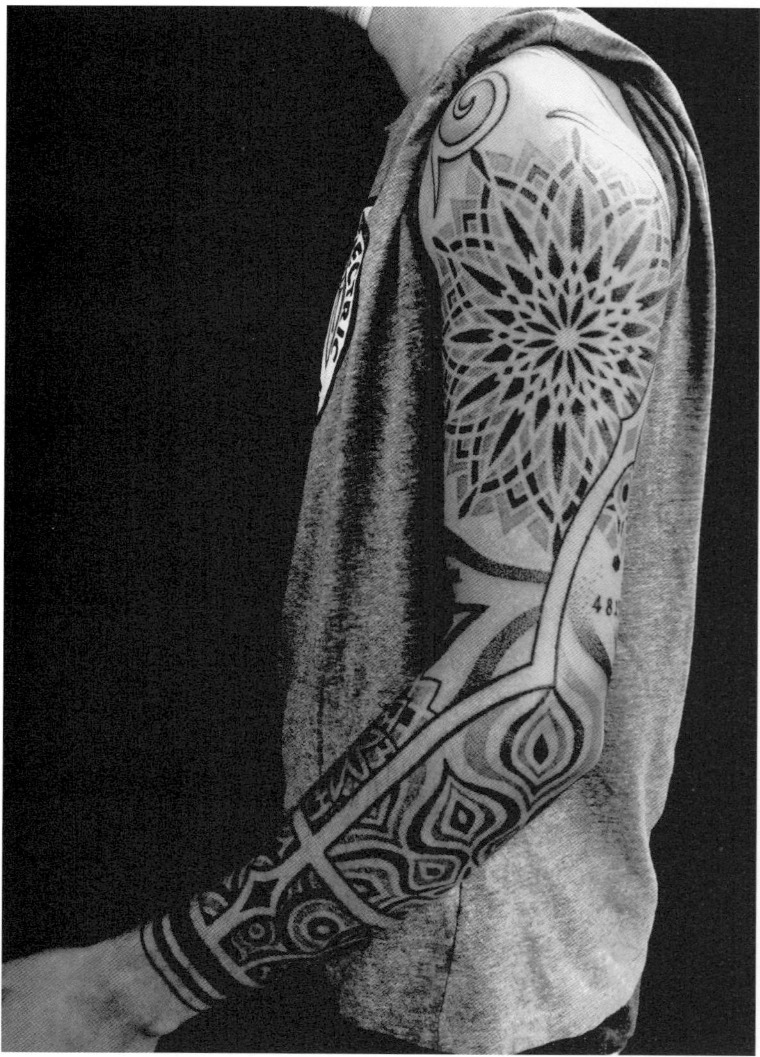
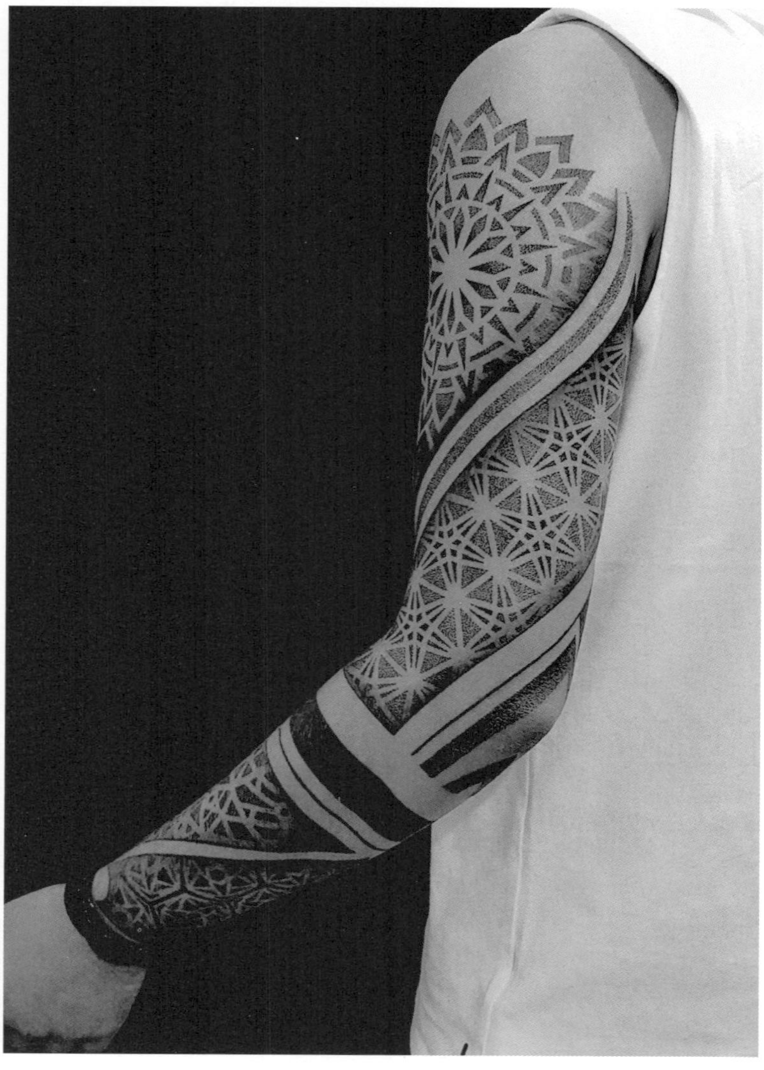

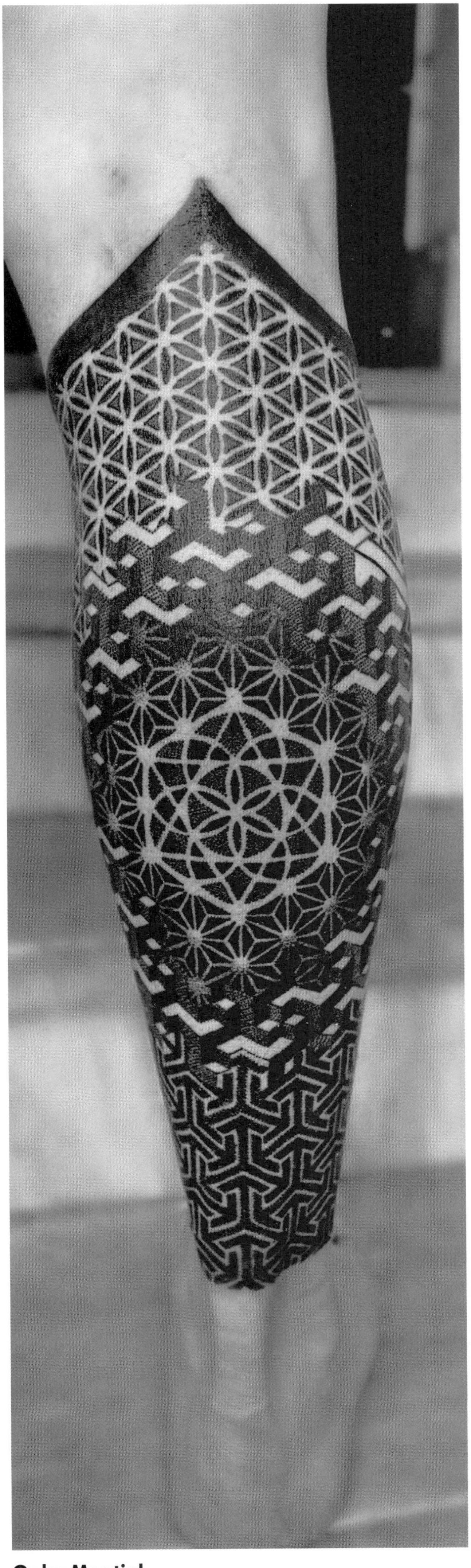

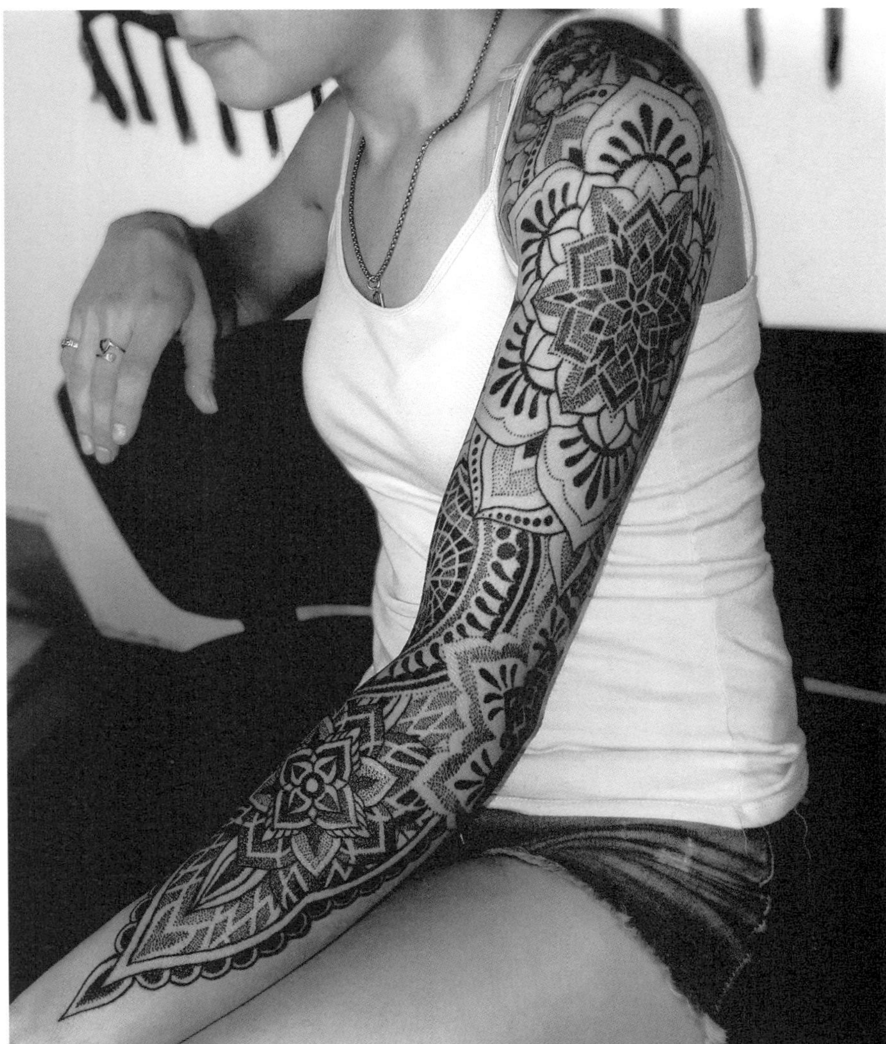

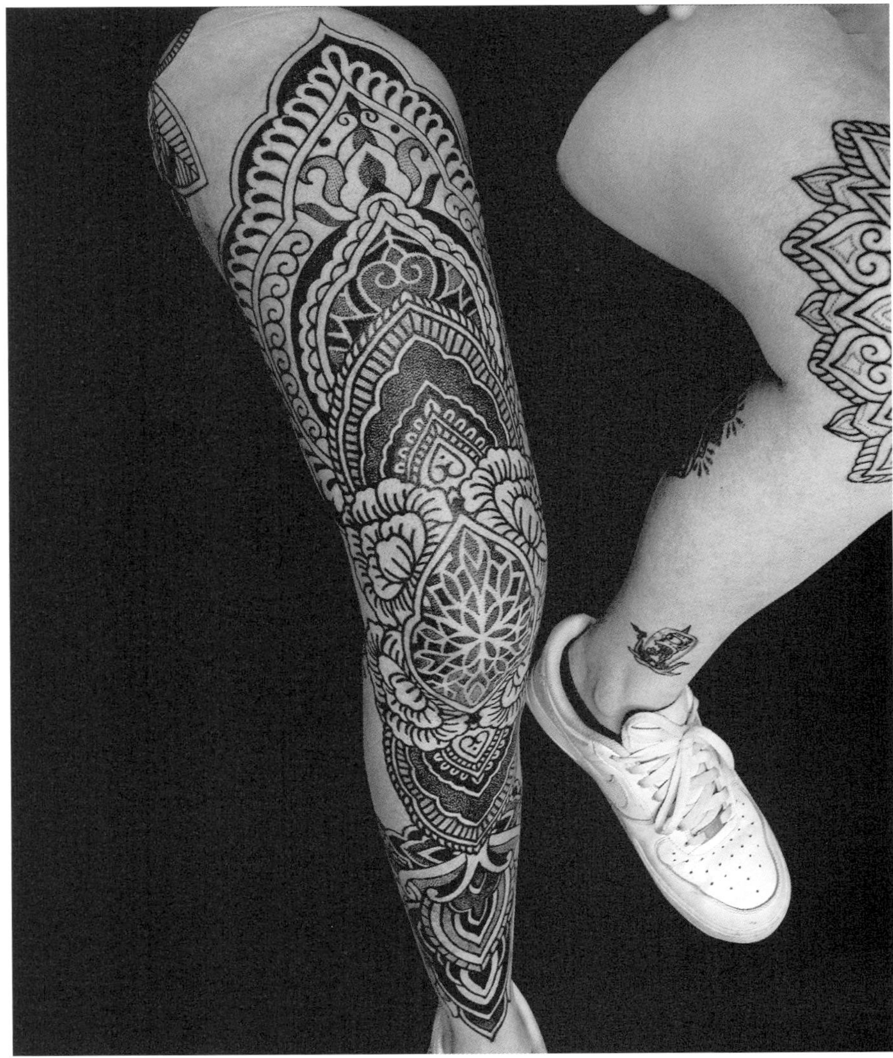

Gaby Montiel

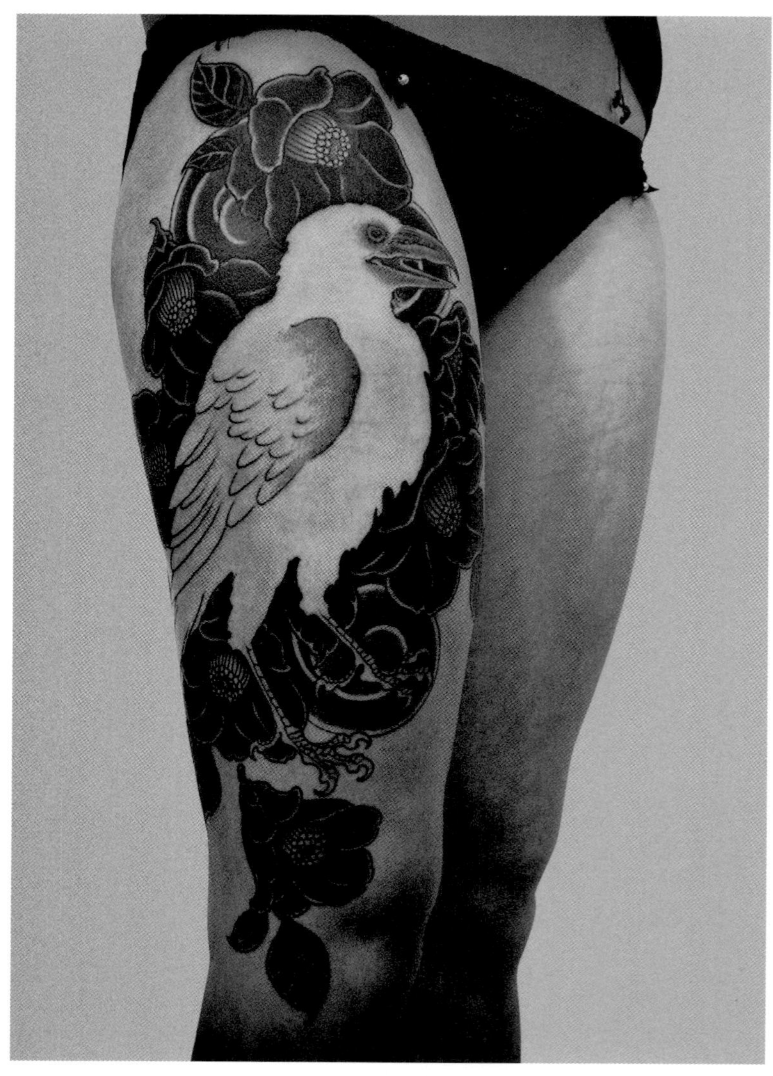
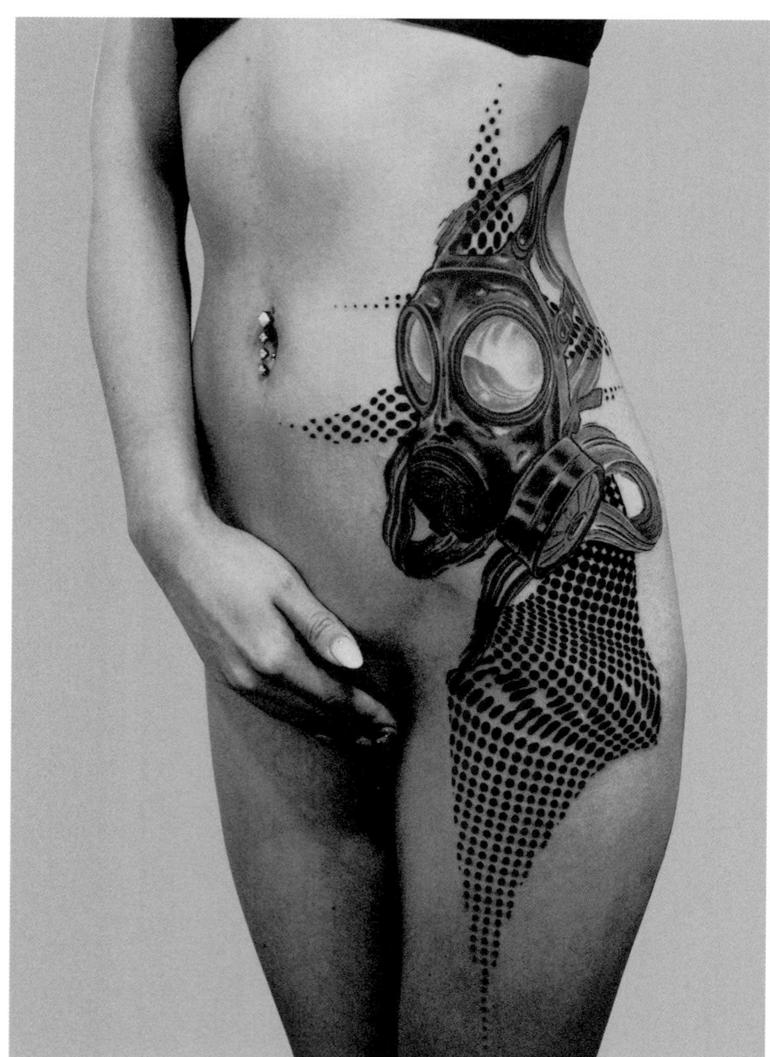
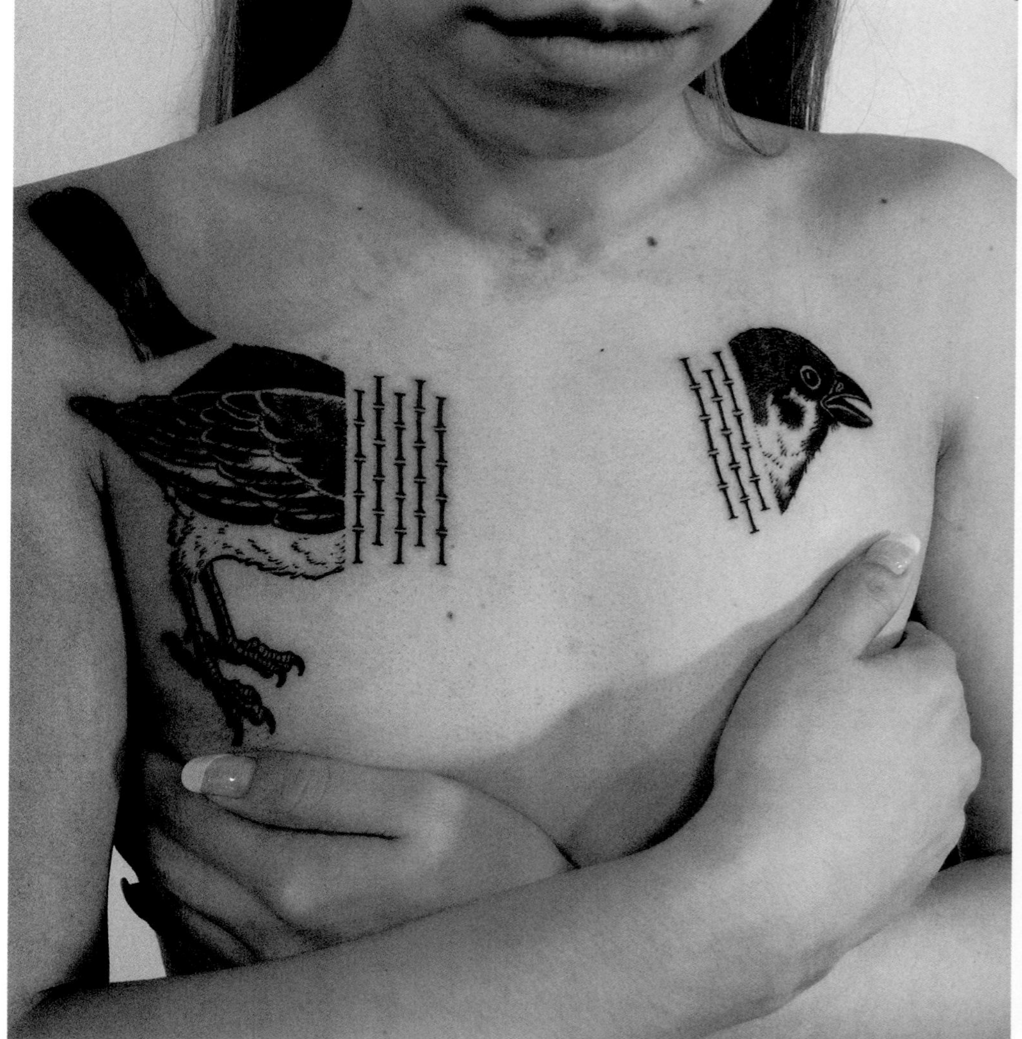
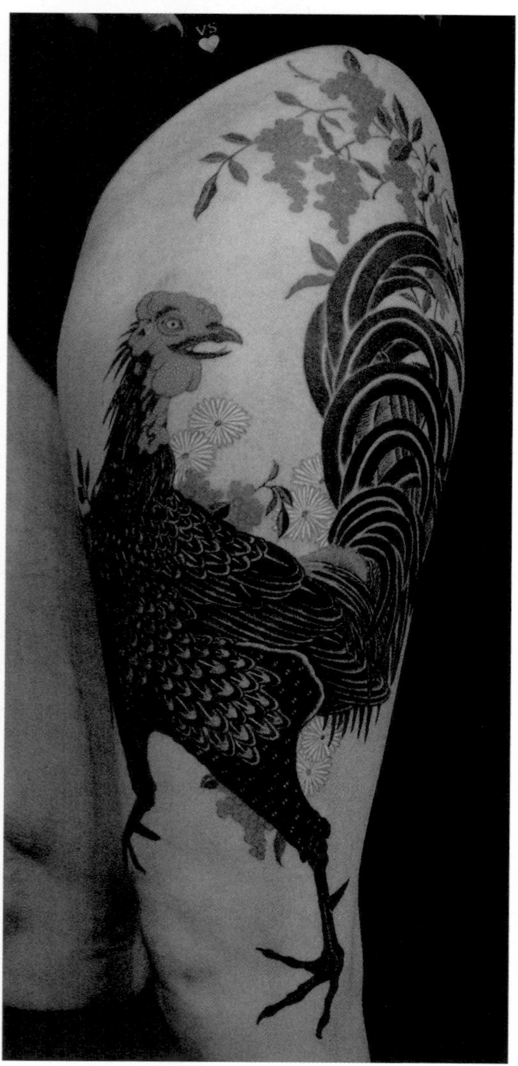

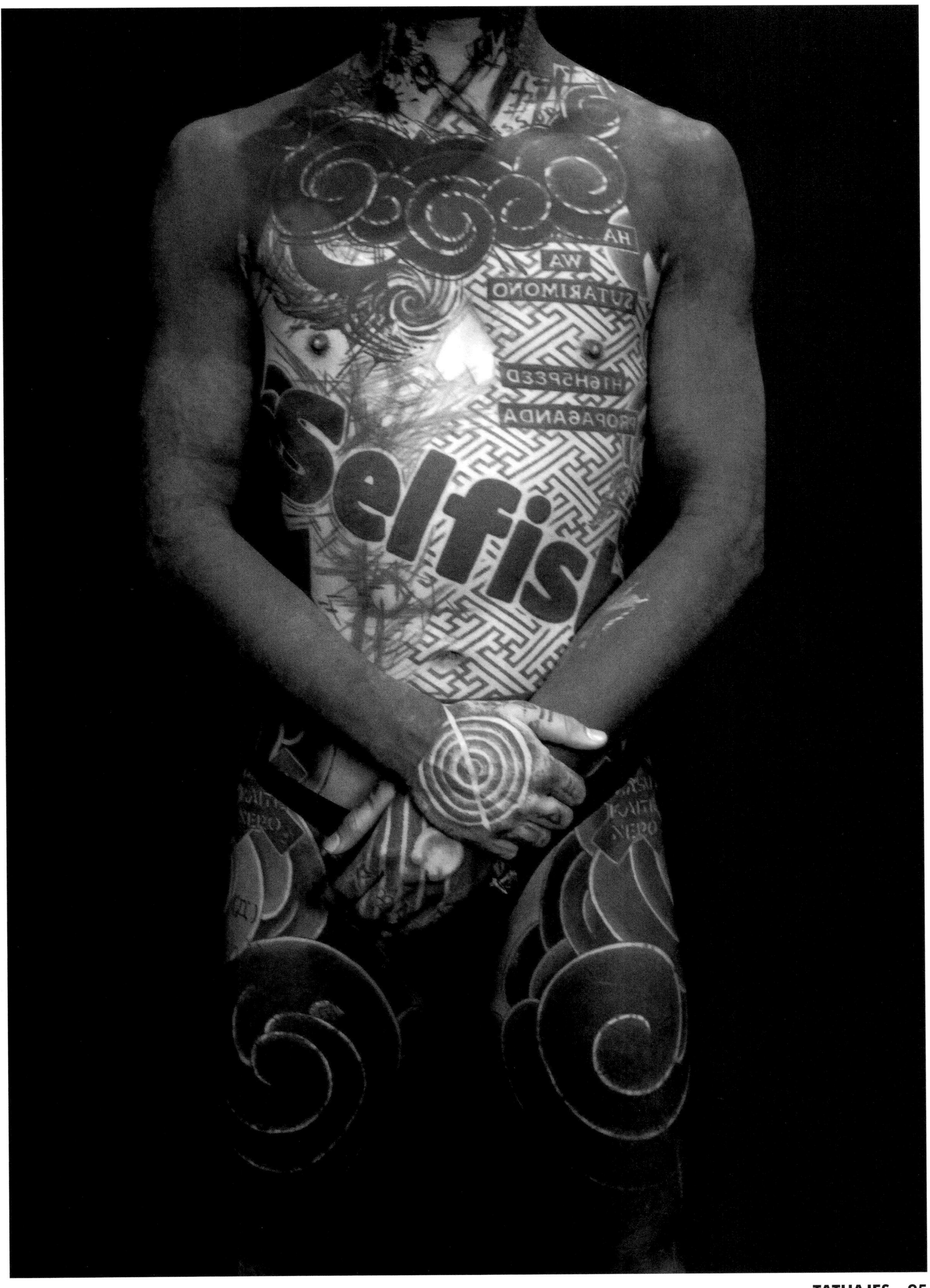

Gakkin

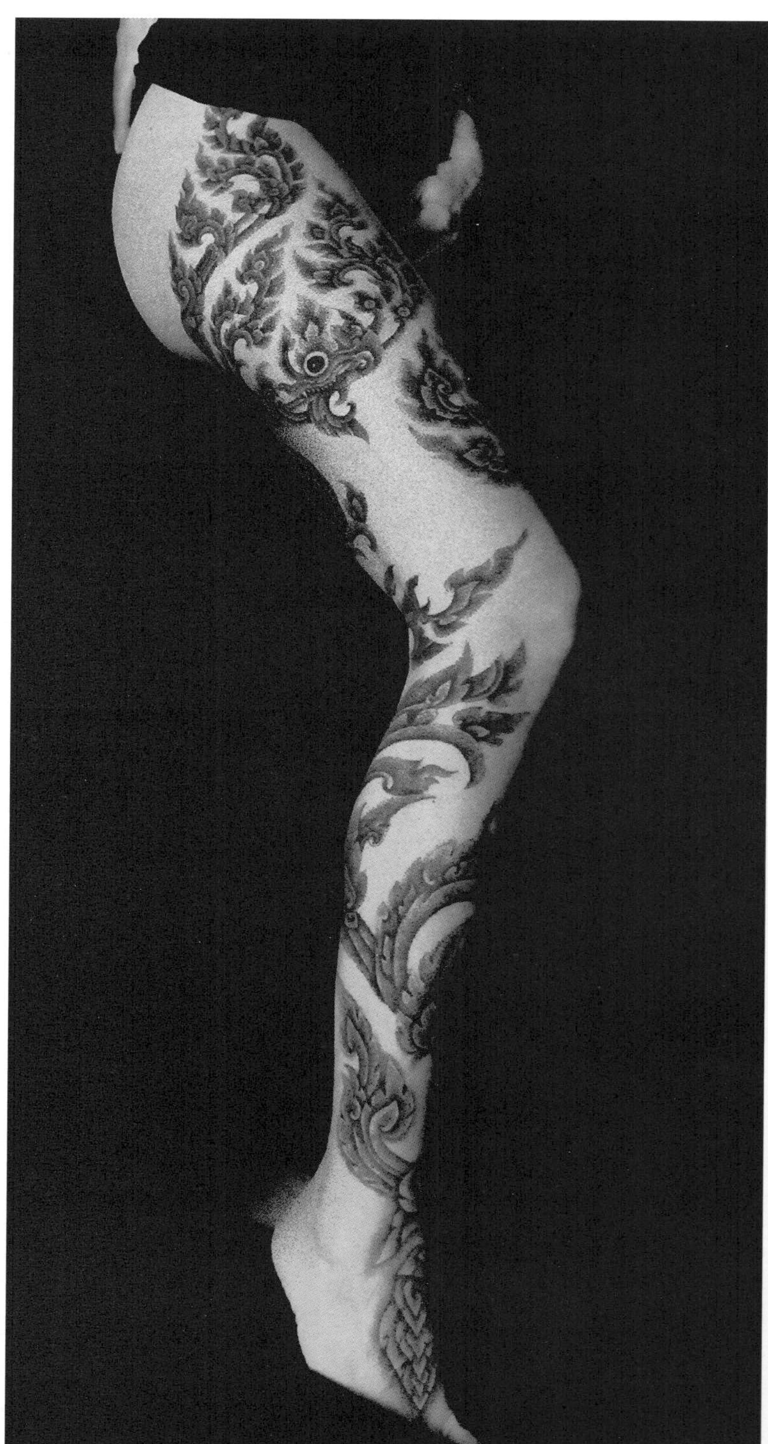

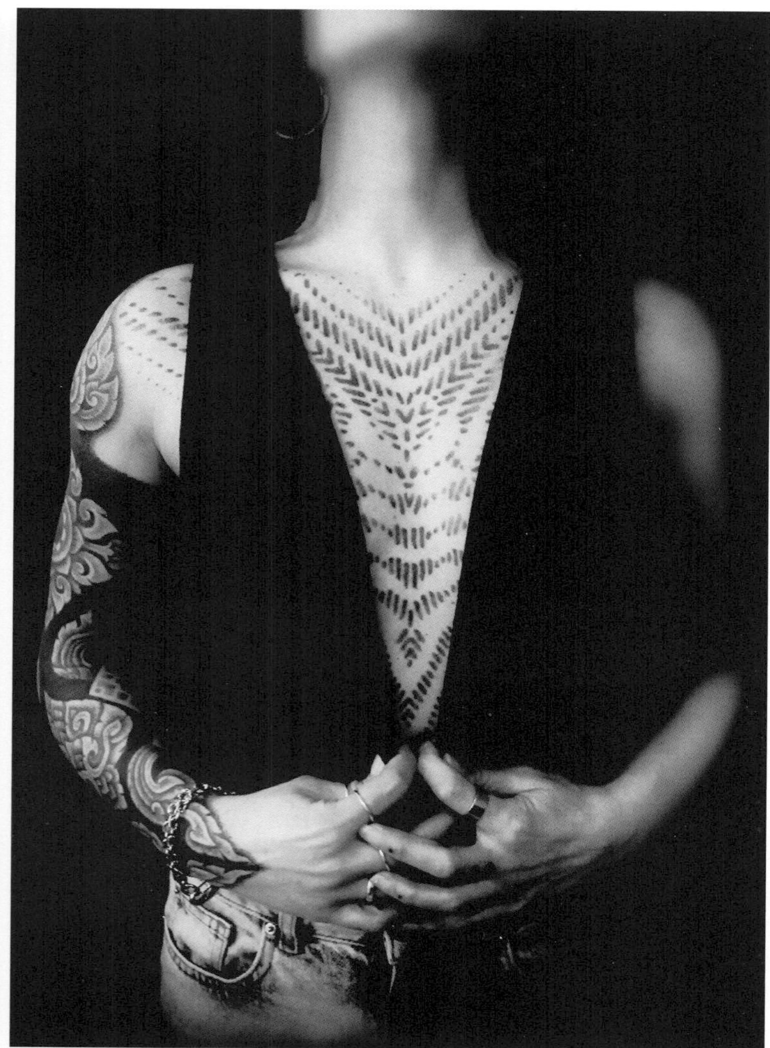

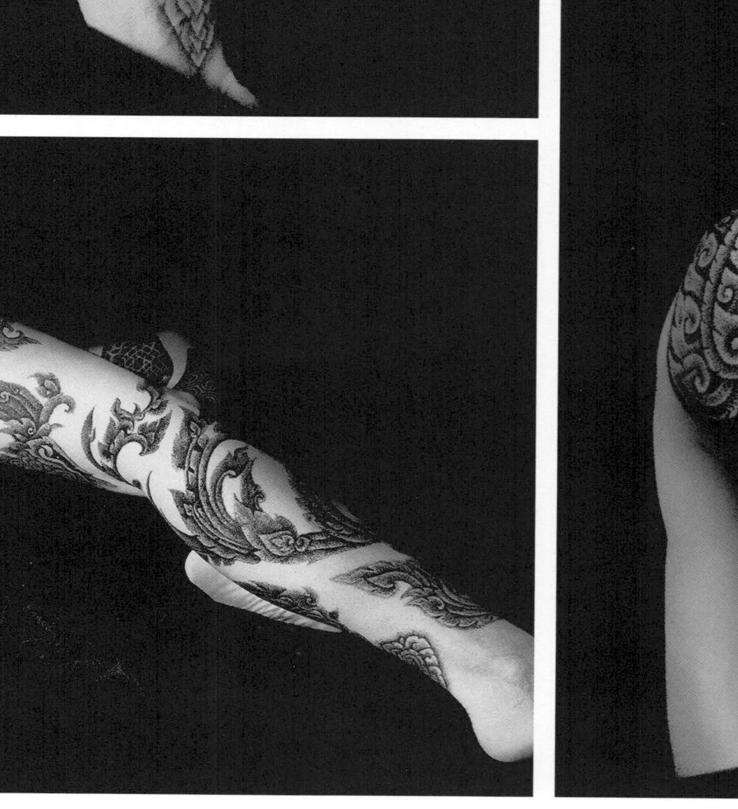

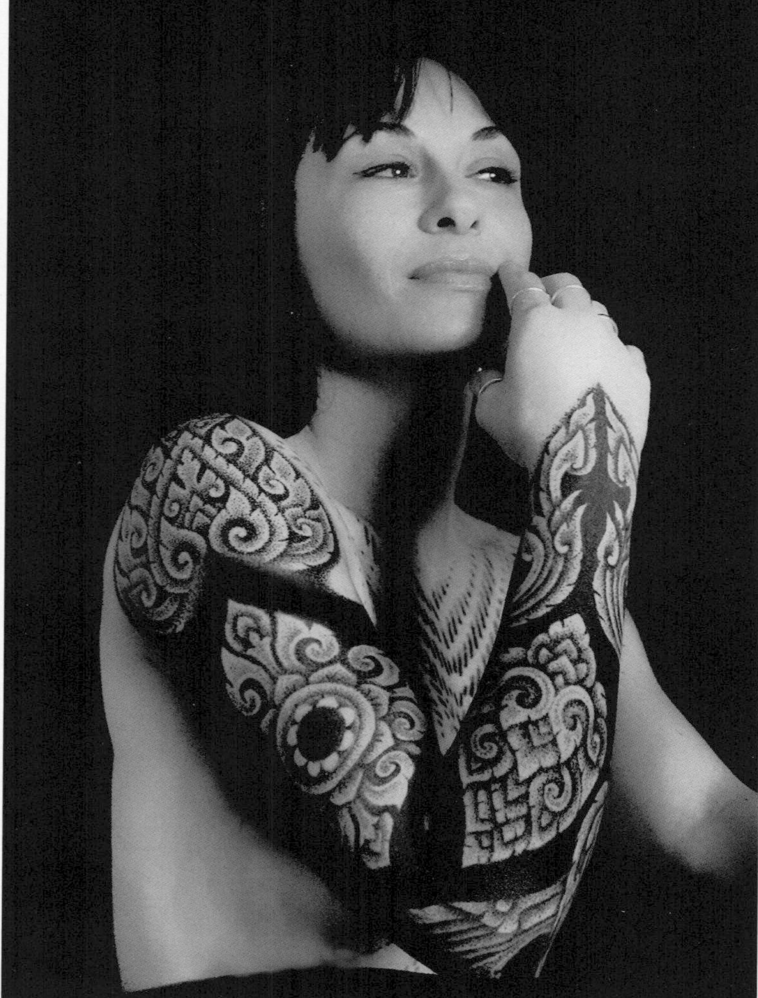

Gunther Iscariot

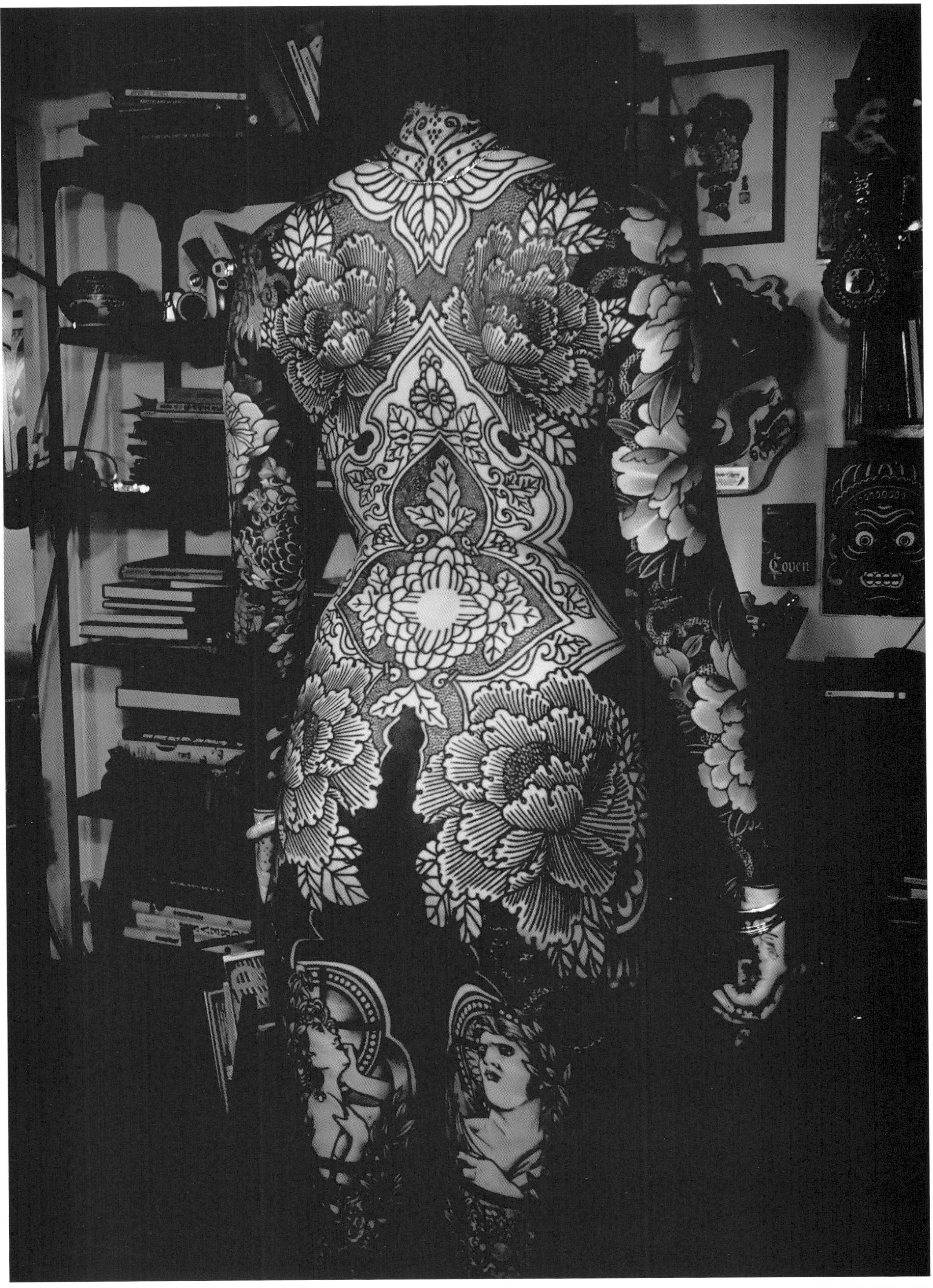

Guy Le Tatooer

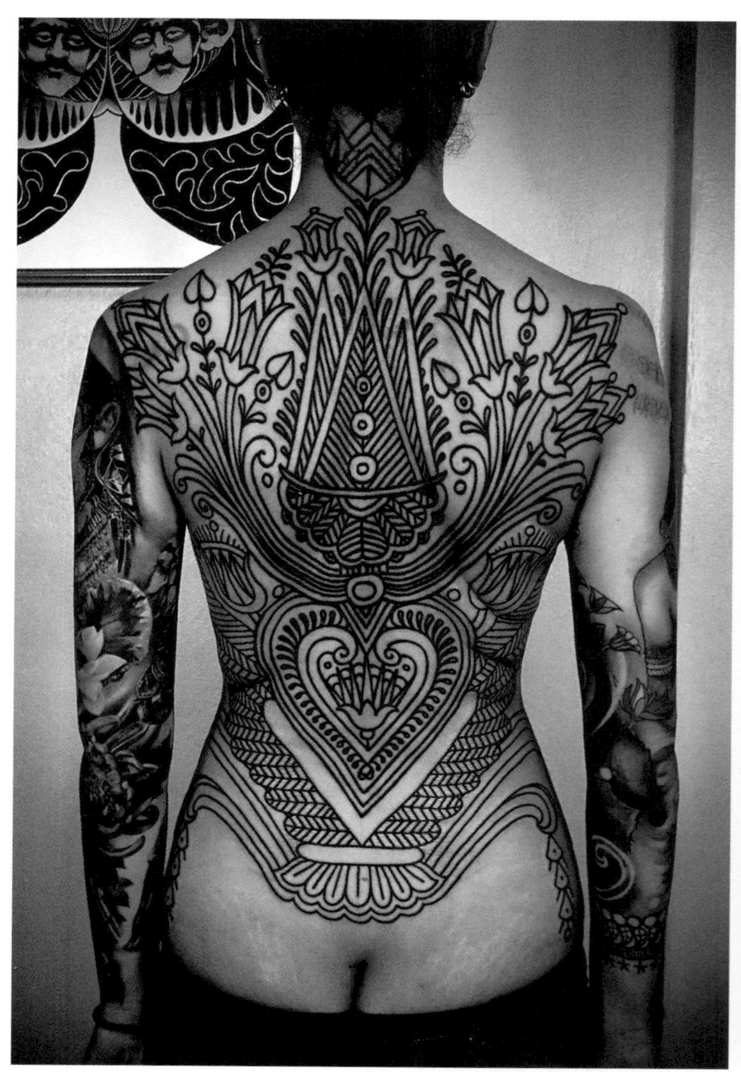

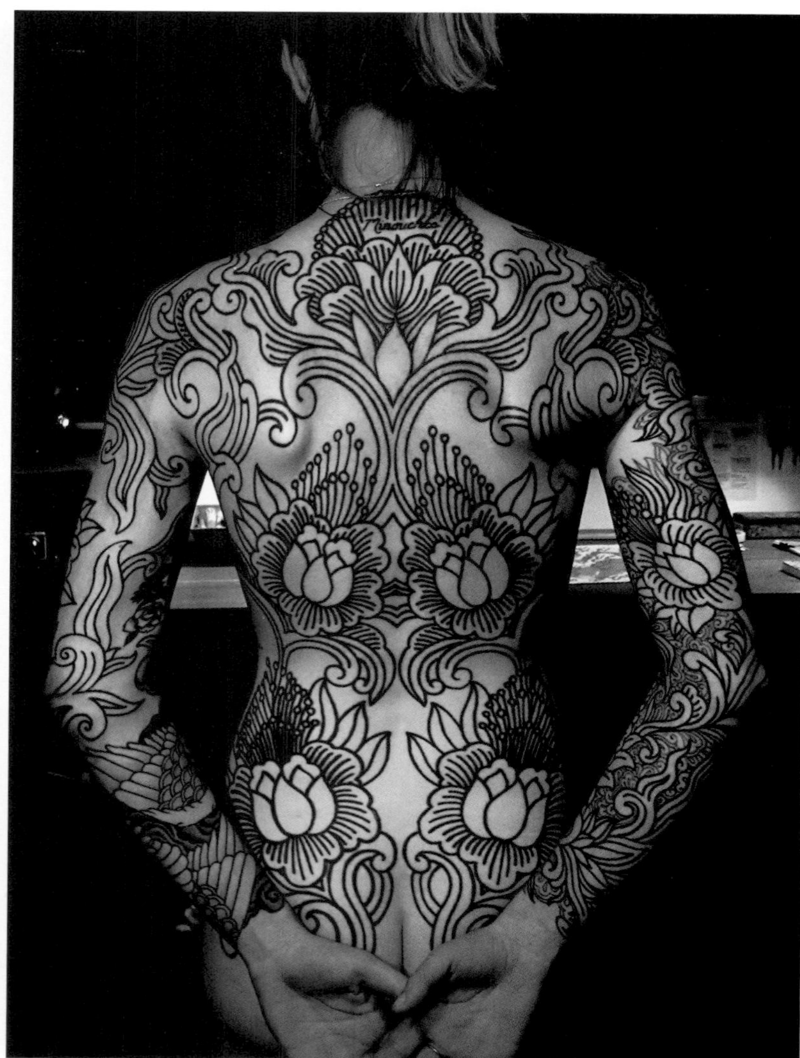

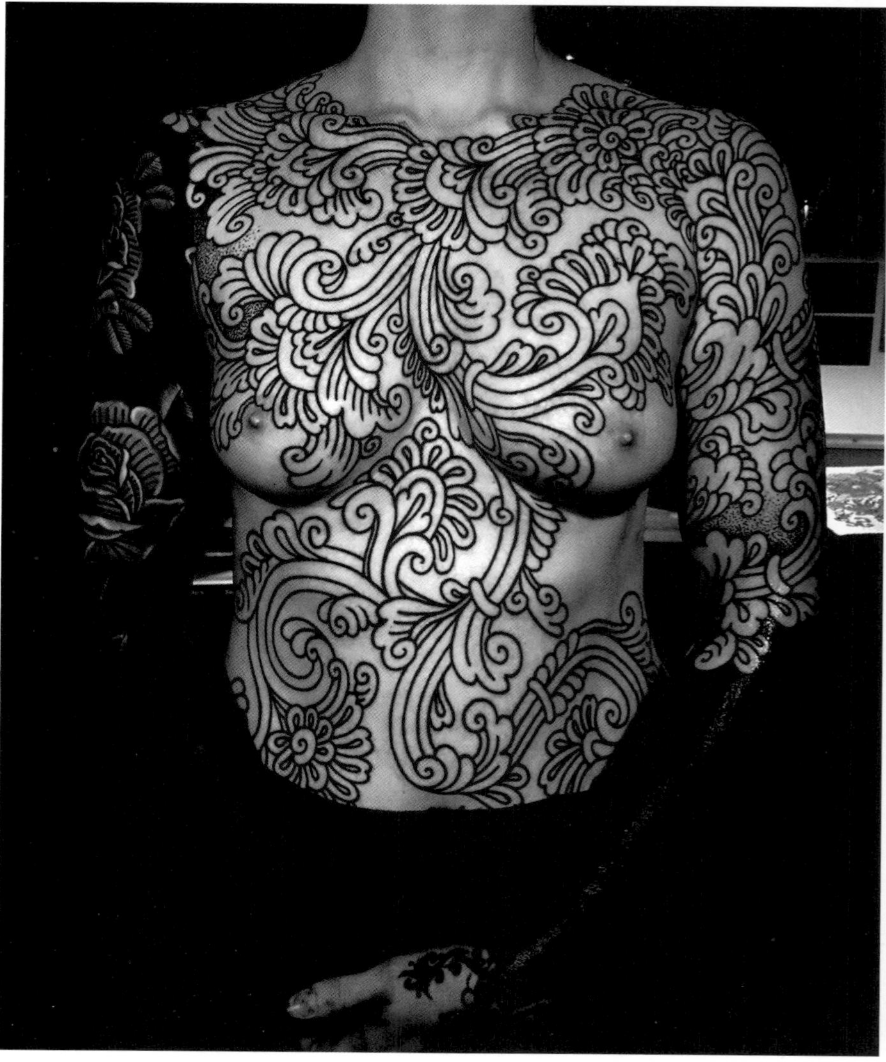

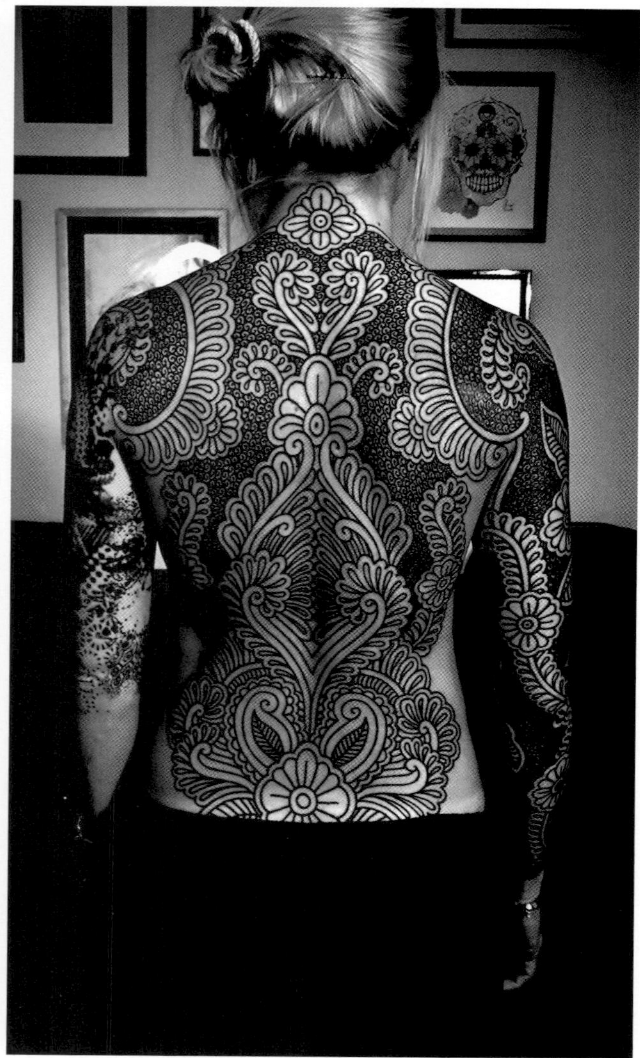

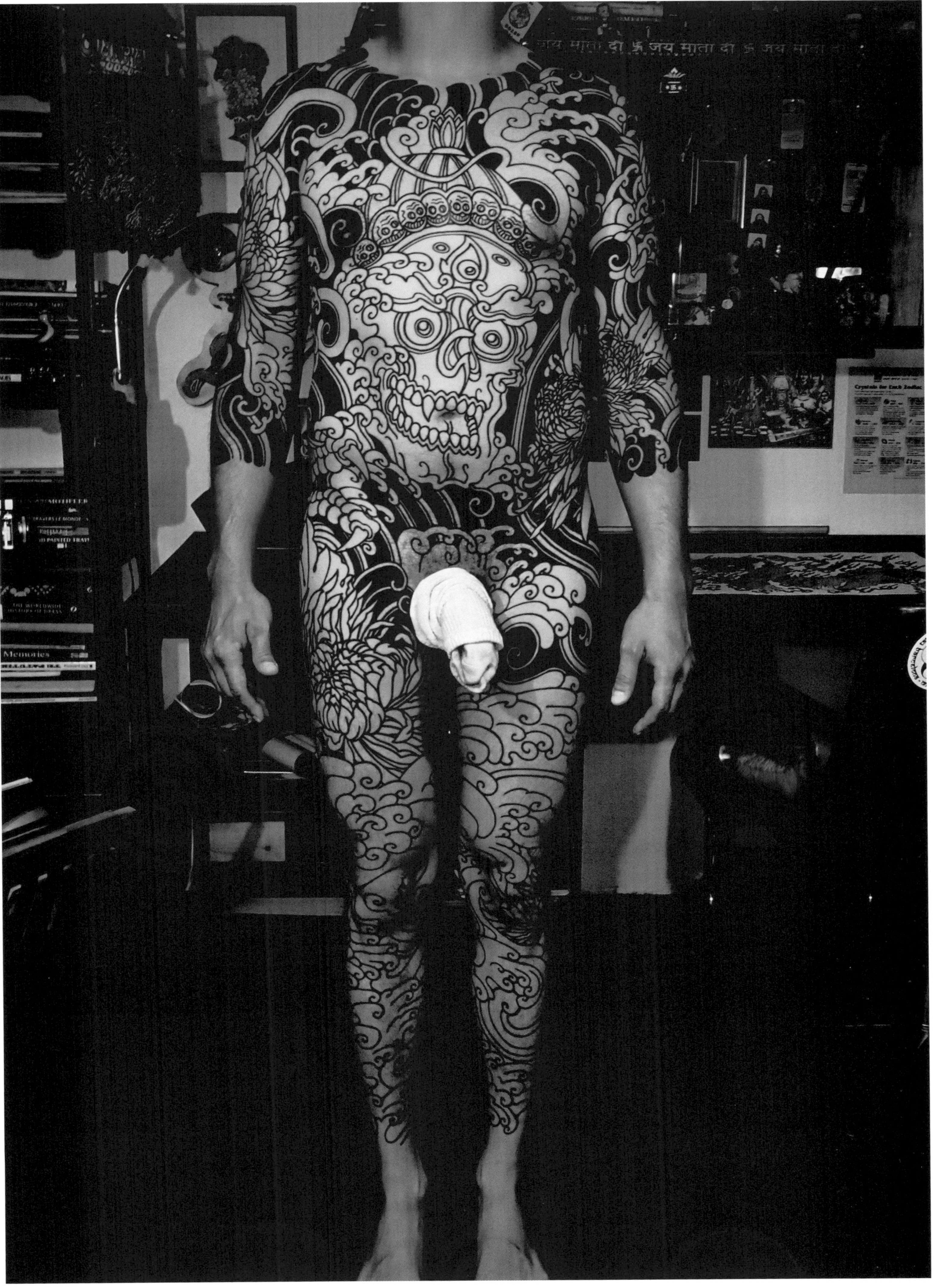

Guy Le Tatooer

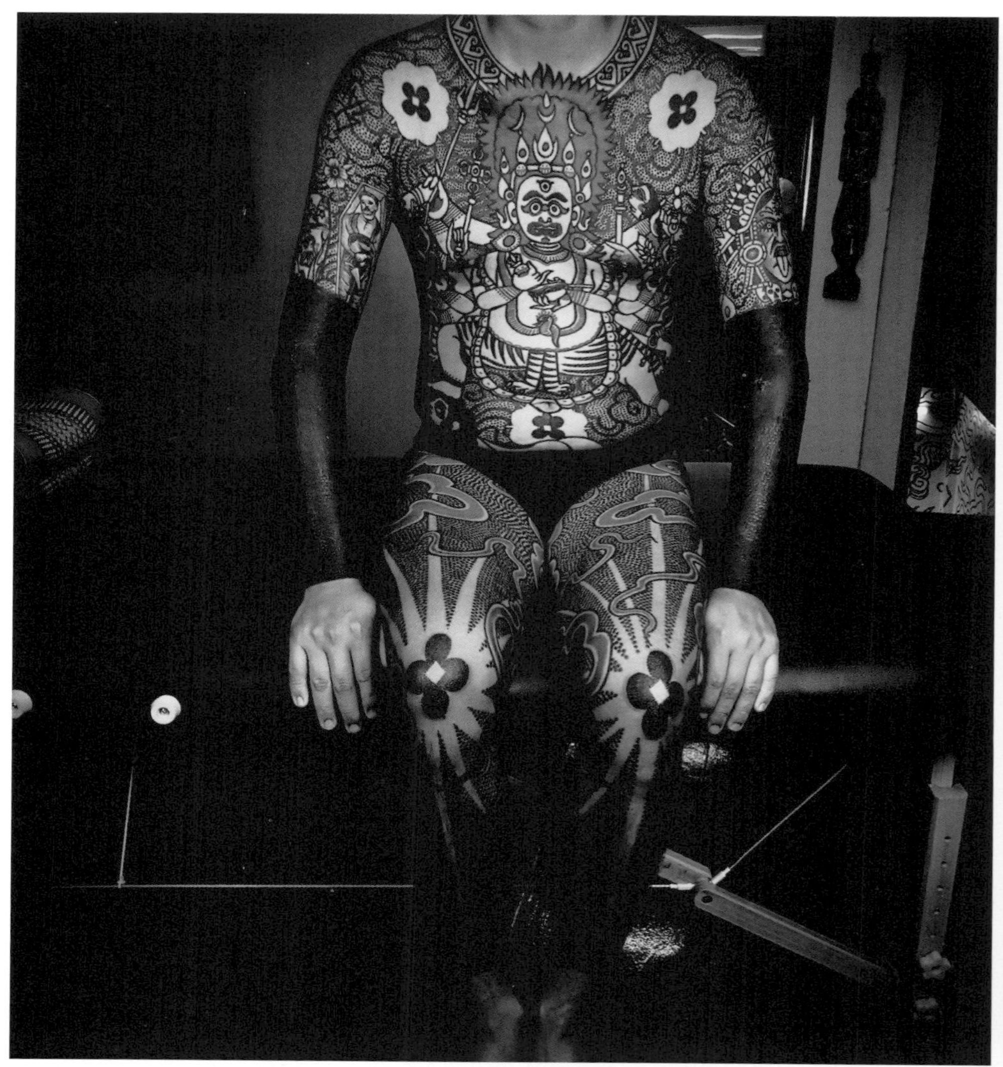
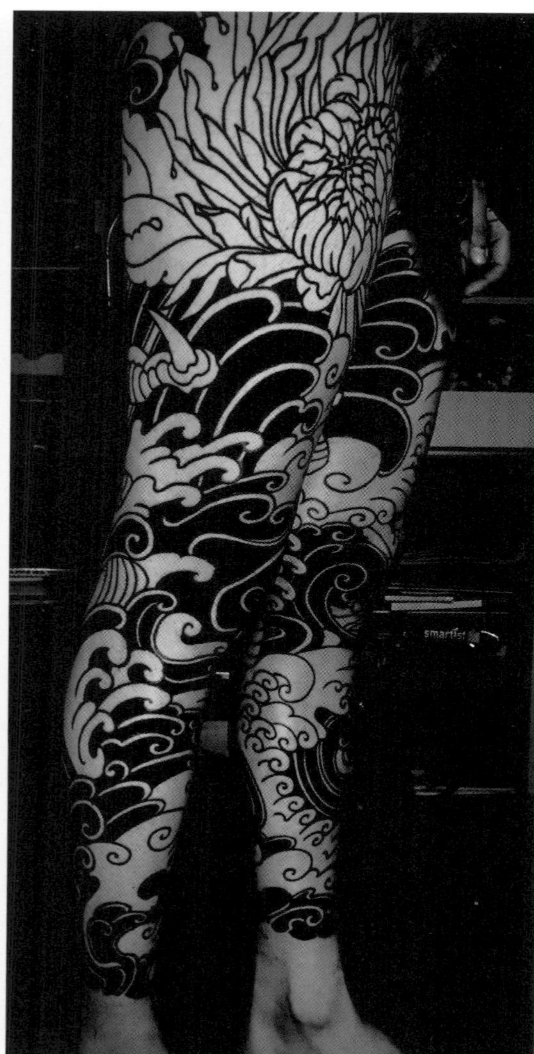
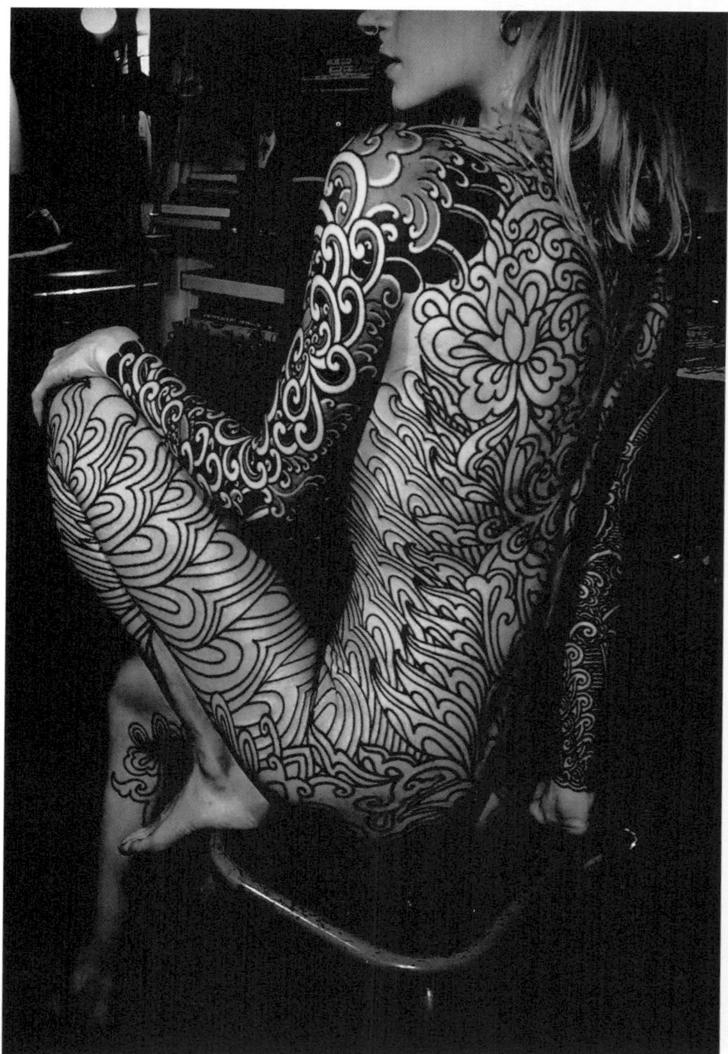
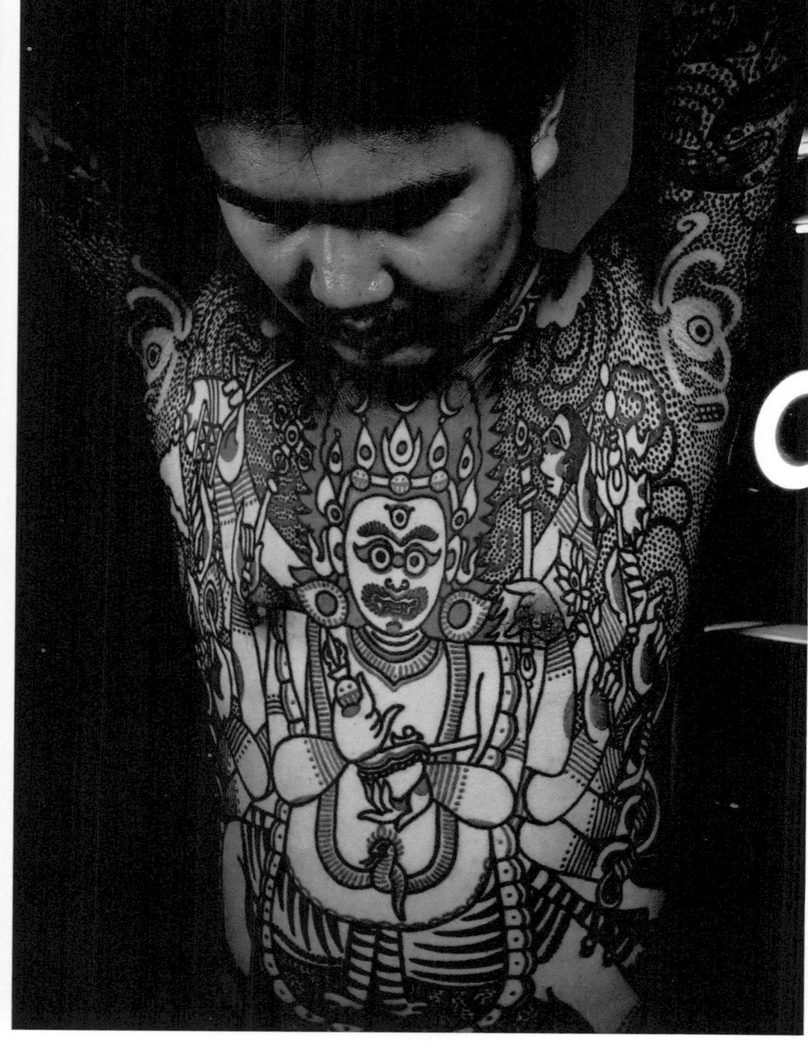

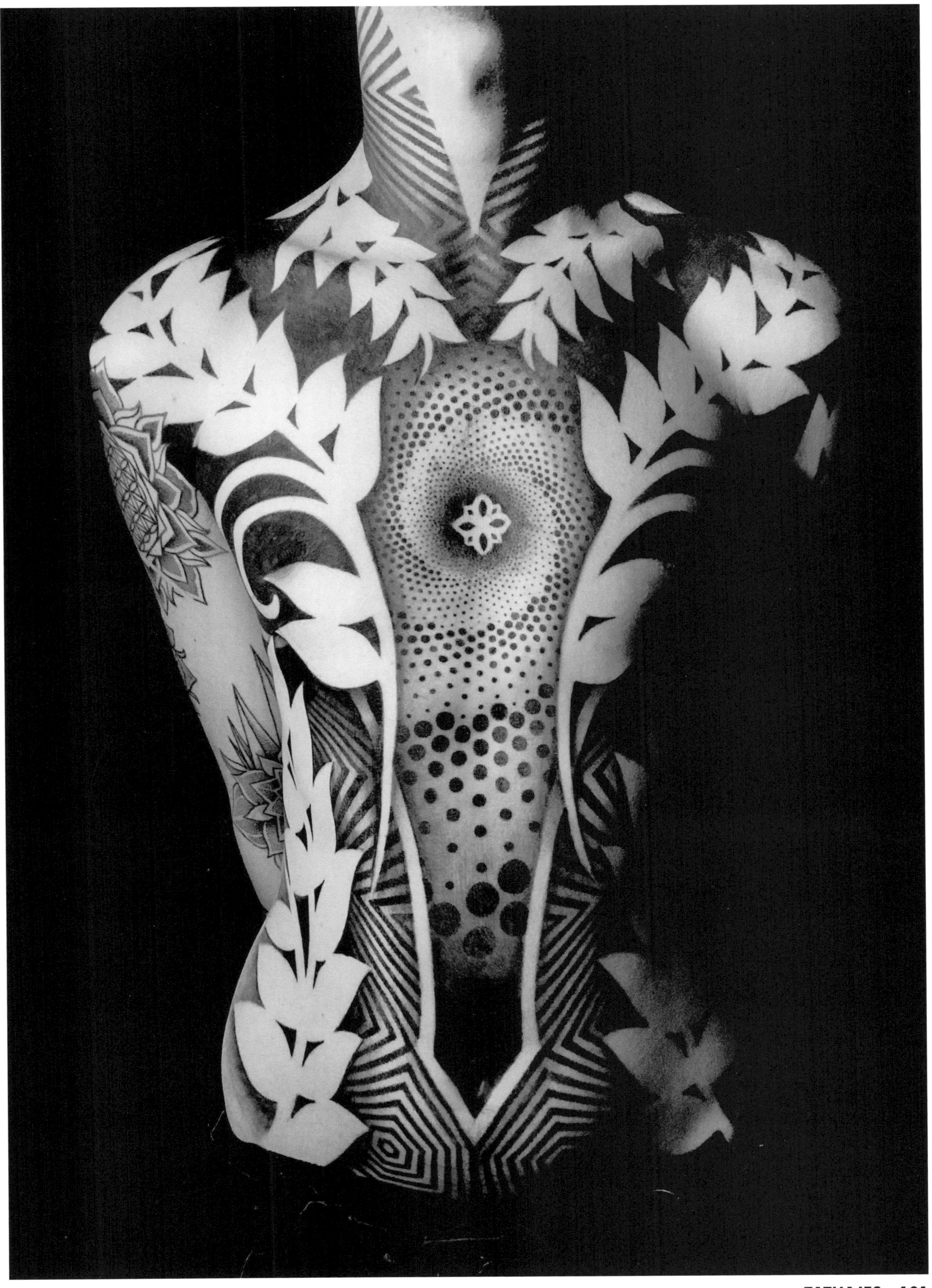

John Del-Pinto

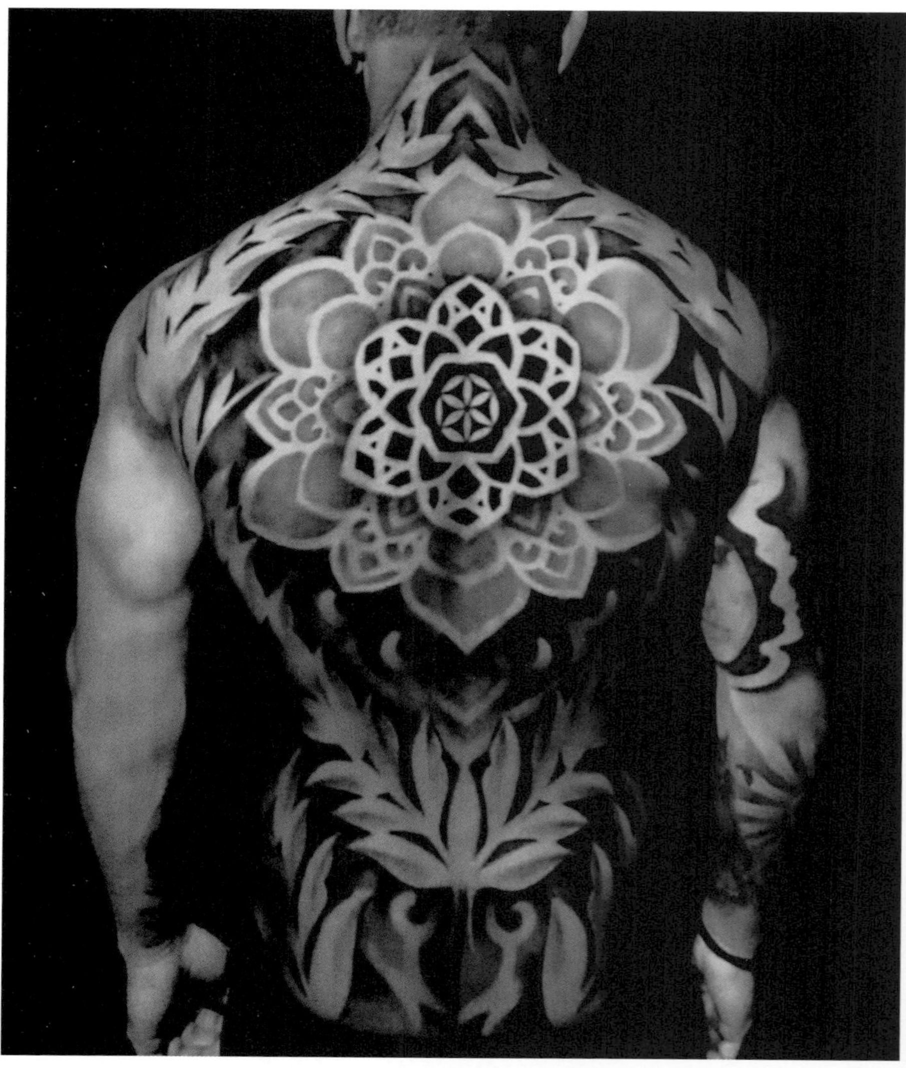

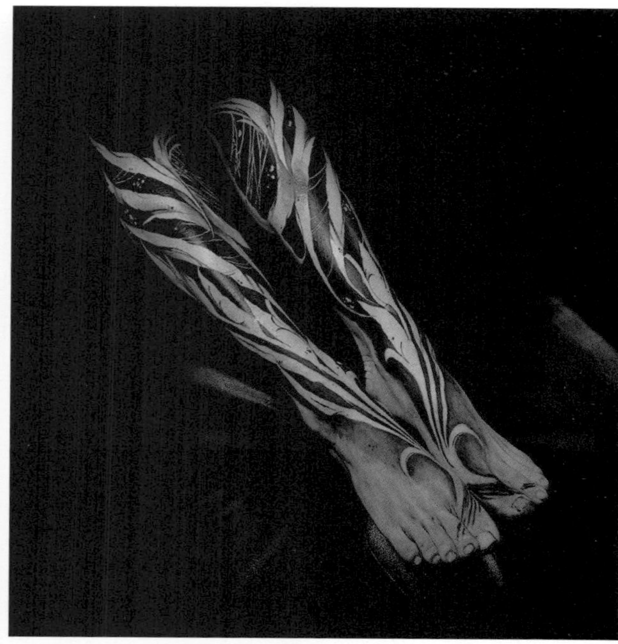

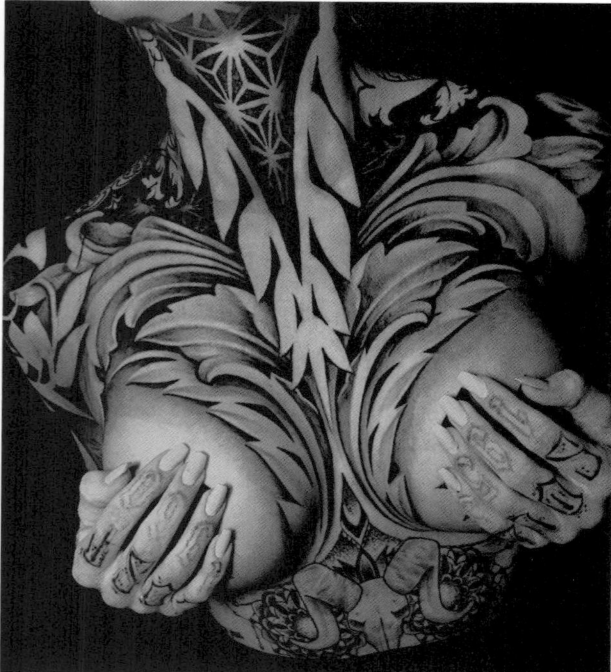

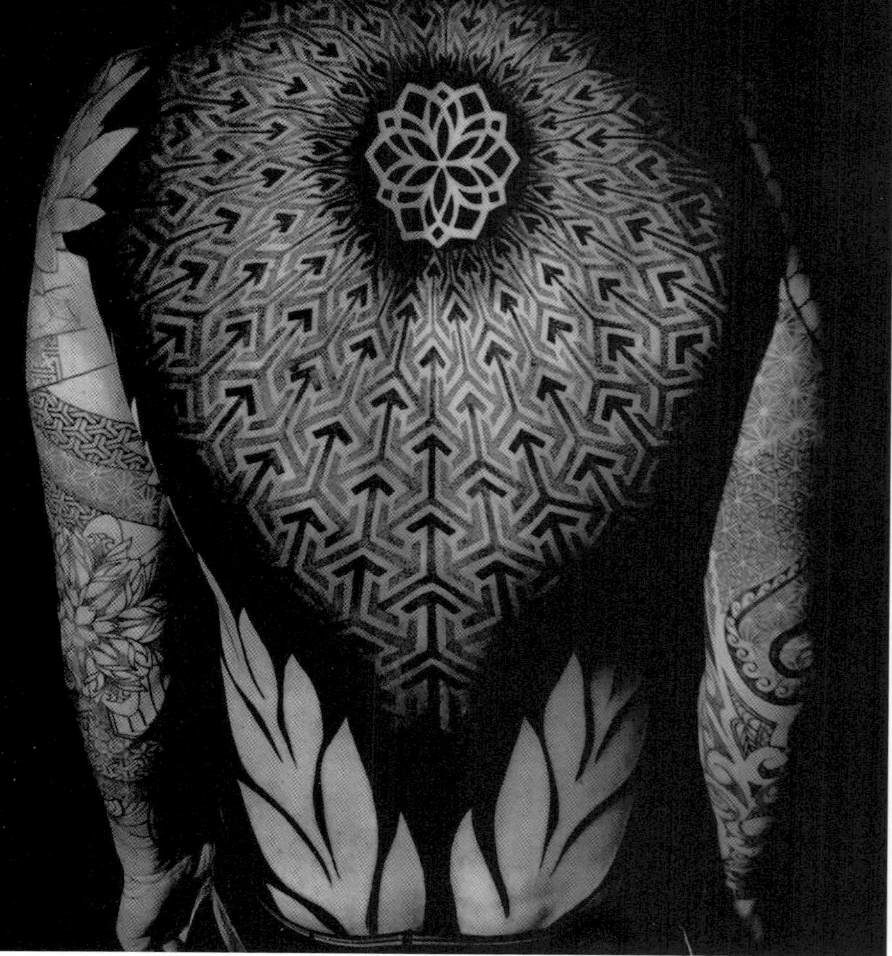

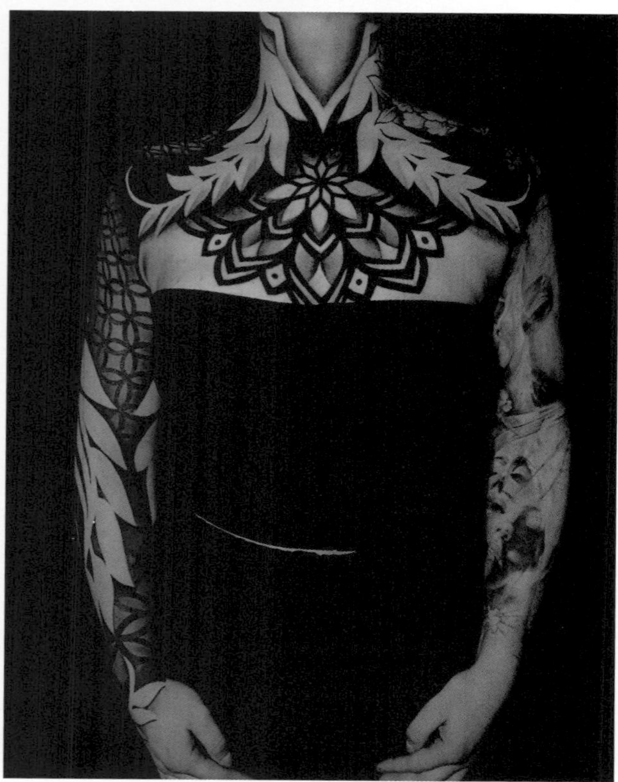

John Del-Pinto

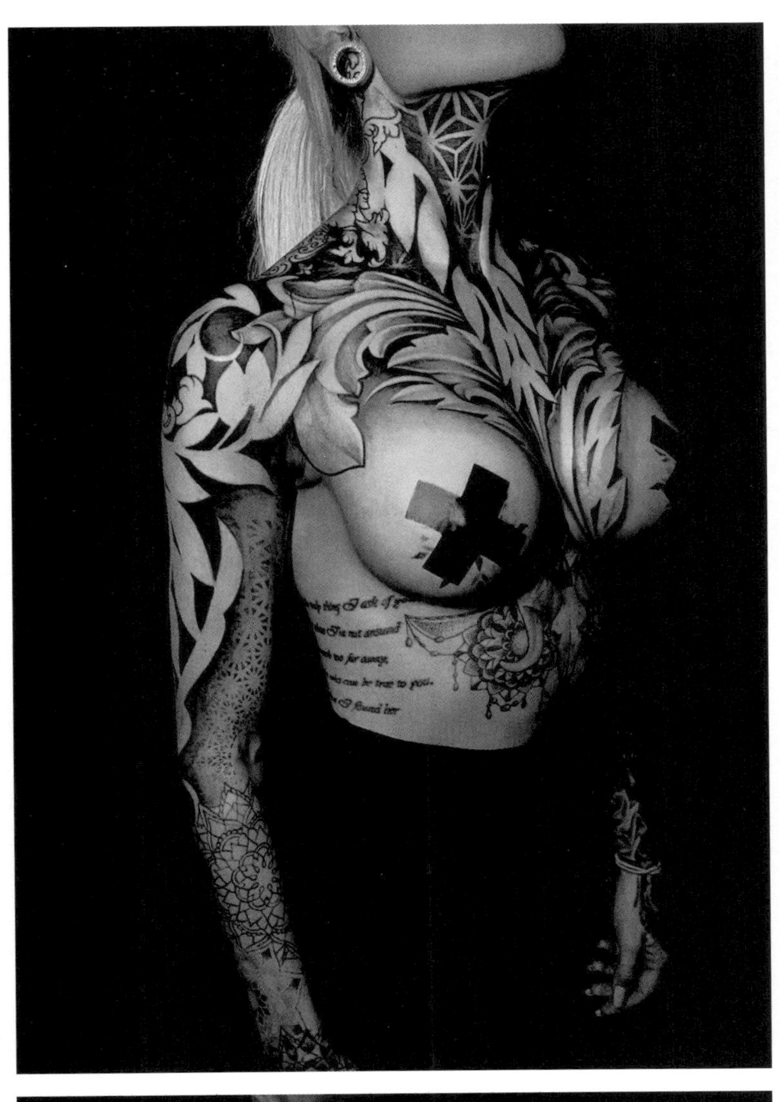

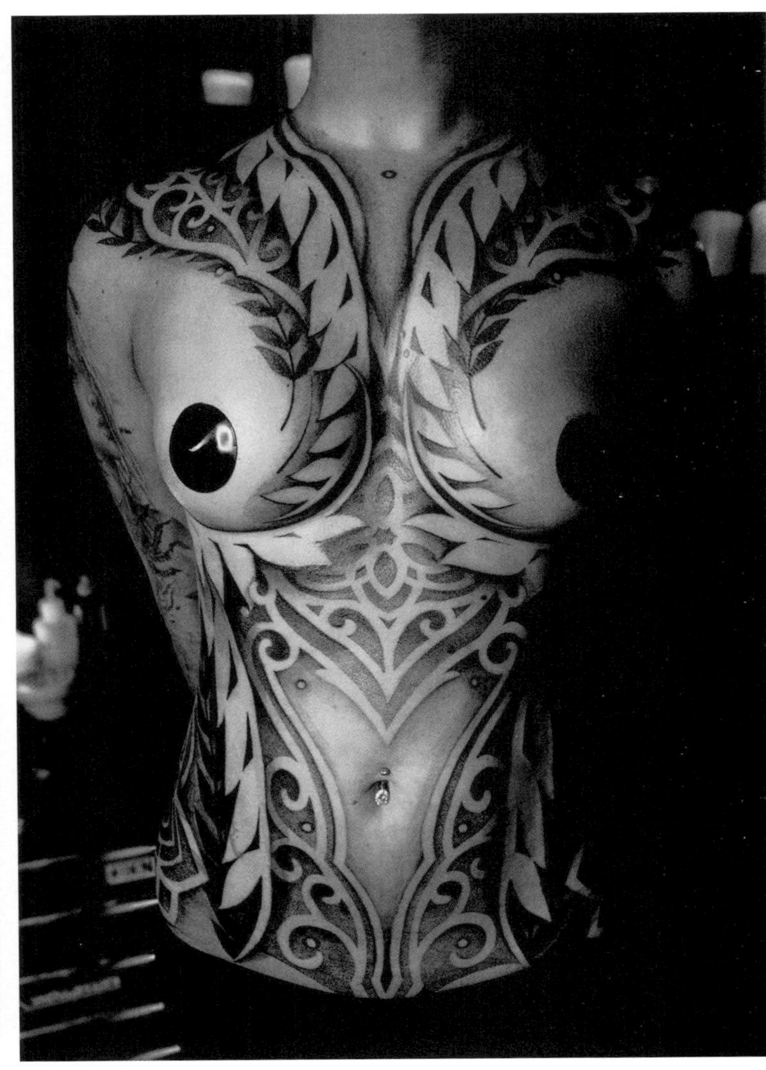

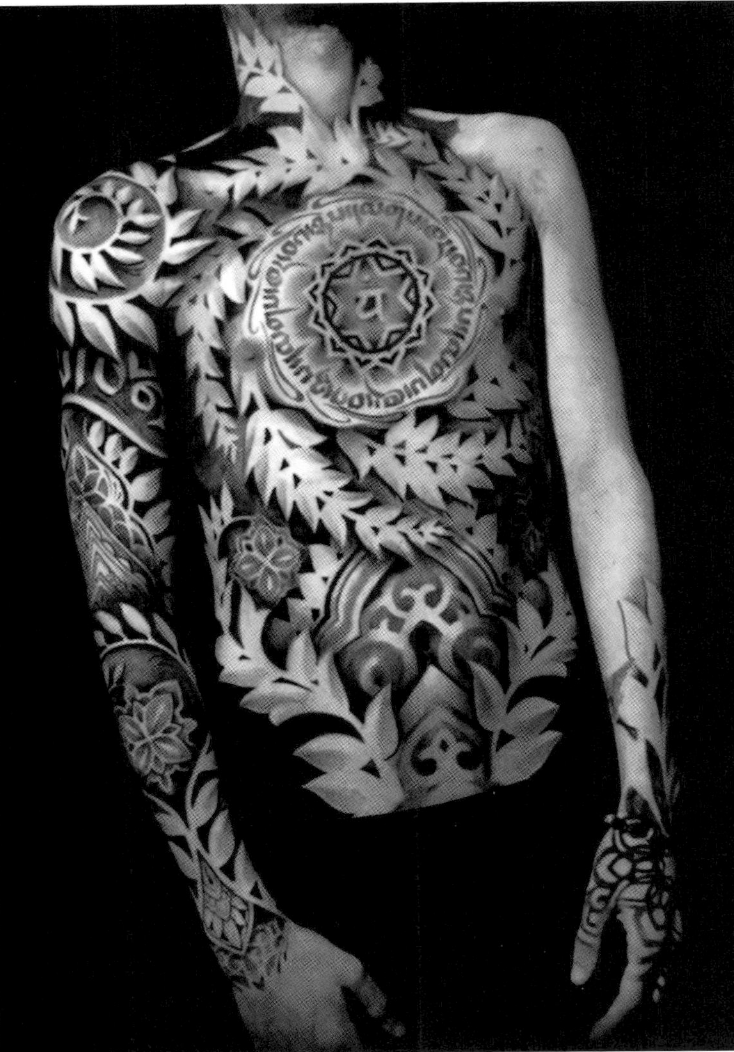

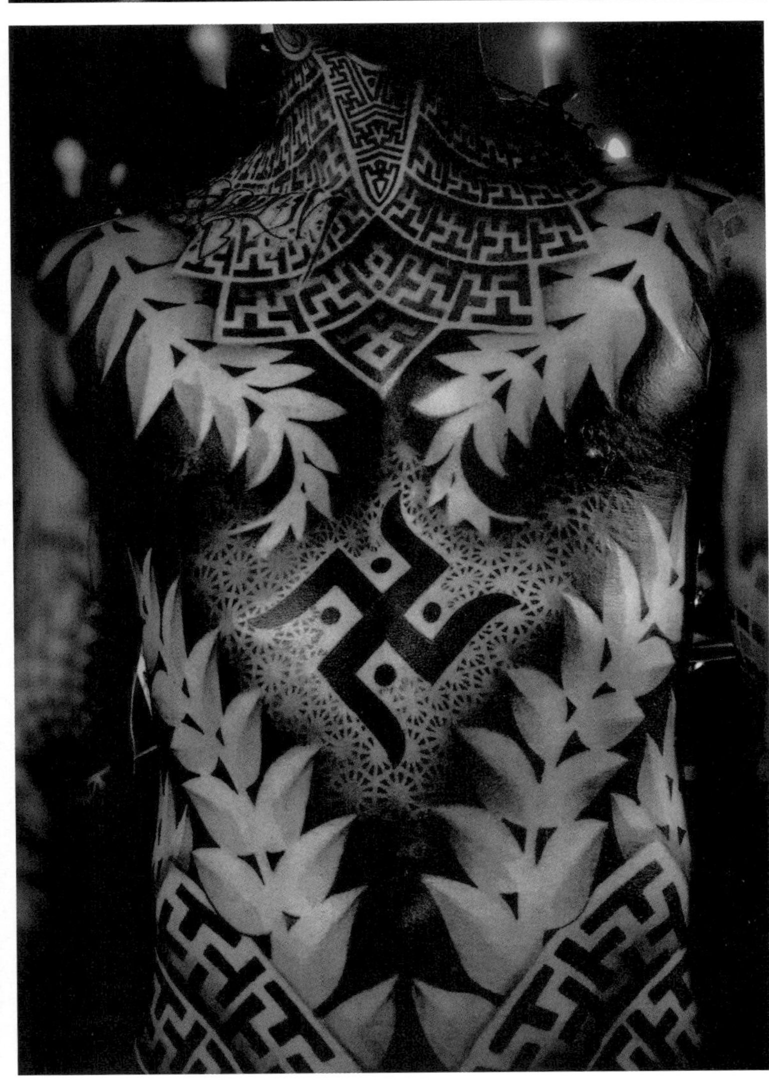

Fotos: Nahuel Martínez

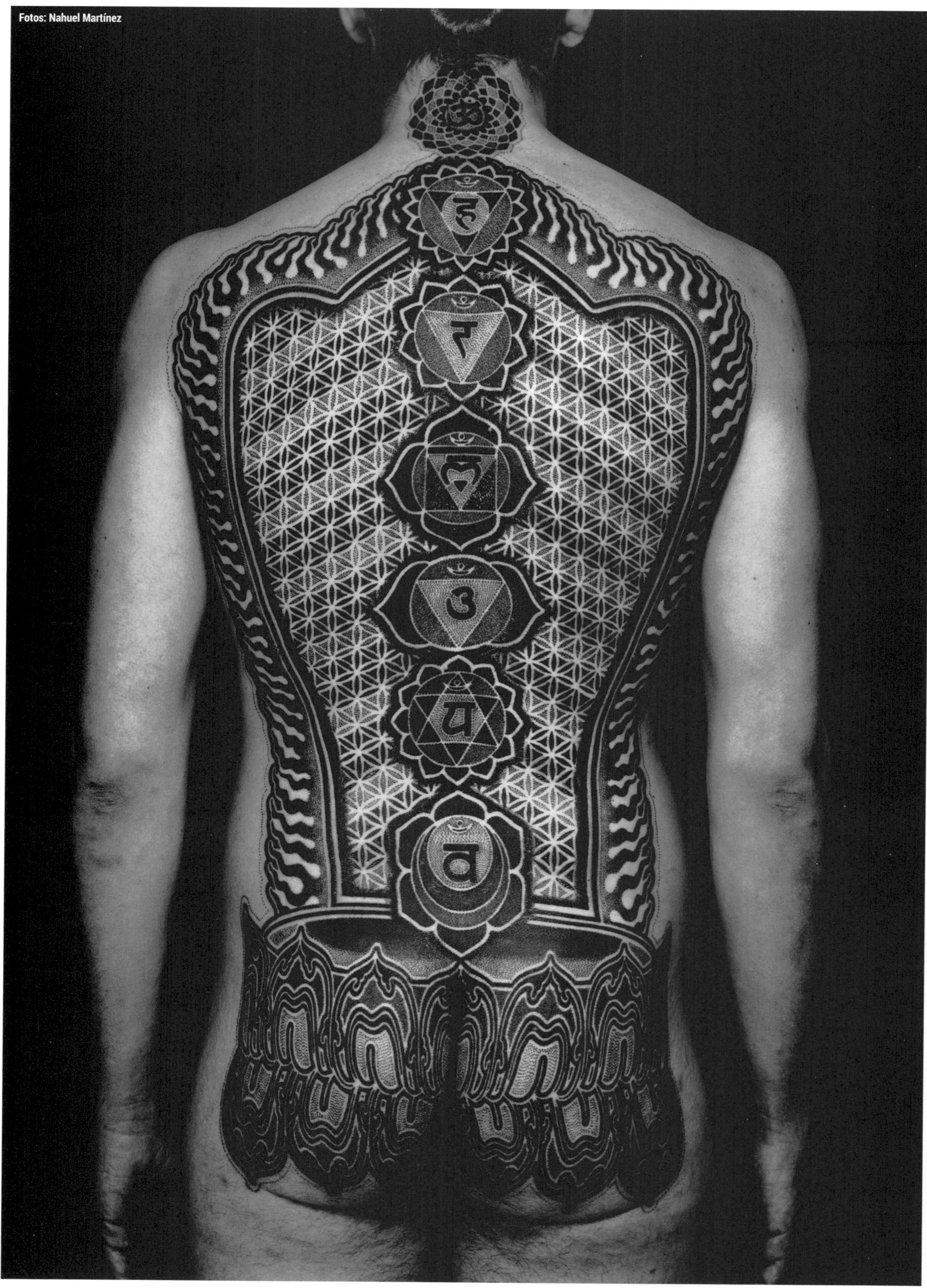

Kike Bugni

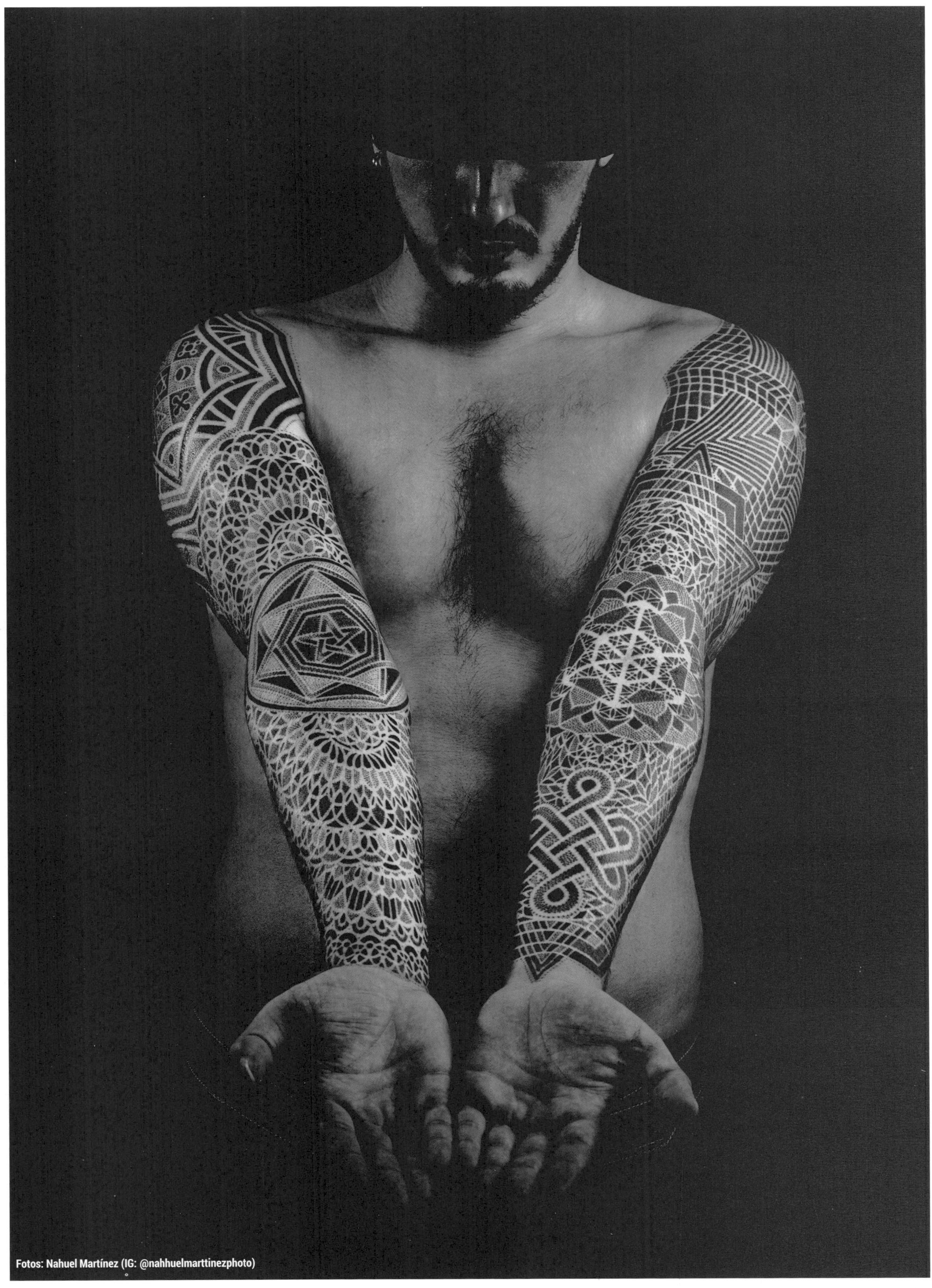
Fotos: Nahuel Martínez (IG: @nahhuelmarttinezphoto)

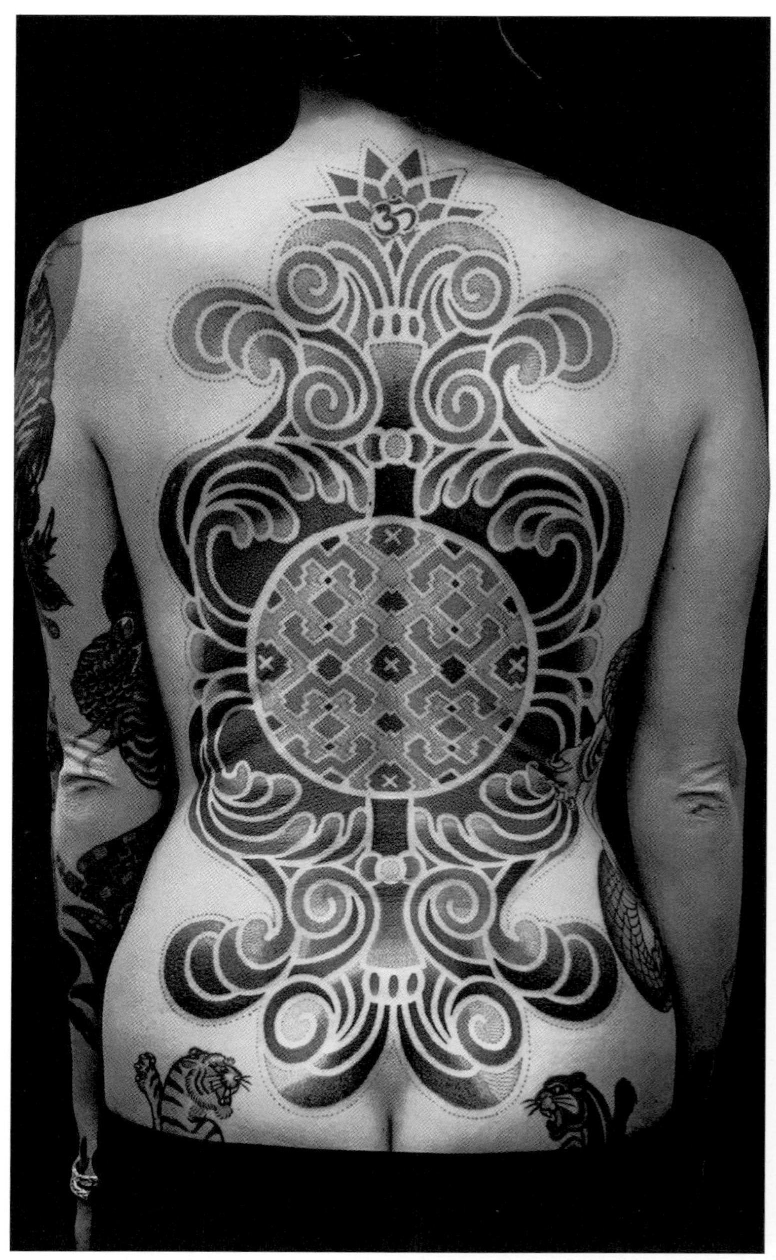

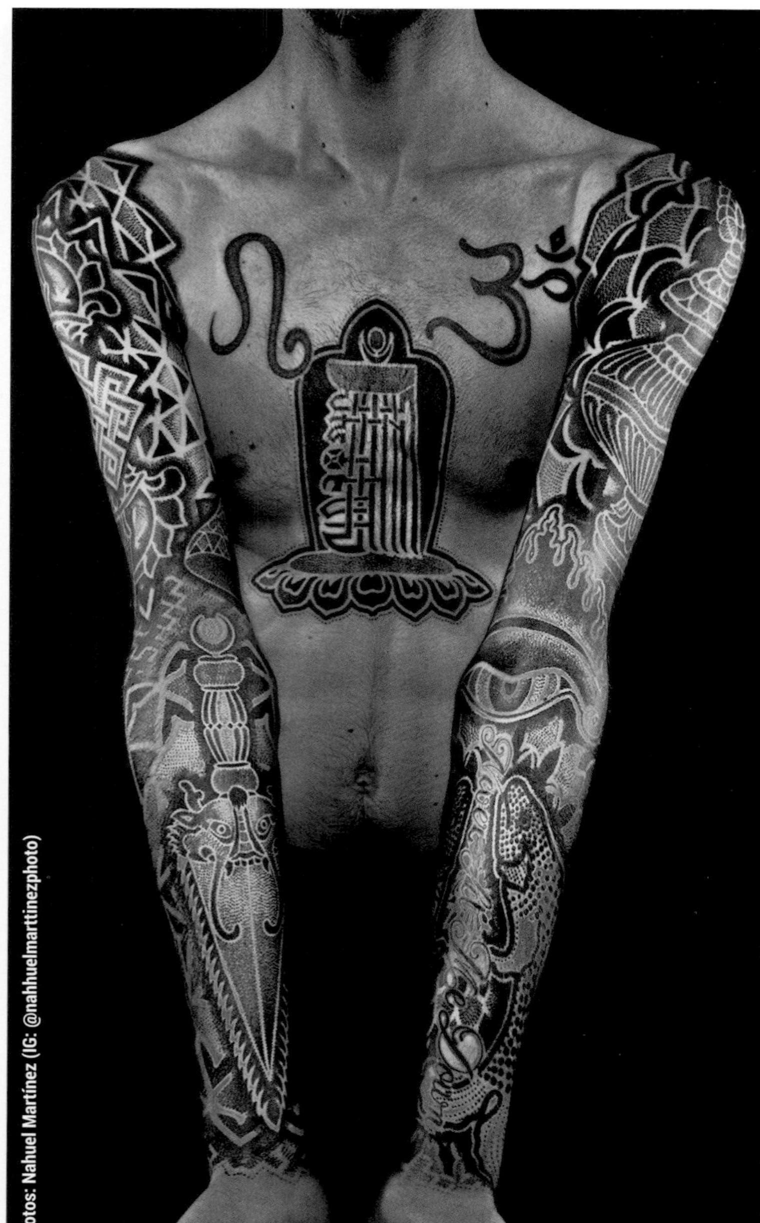

Fotos: Nahuel Martínez (IG: @nahhuelmarttinezphoto)

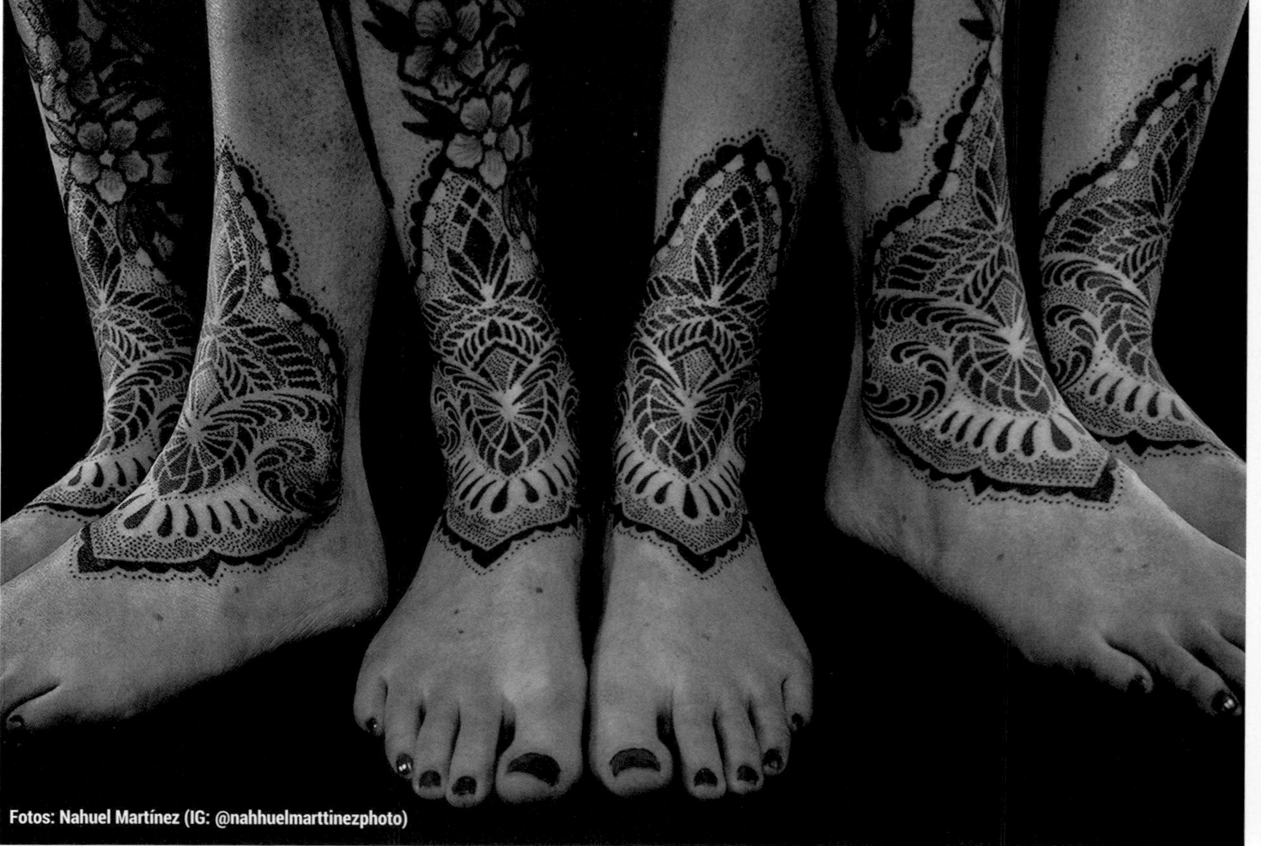

Fotos: Nahuel Martínez (IG: @nahhuelmarttinezphoto)

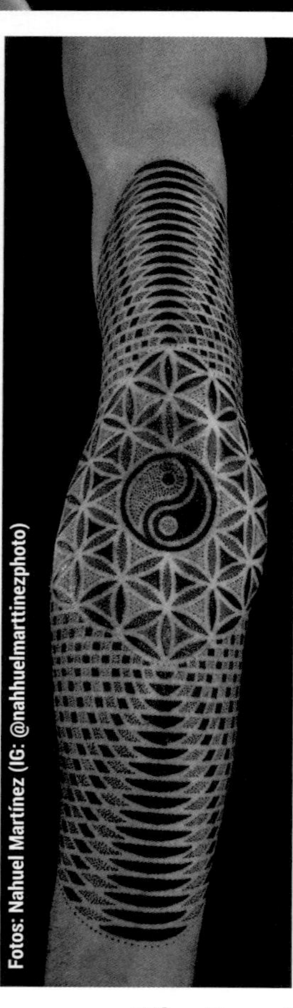

Fotos: Nahuel Martínez (IG: @nahhuelmarttinezphoto)

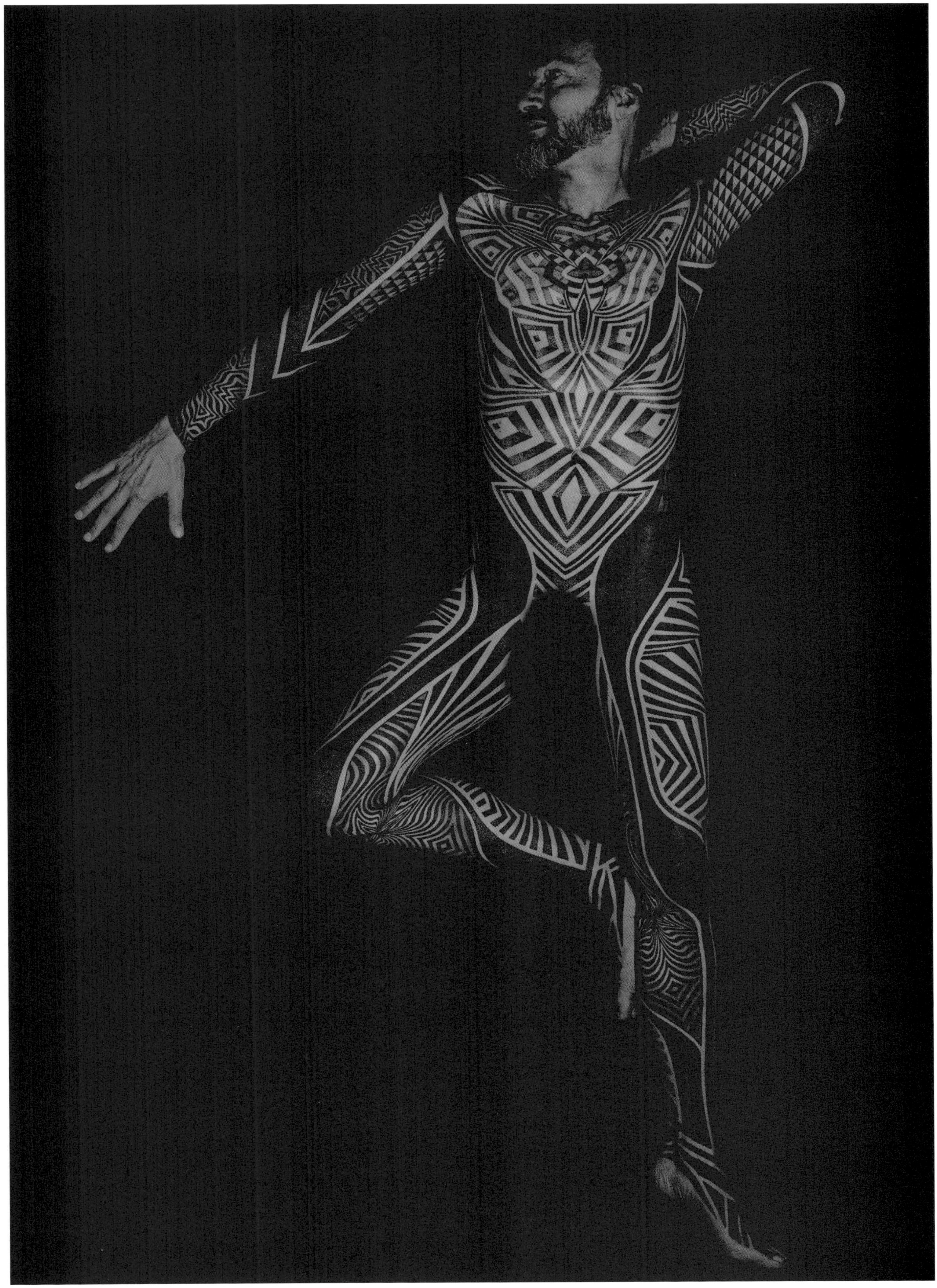

Lewisink

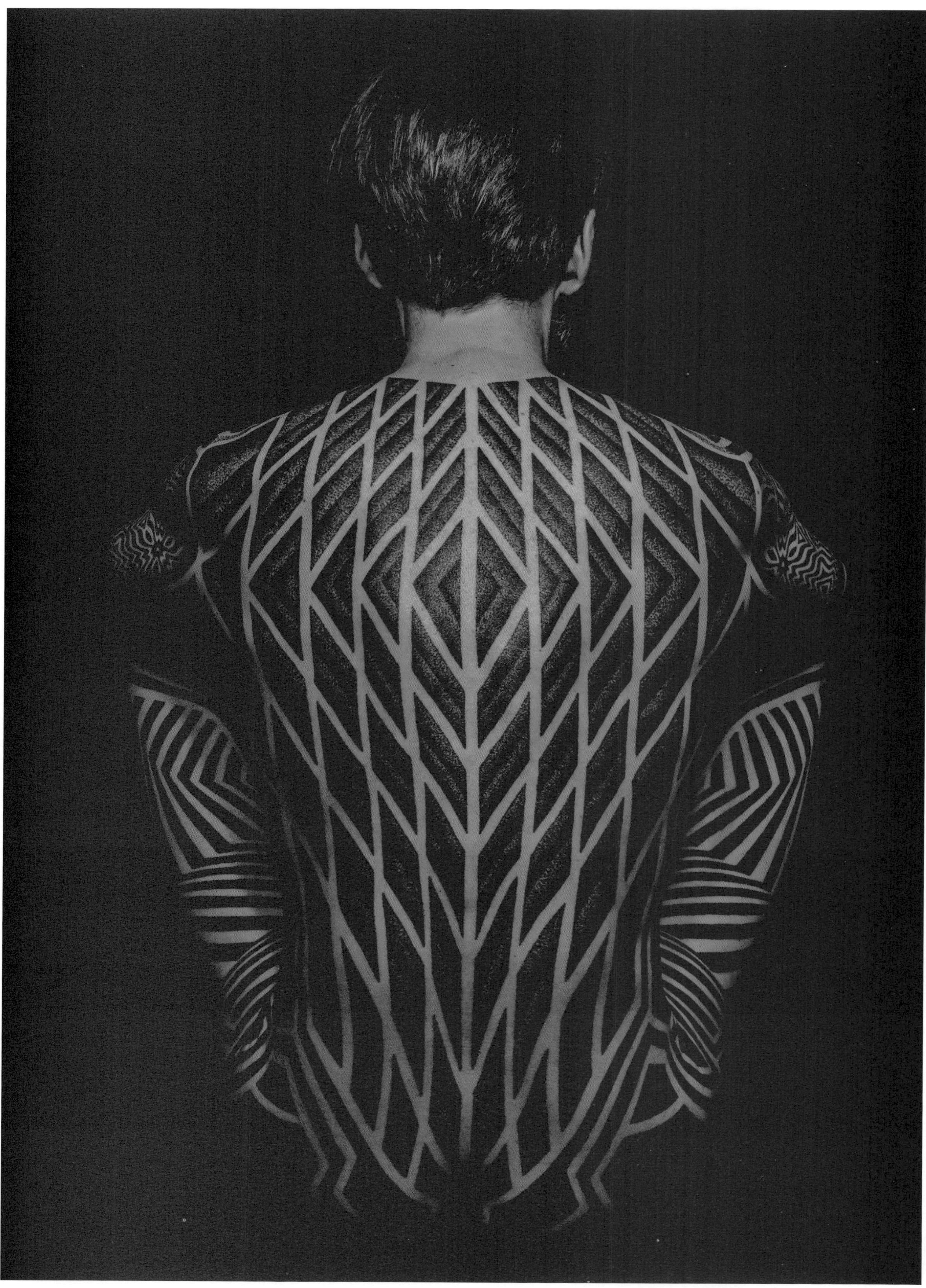

Lewisink

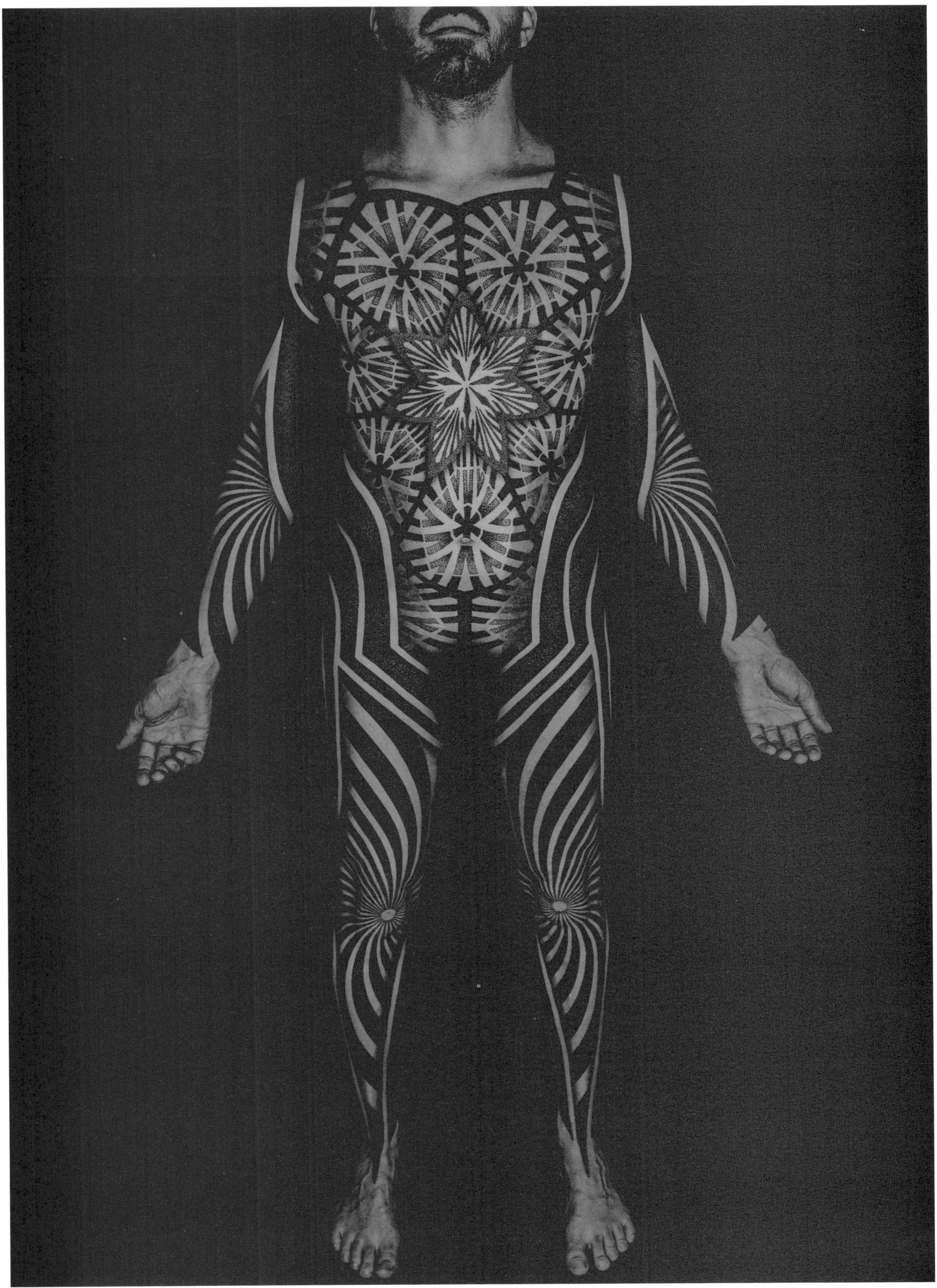

Lewisink

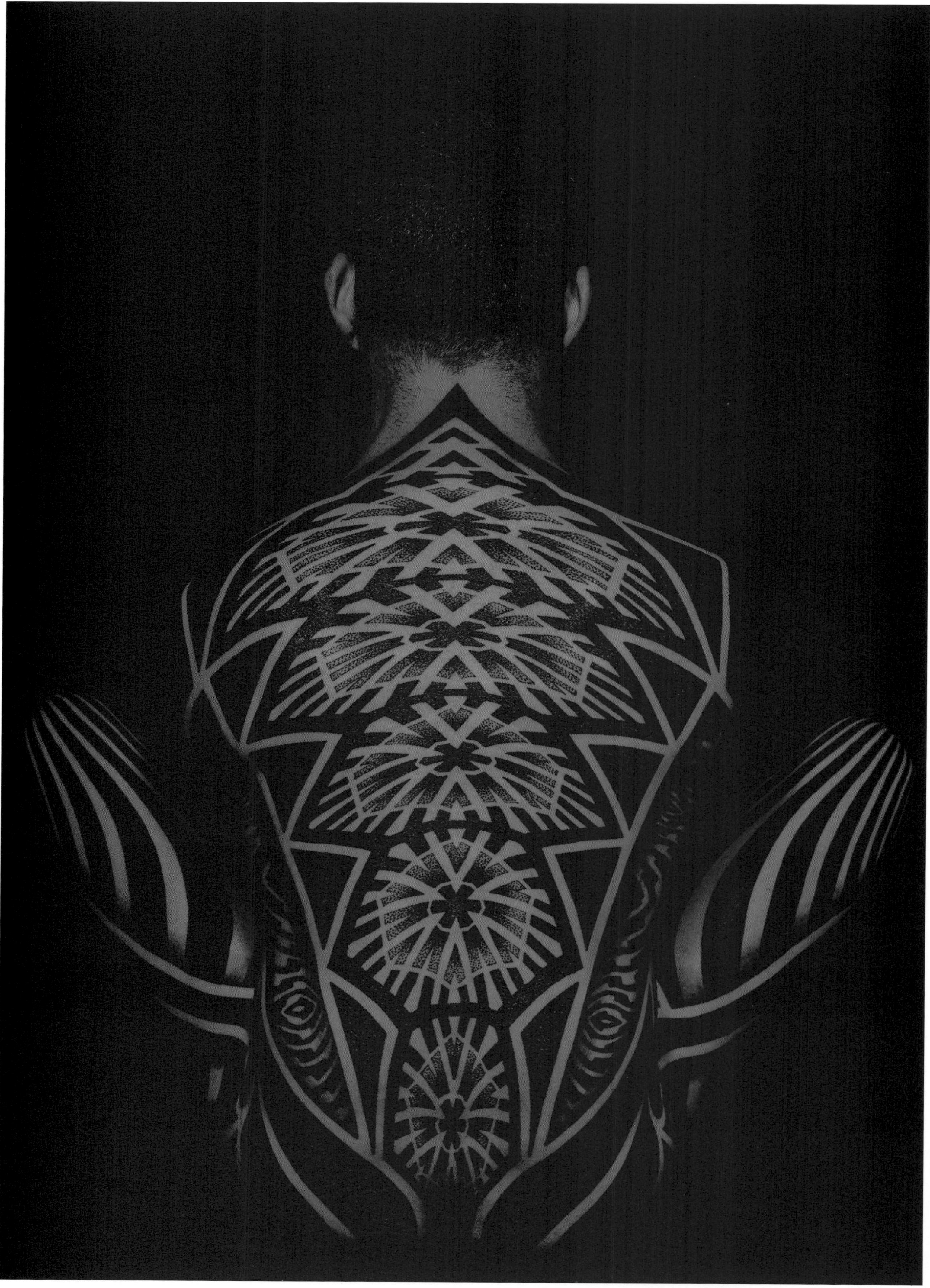

Lewisink

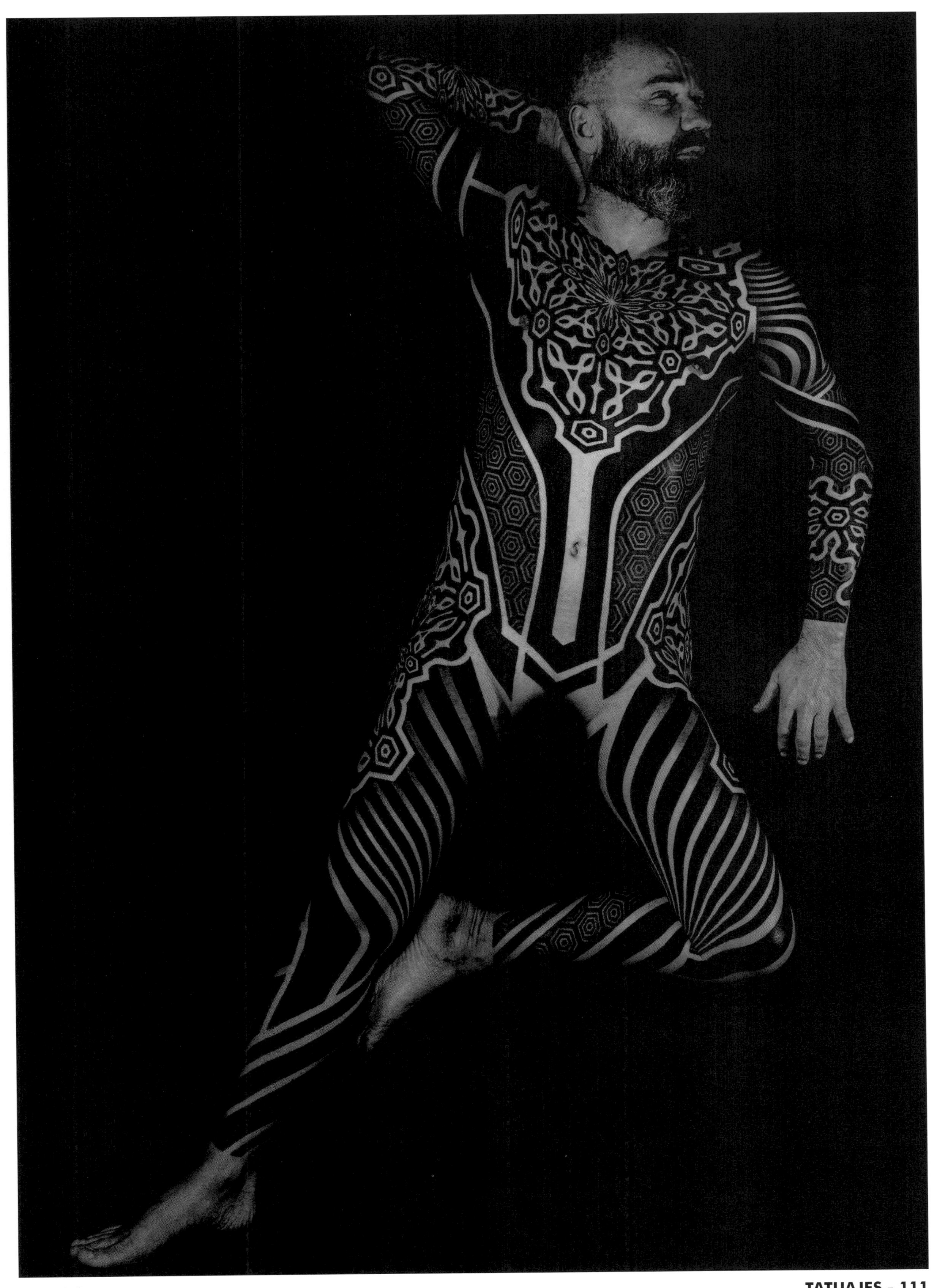

Lewisink

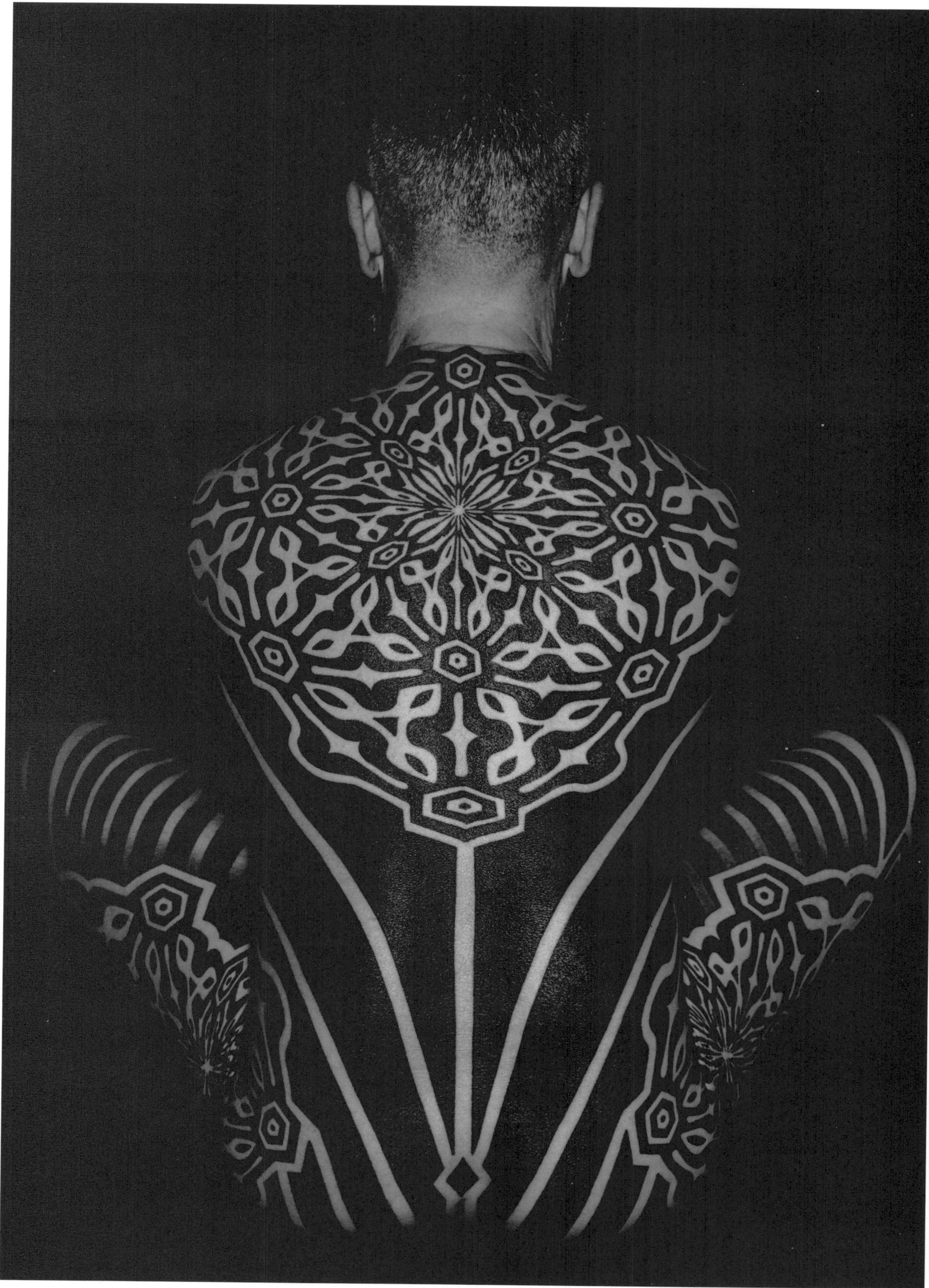

Lewisink

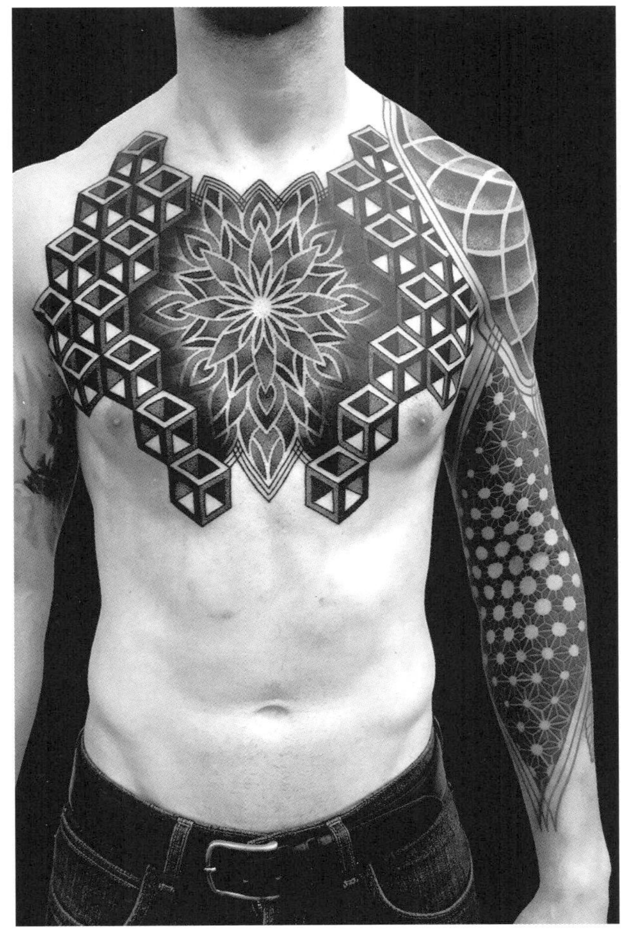

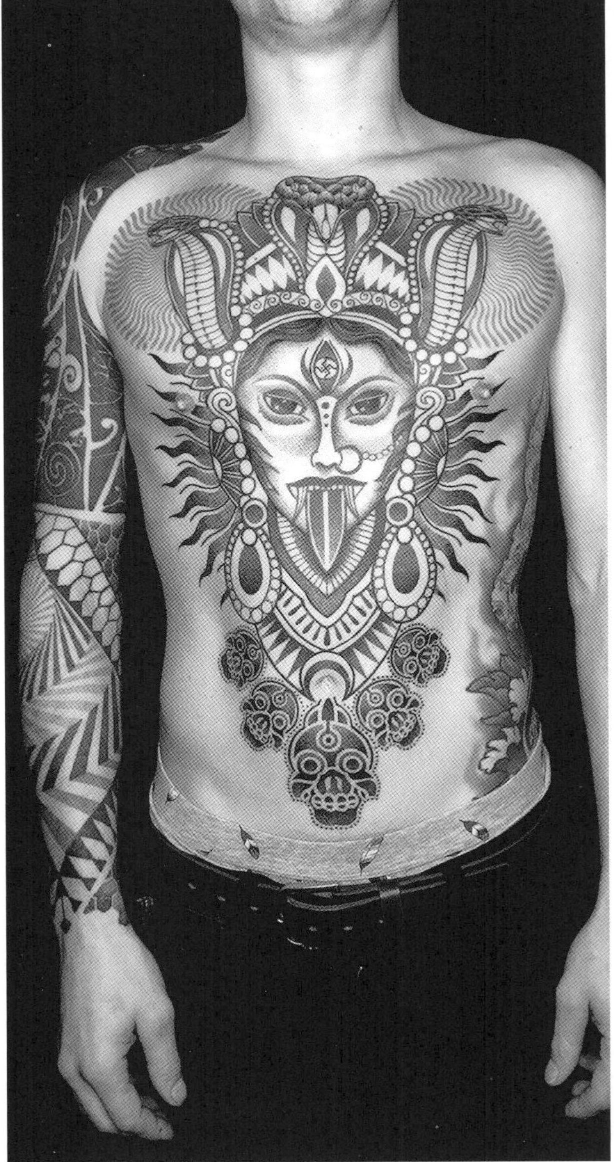

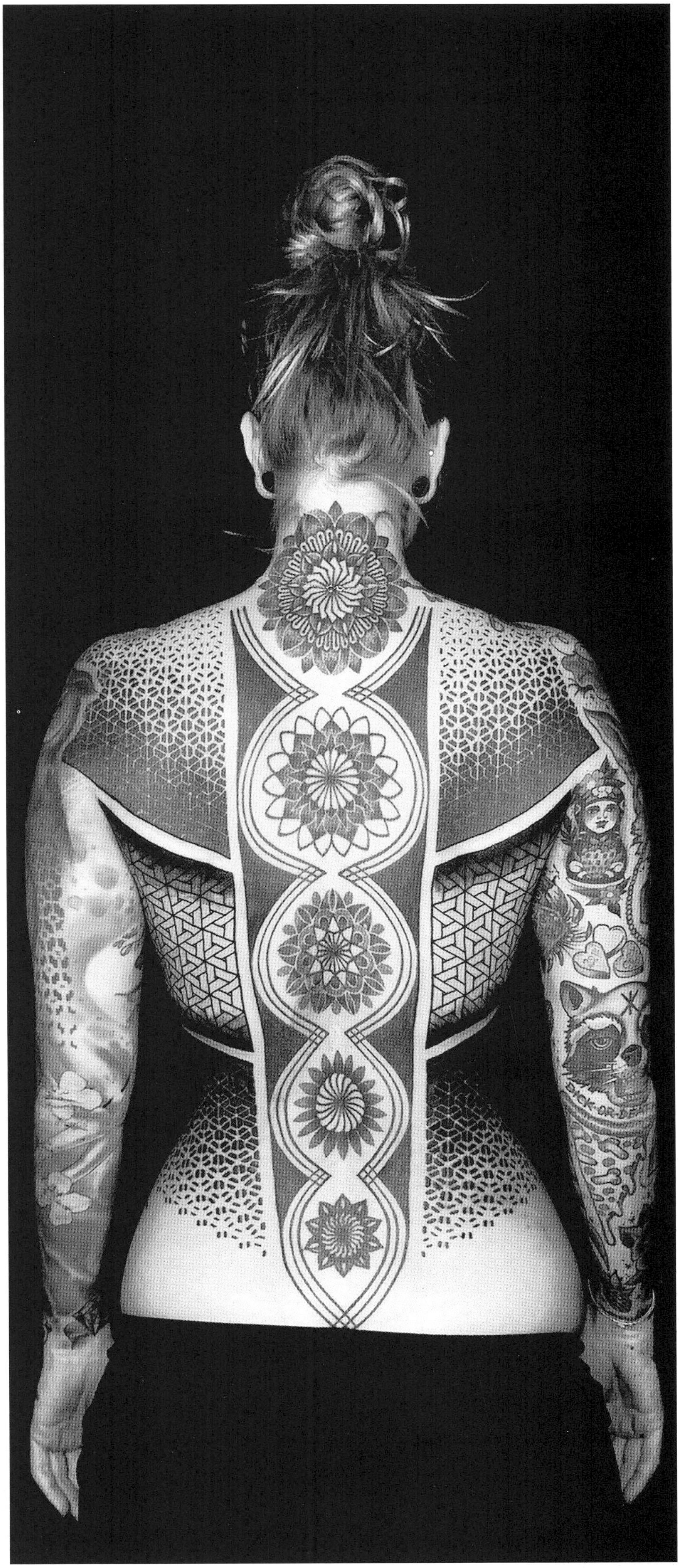

Manuel Winkler

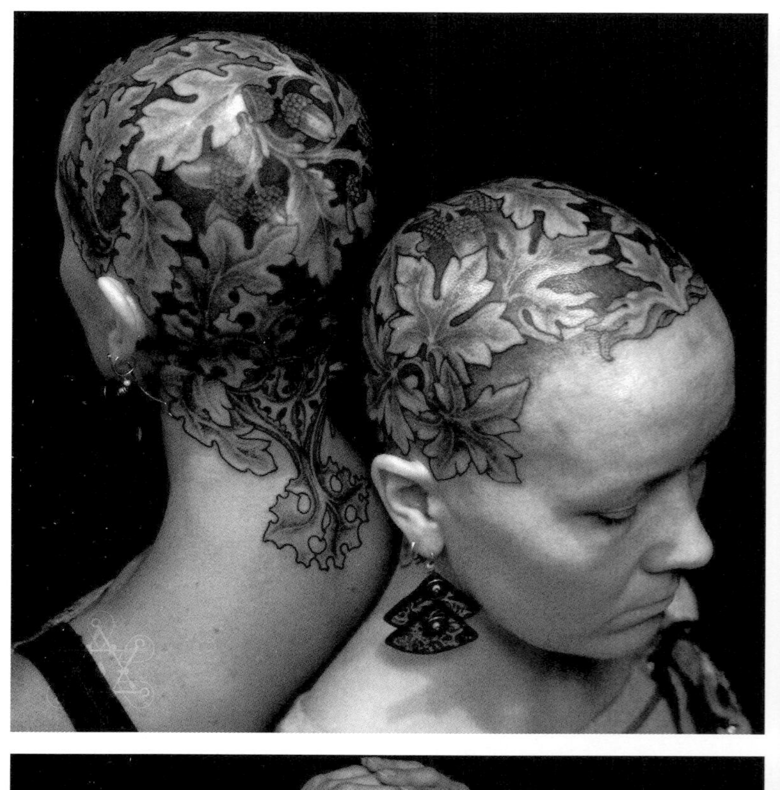

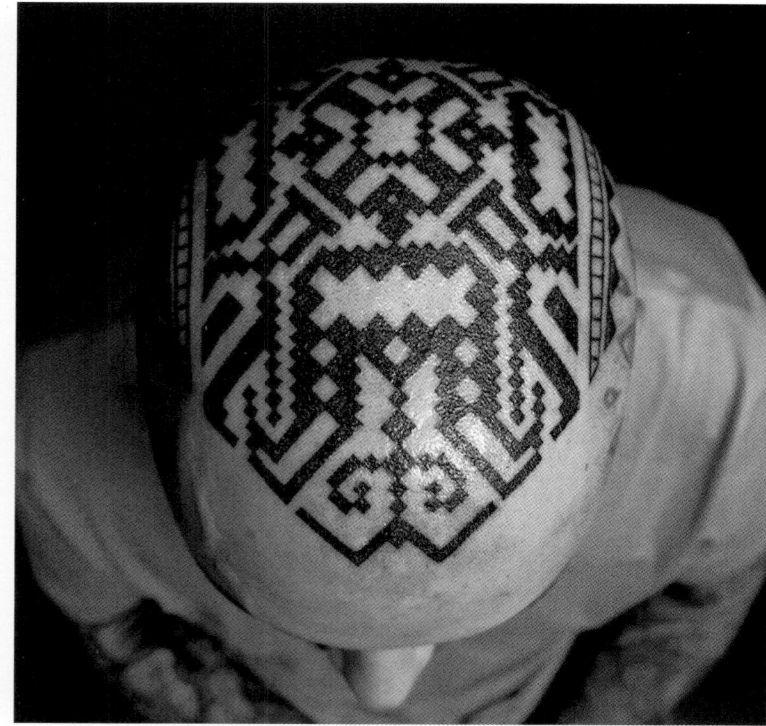

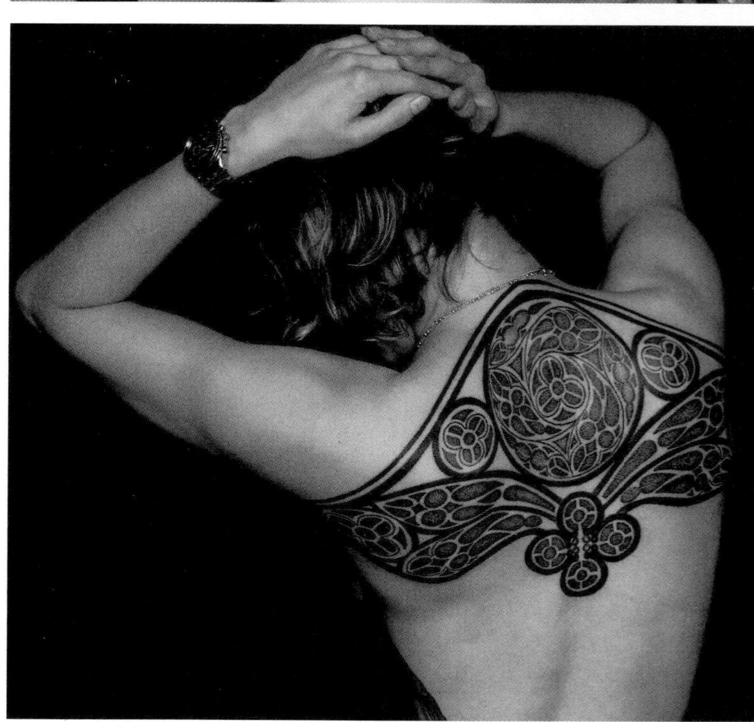

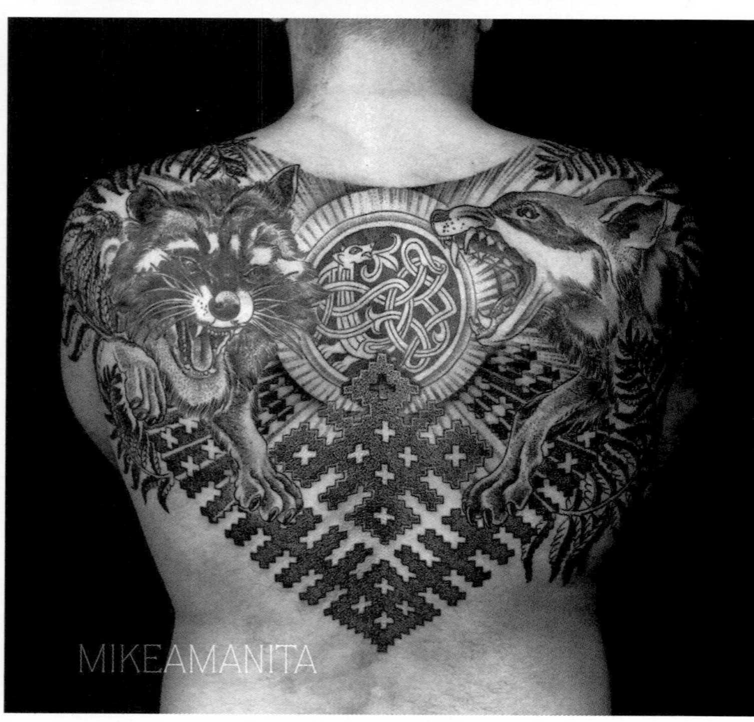
MIKEAMANITA

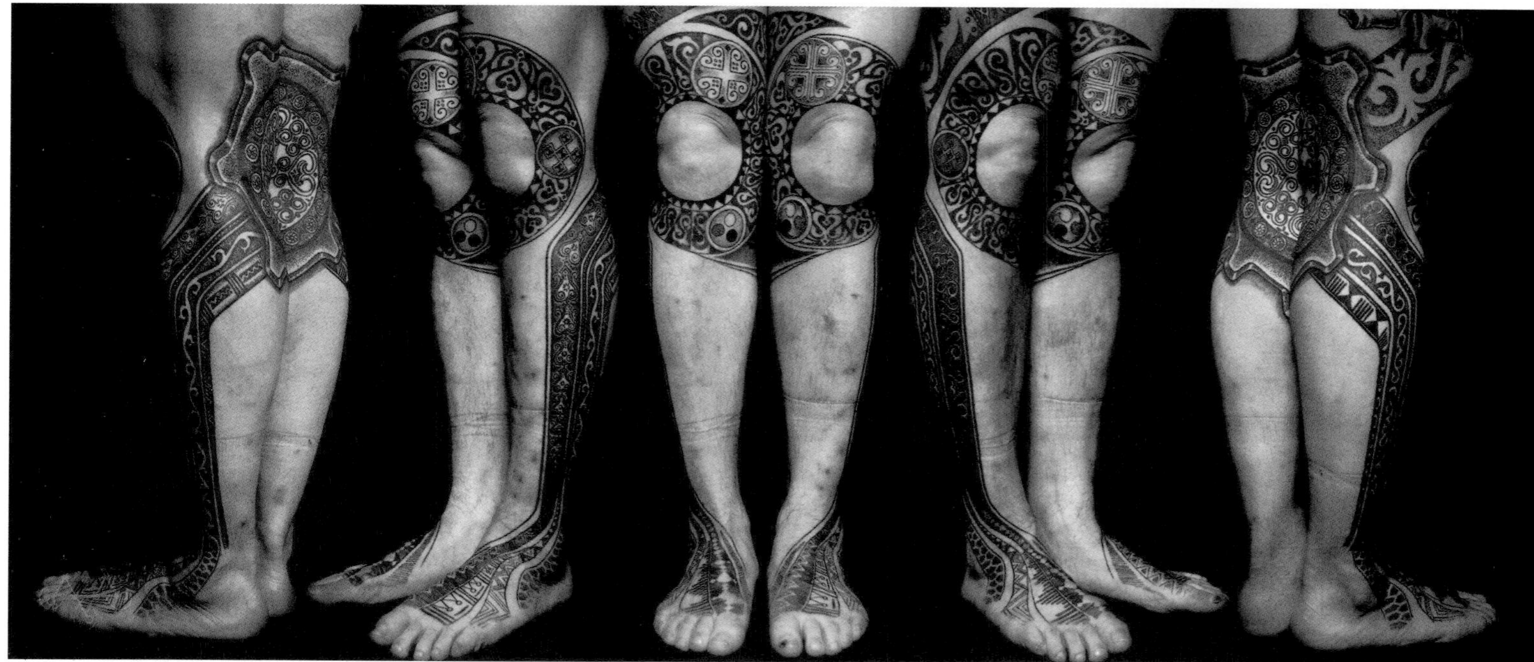

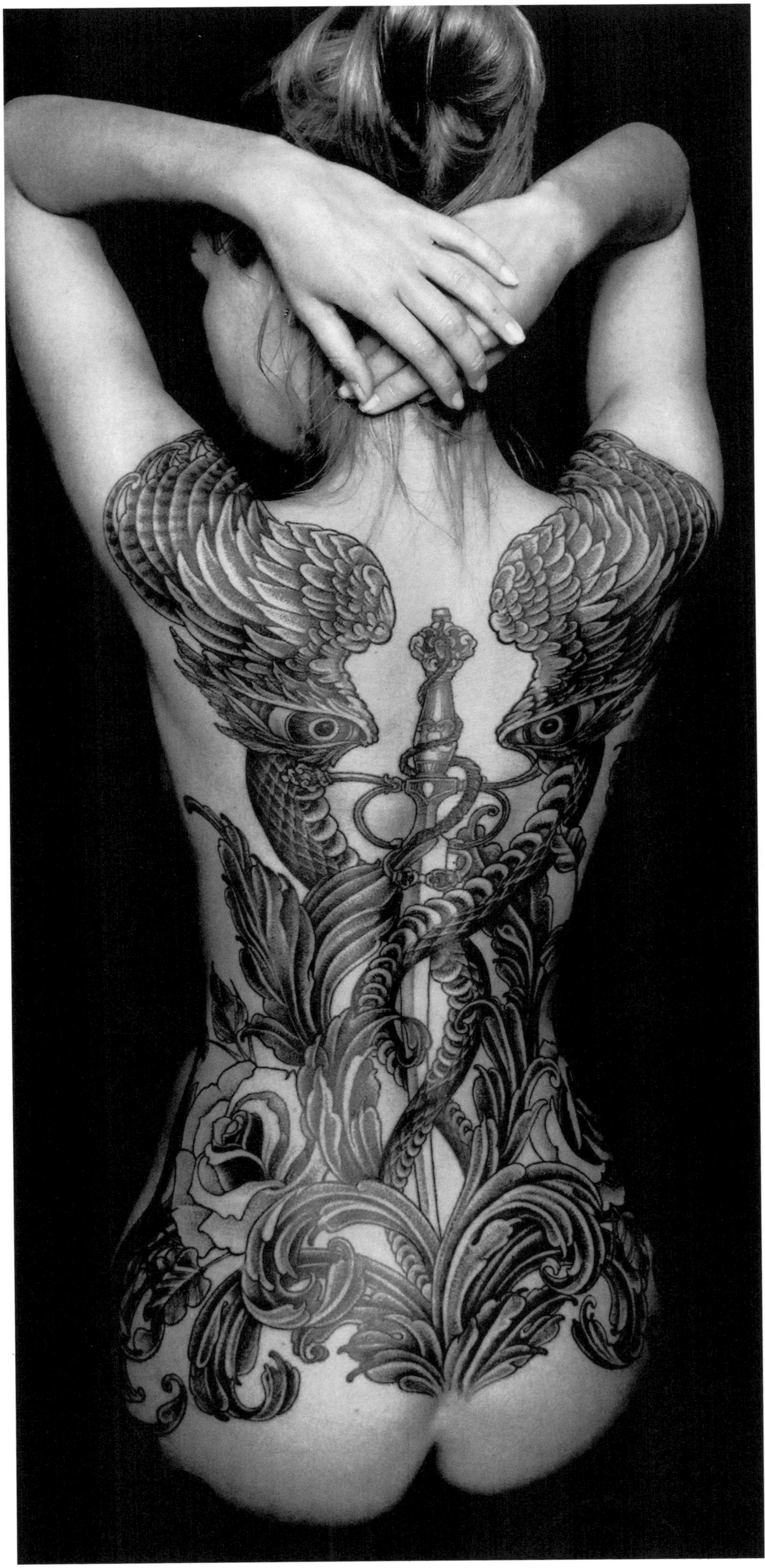

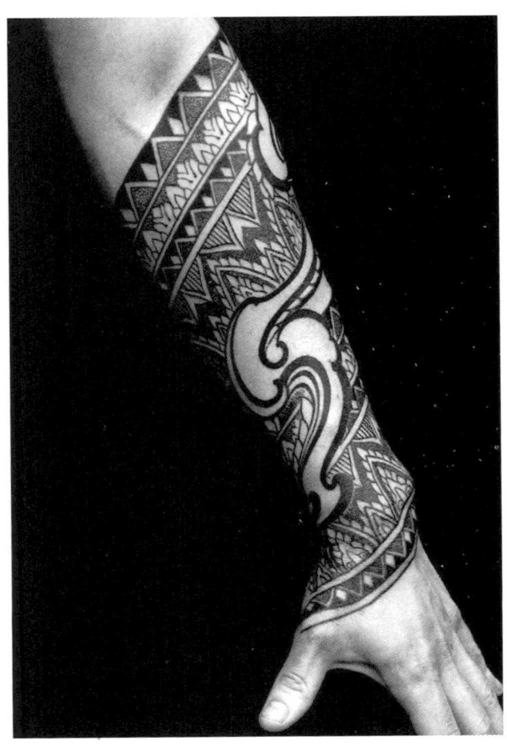

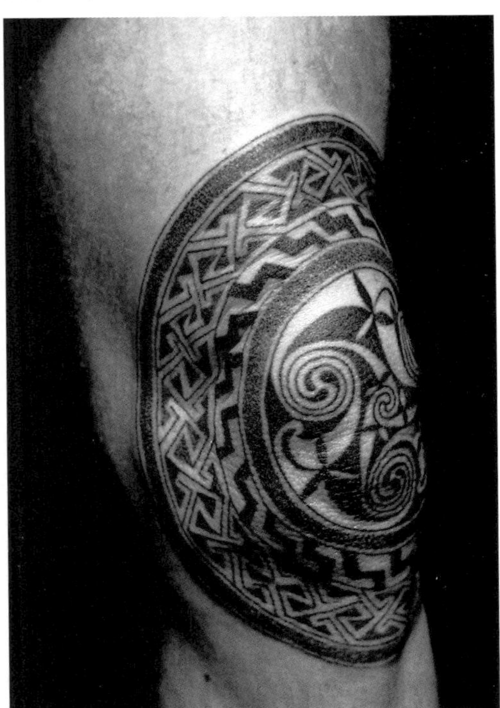

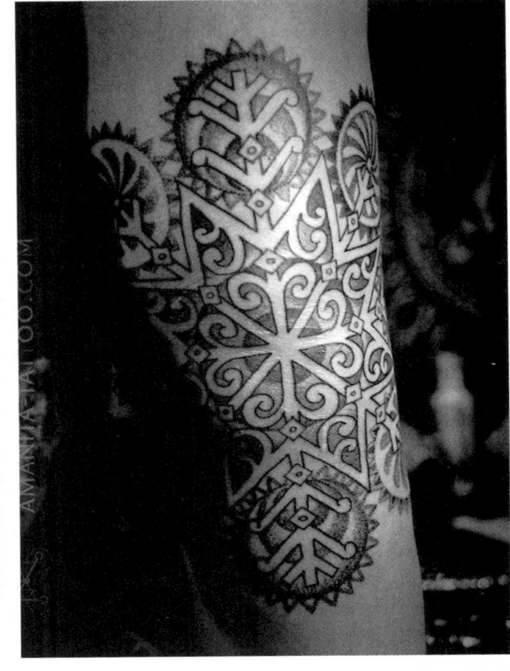

Mike Amanita

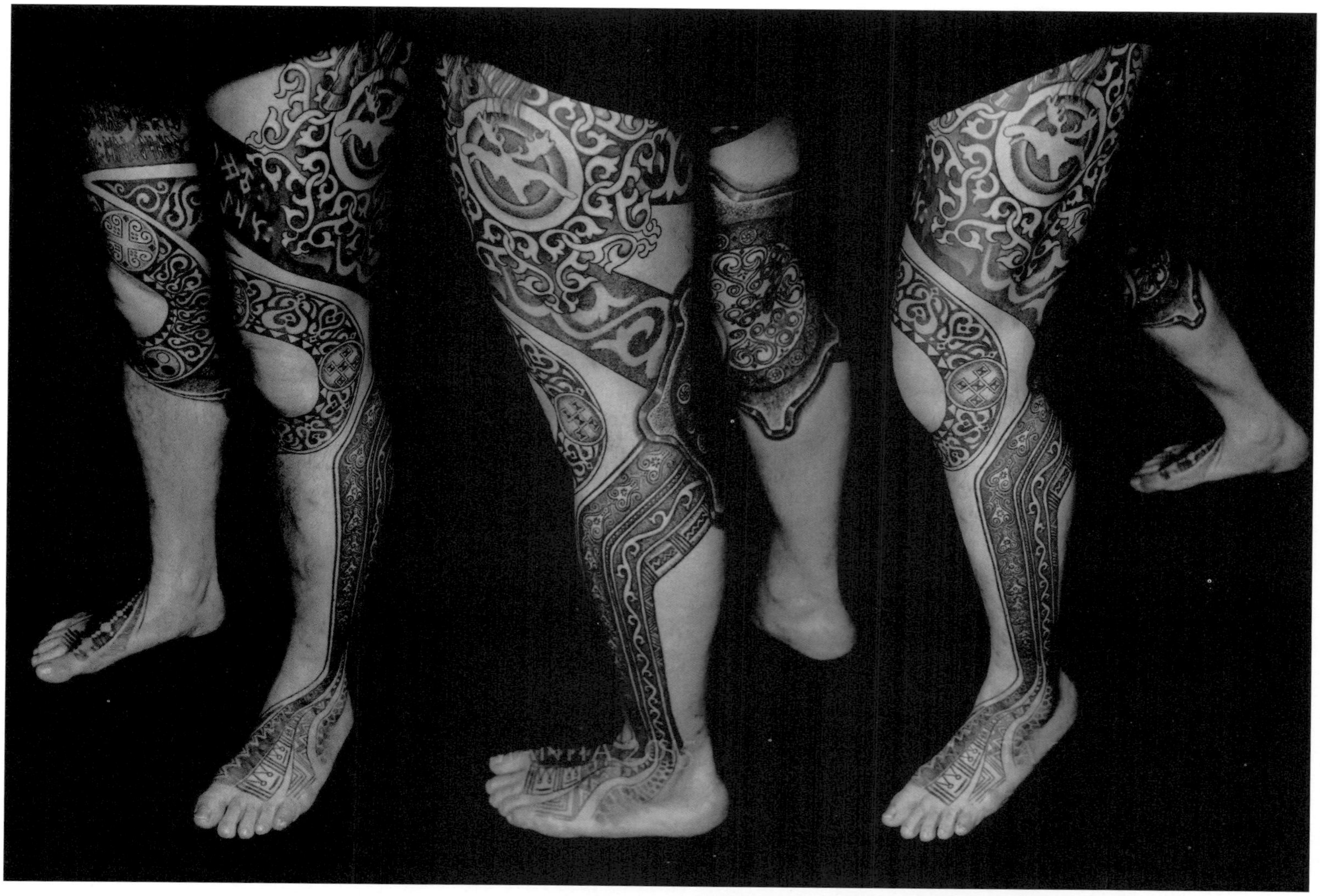

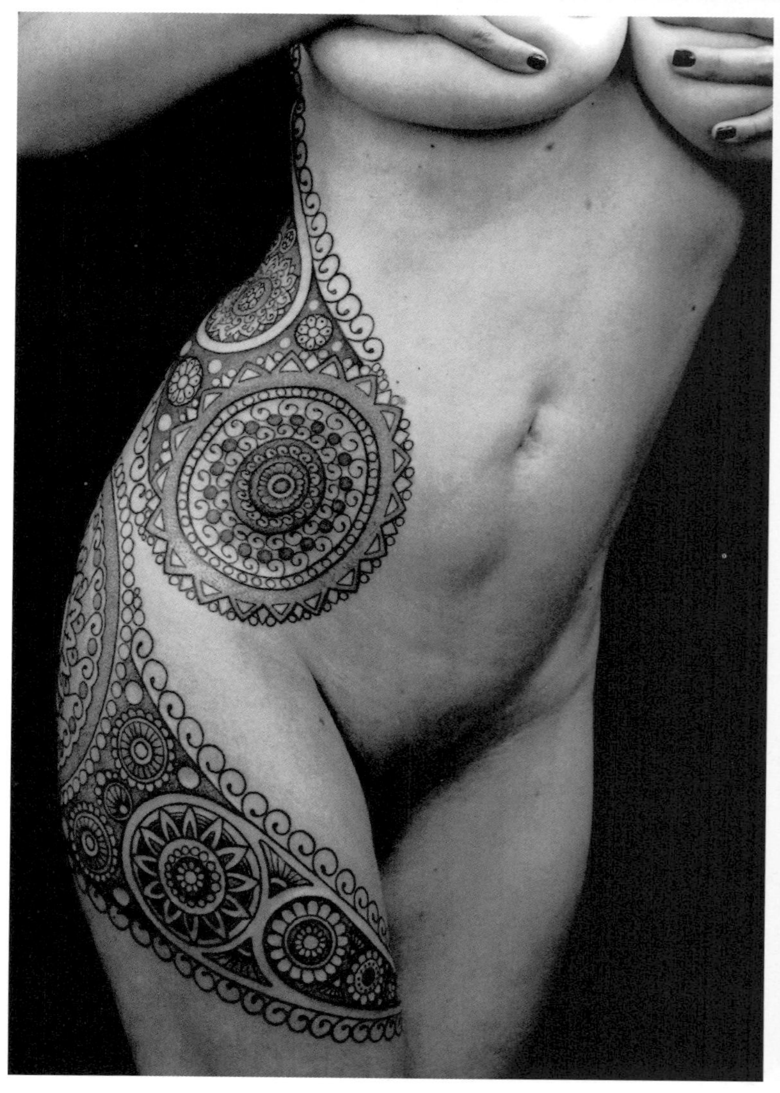

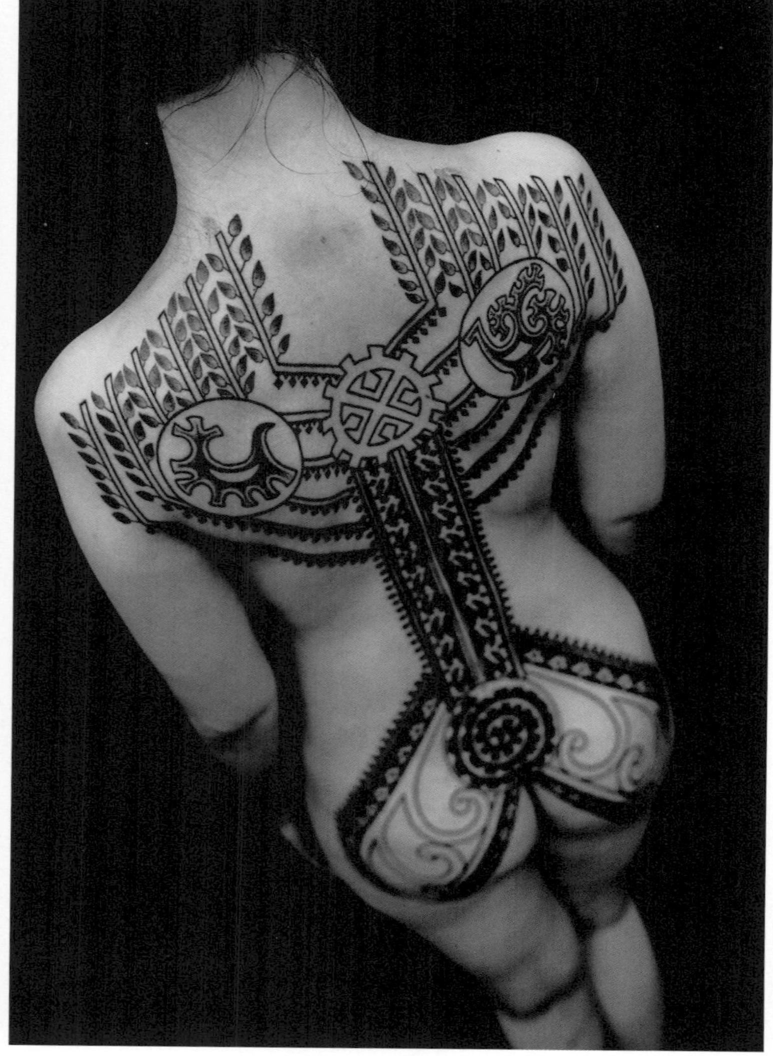

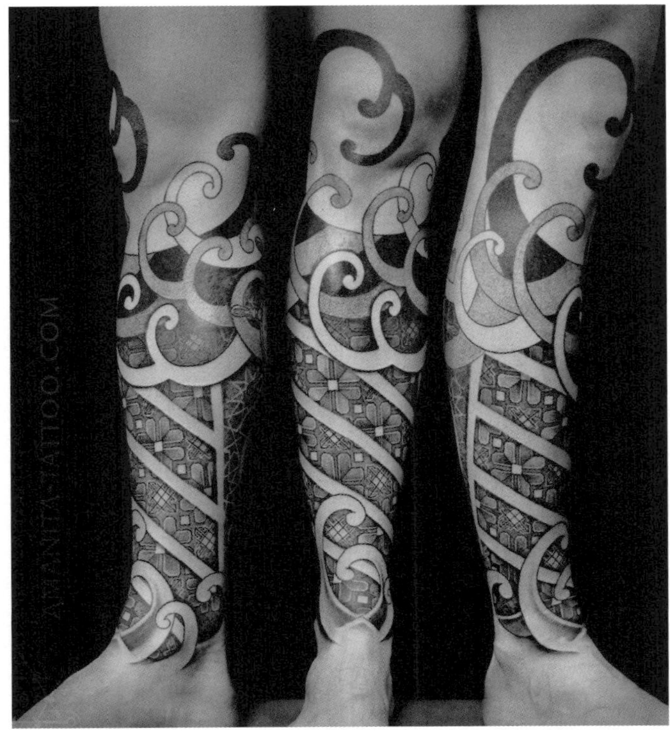
AMANITA-TATTOO.COM

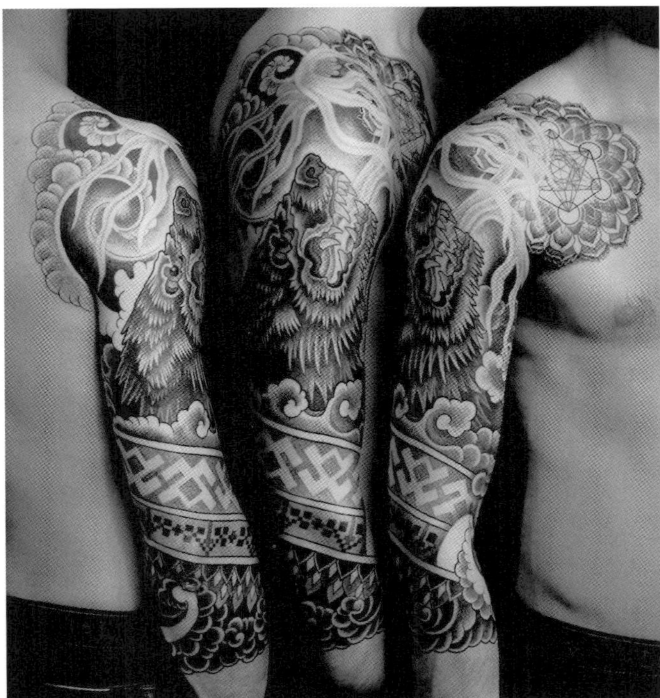

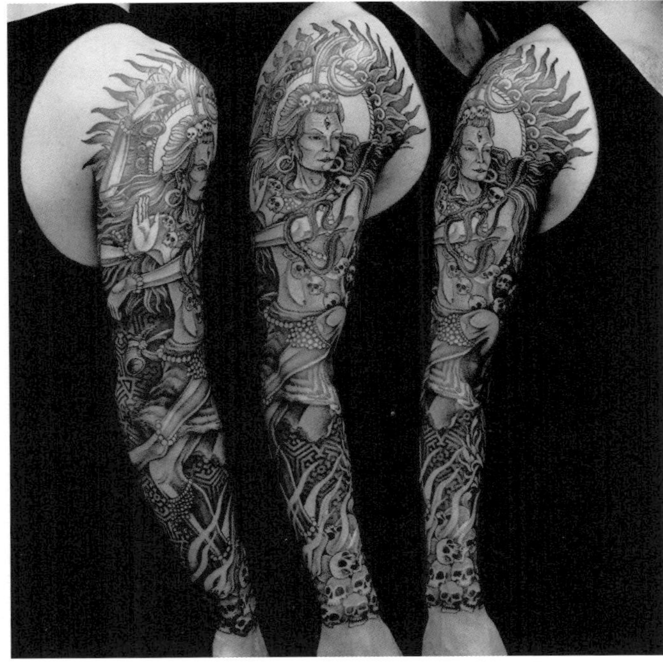

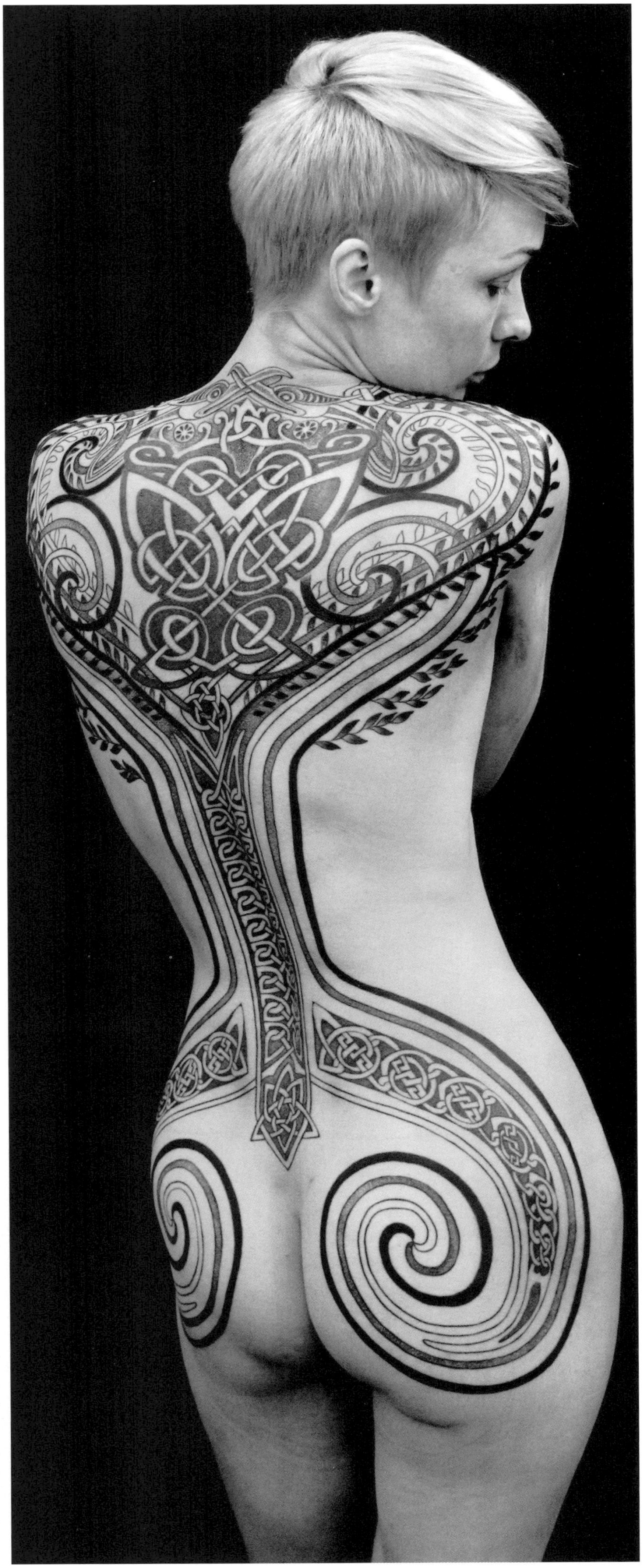

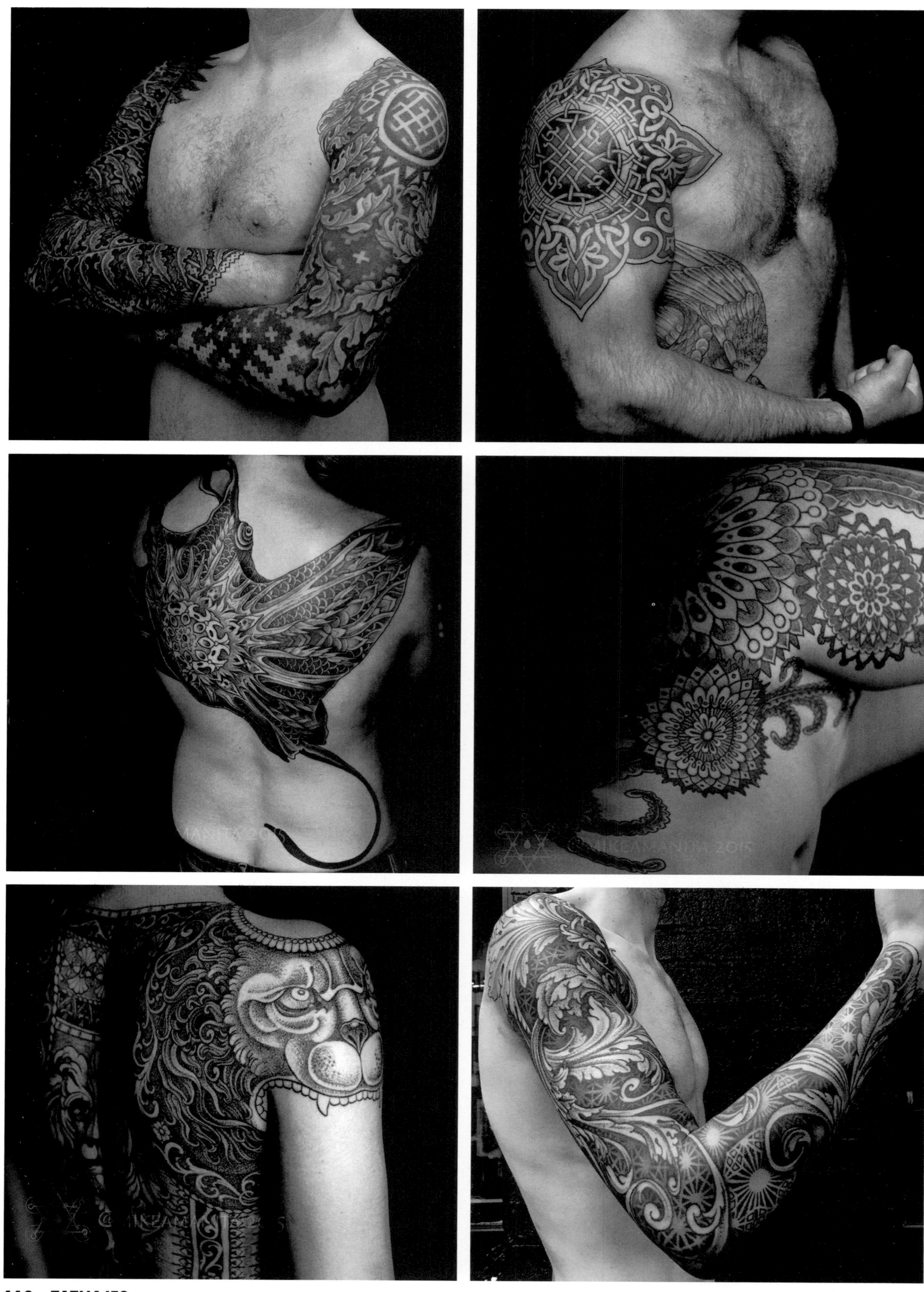

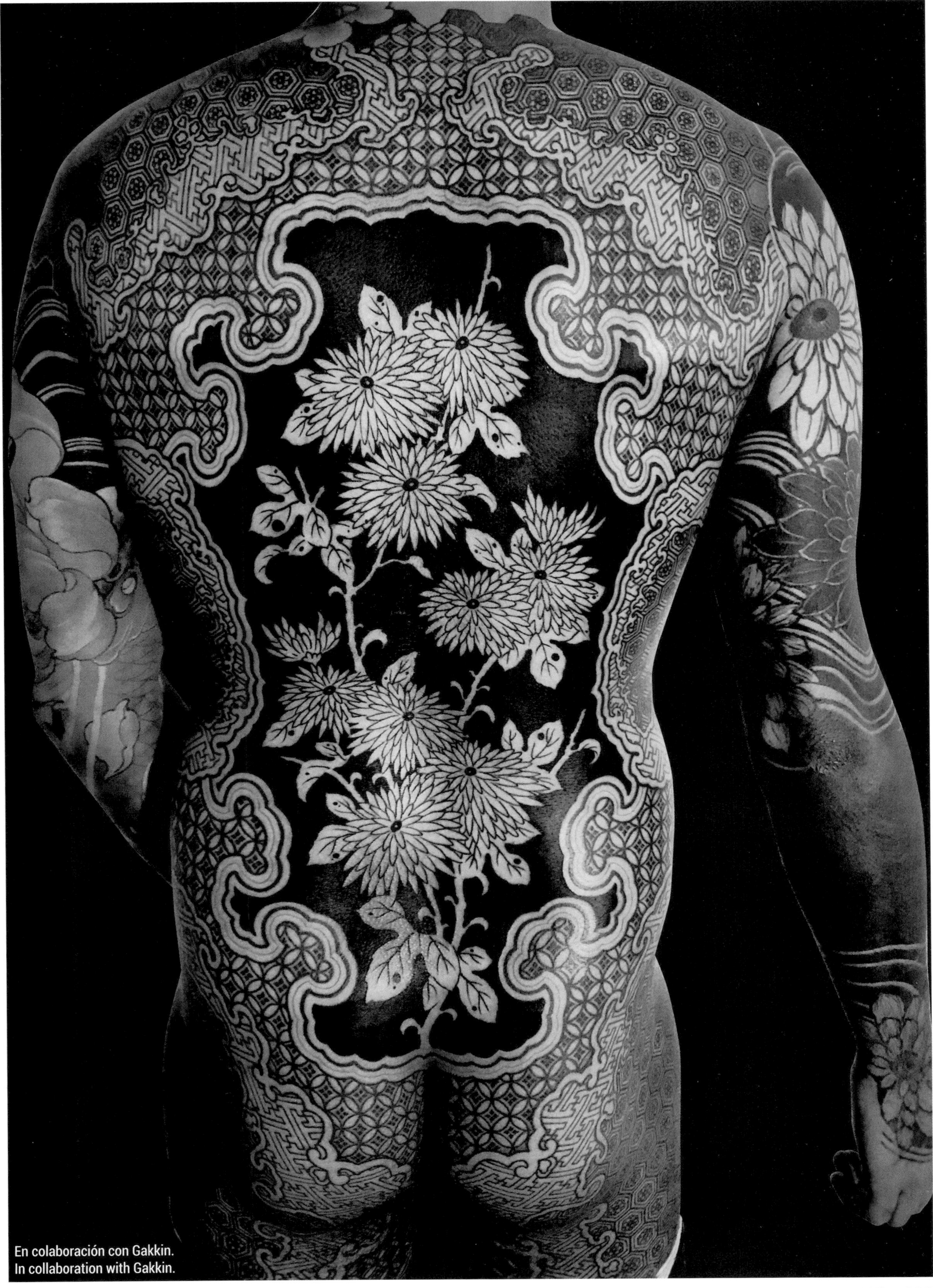

En colaboración con Gakkin.
In collaboration with Gakkin.

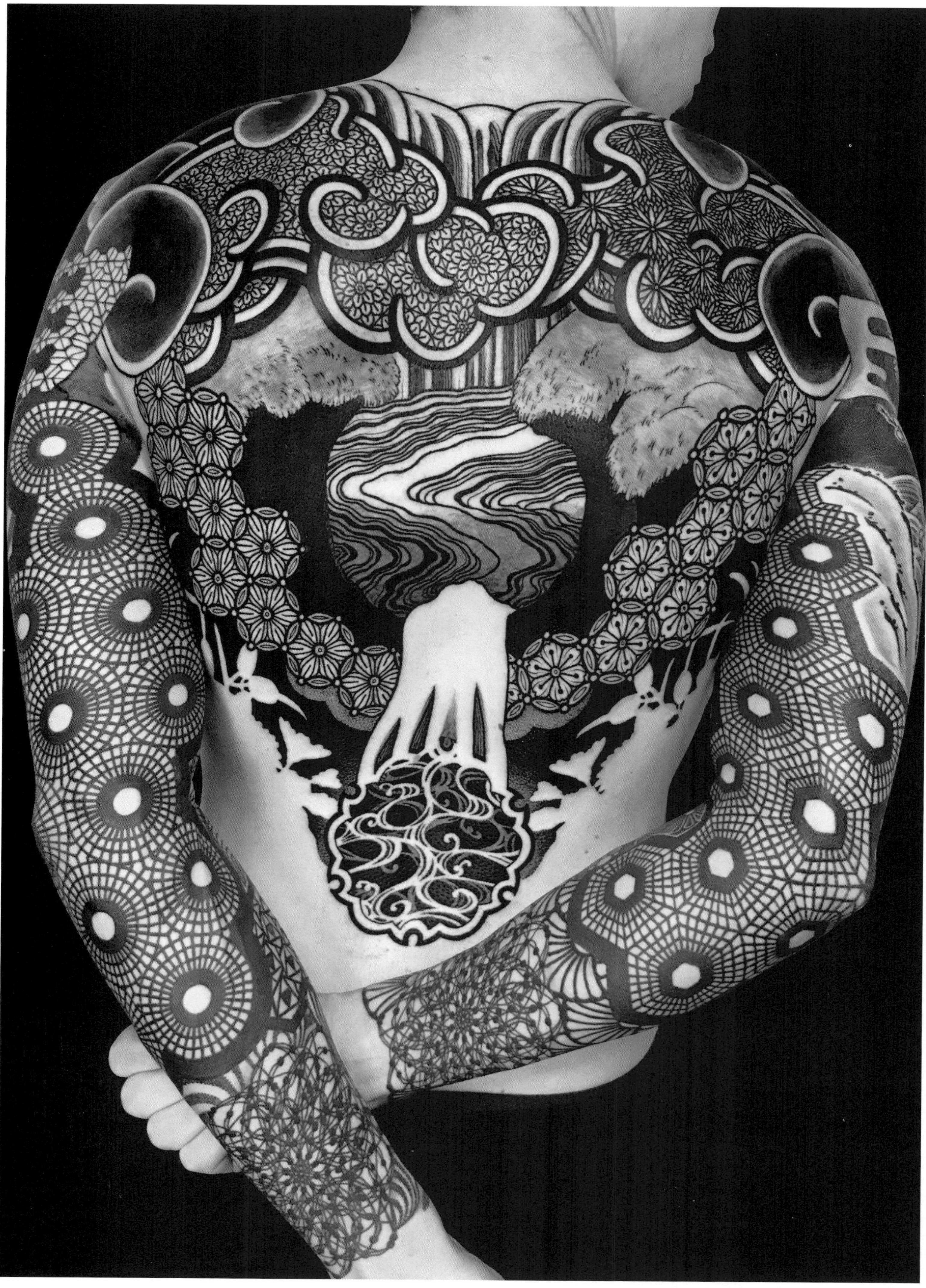

Nissaco

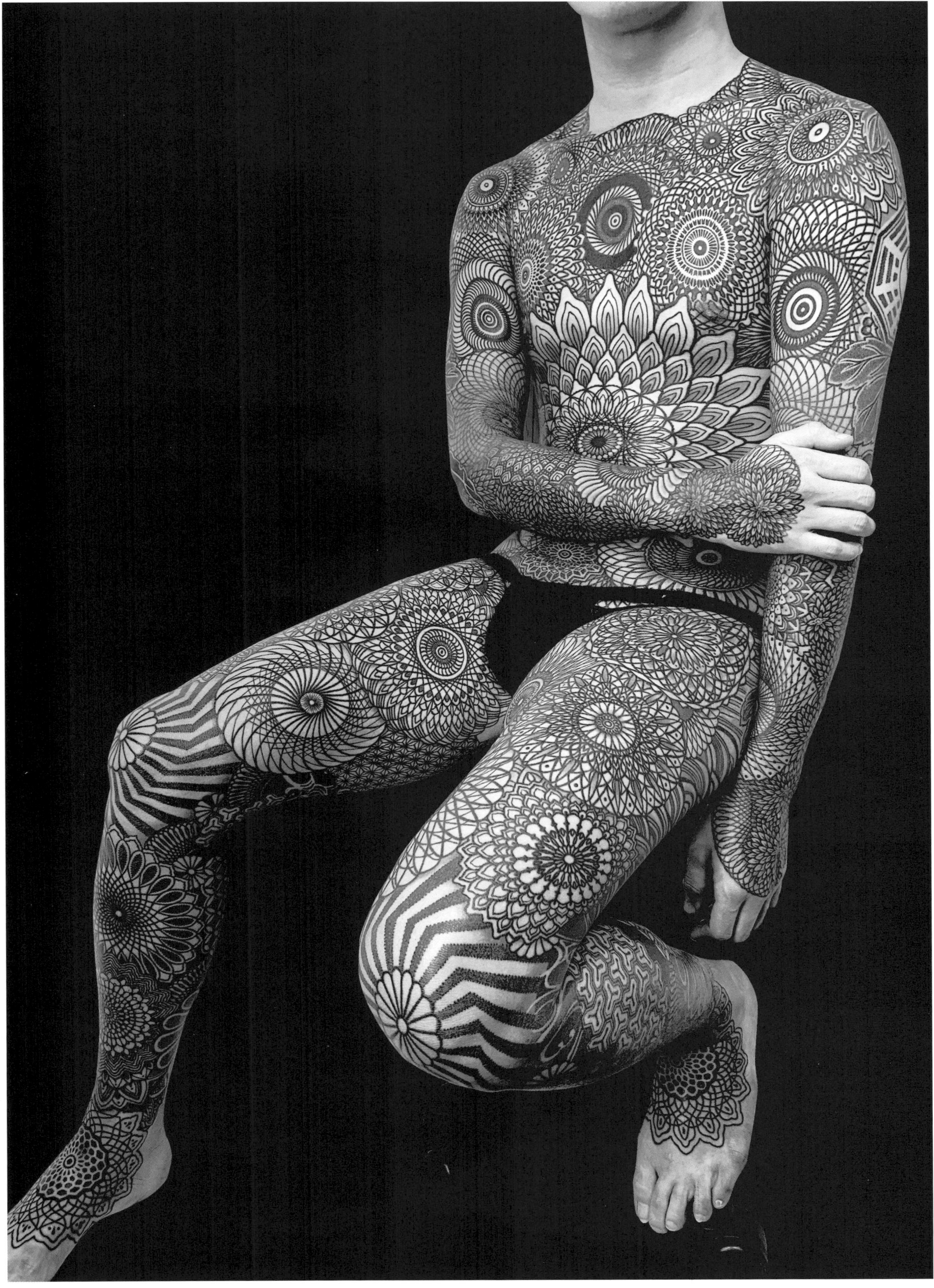

Nissaco

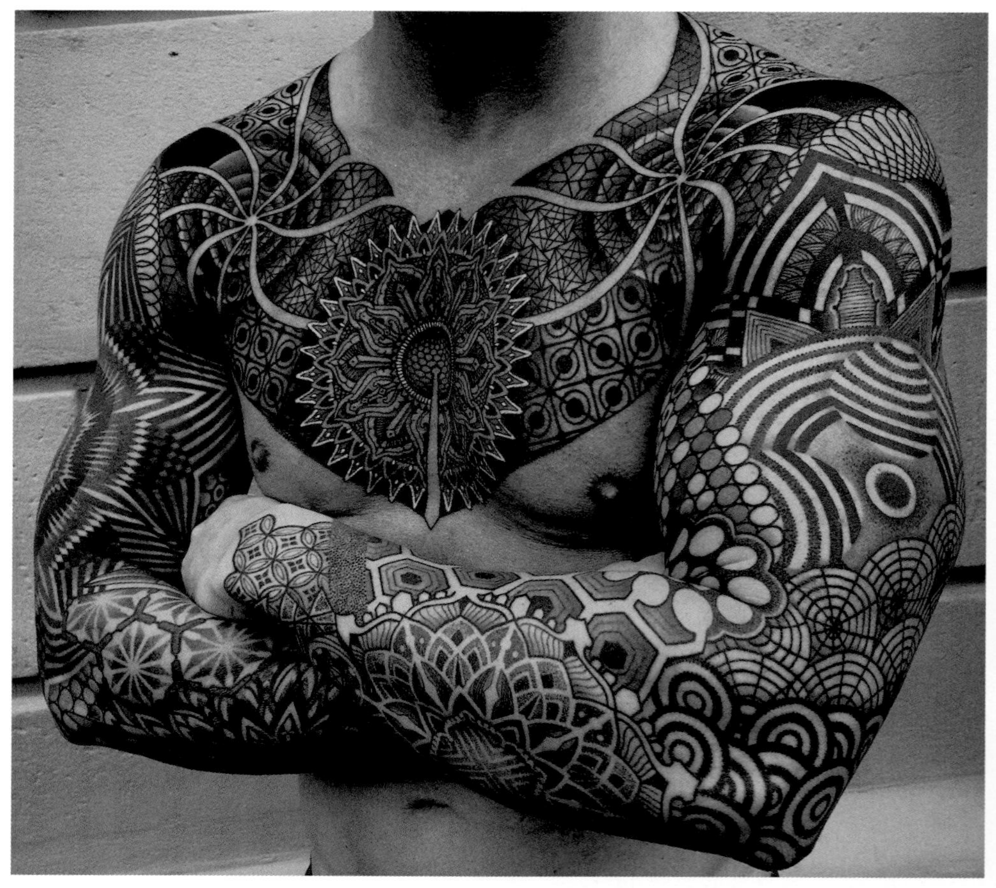

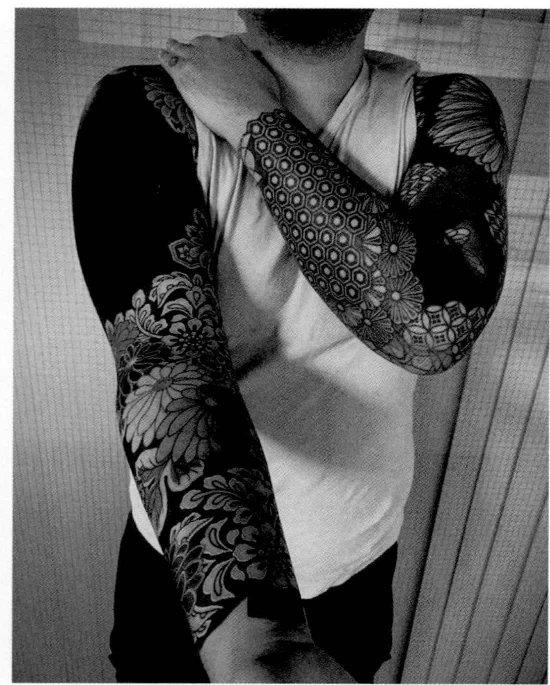

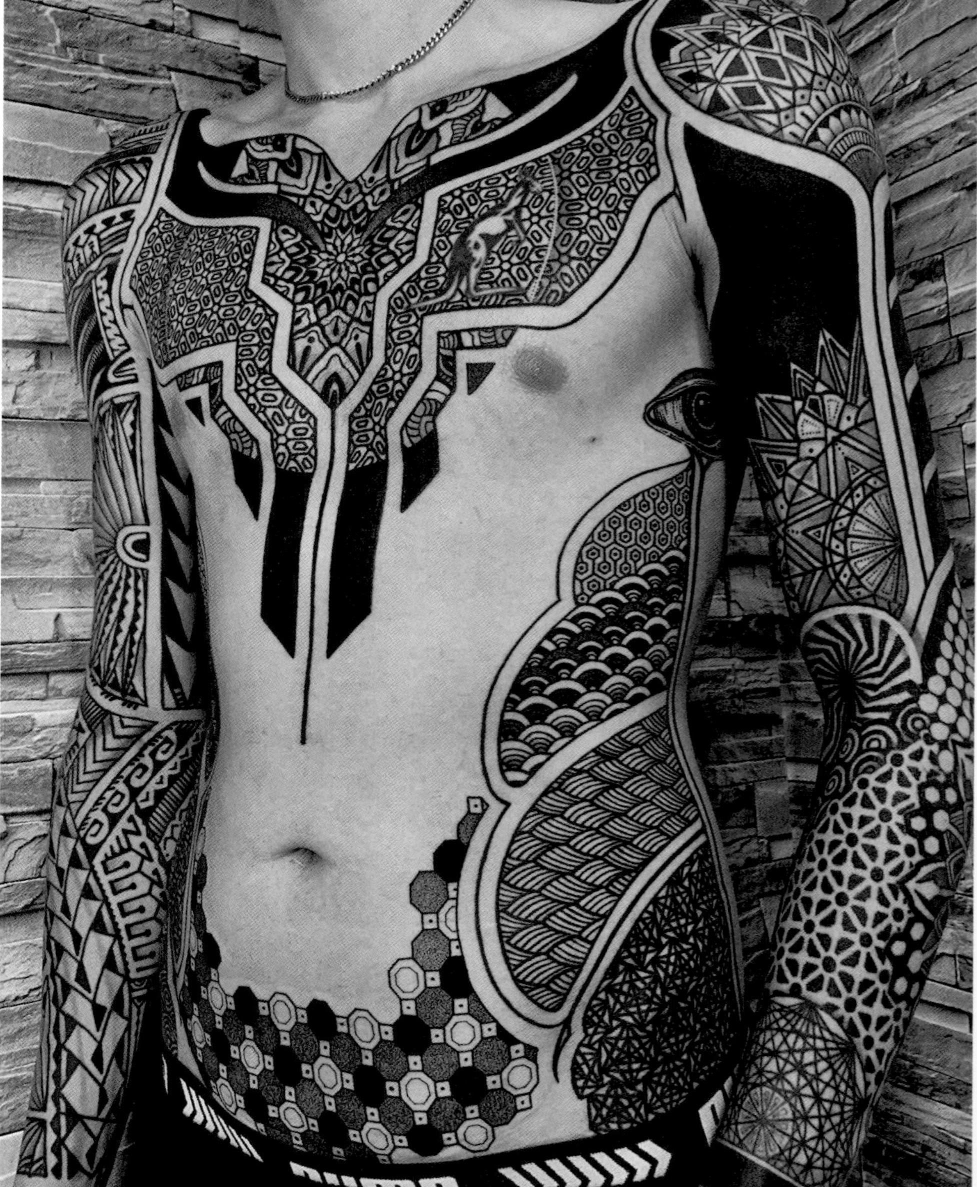

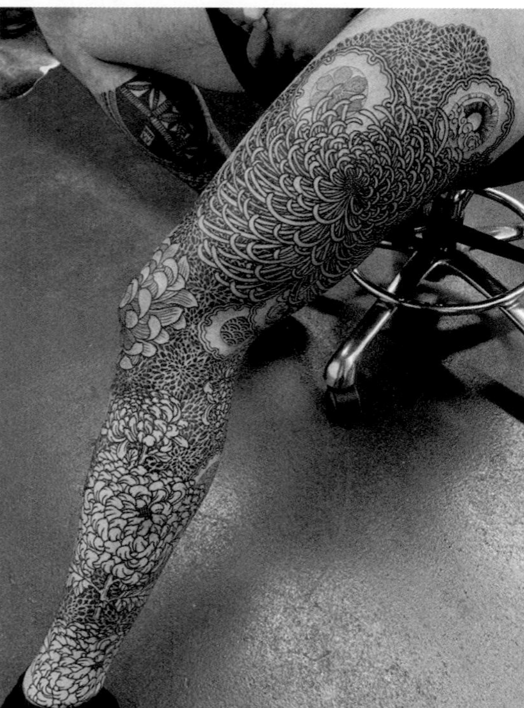

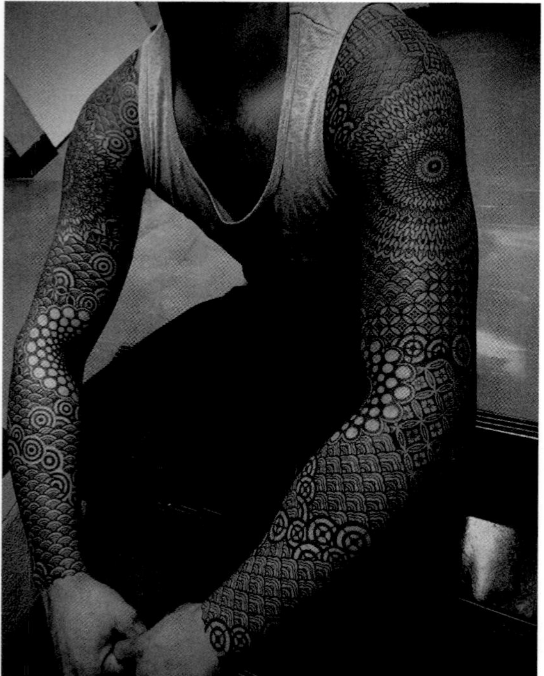

Nissaco

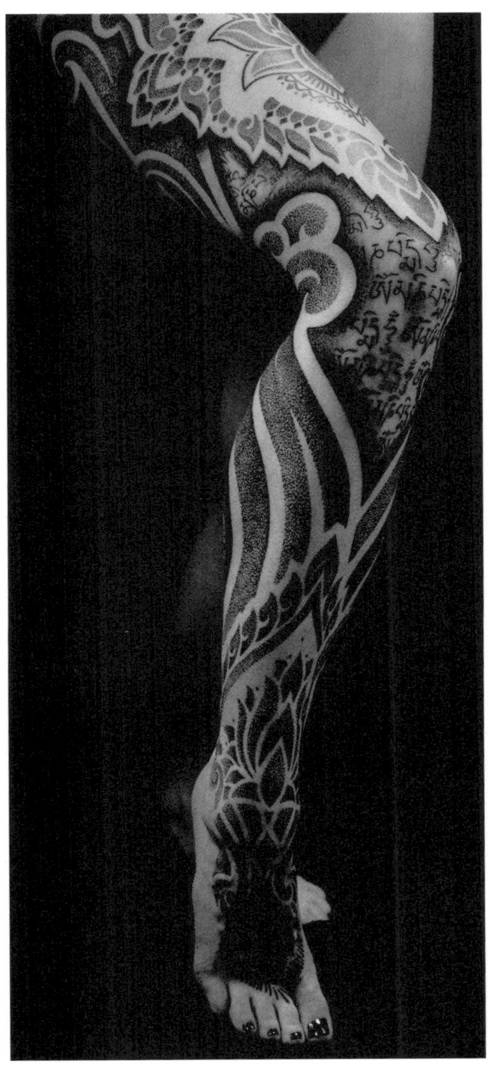

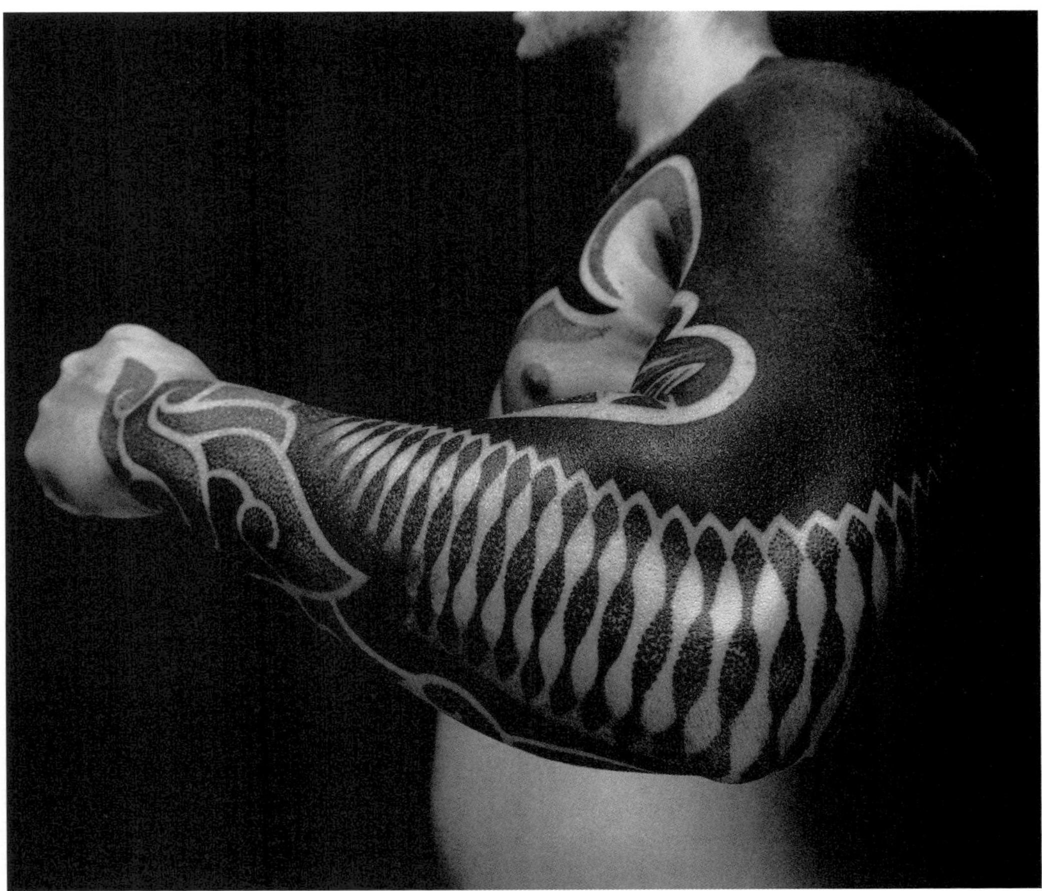

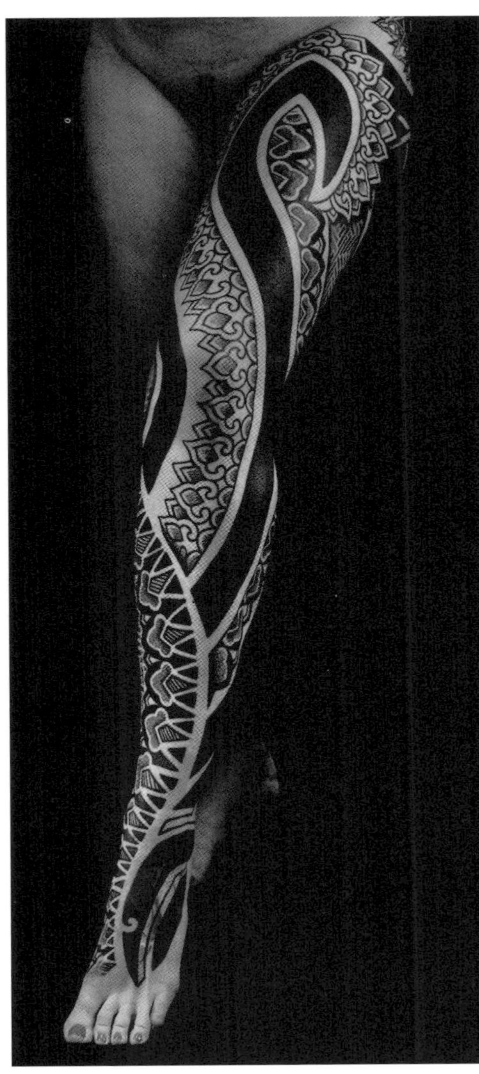

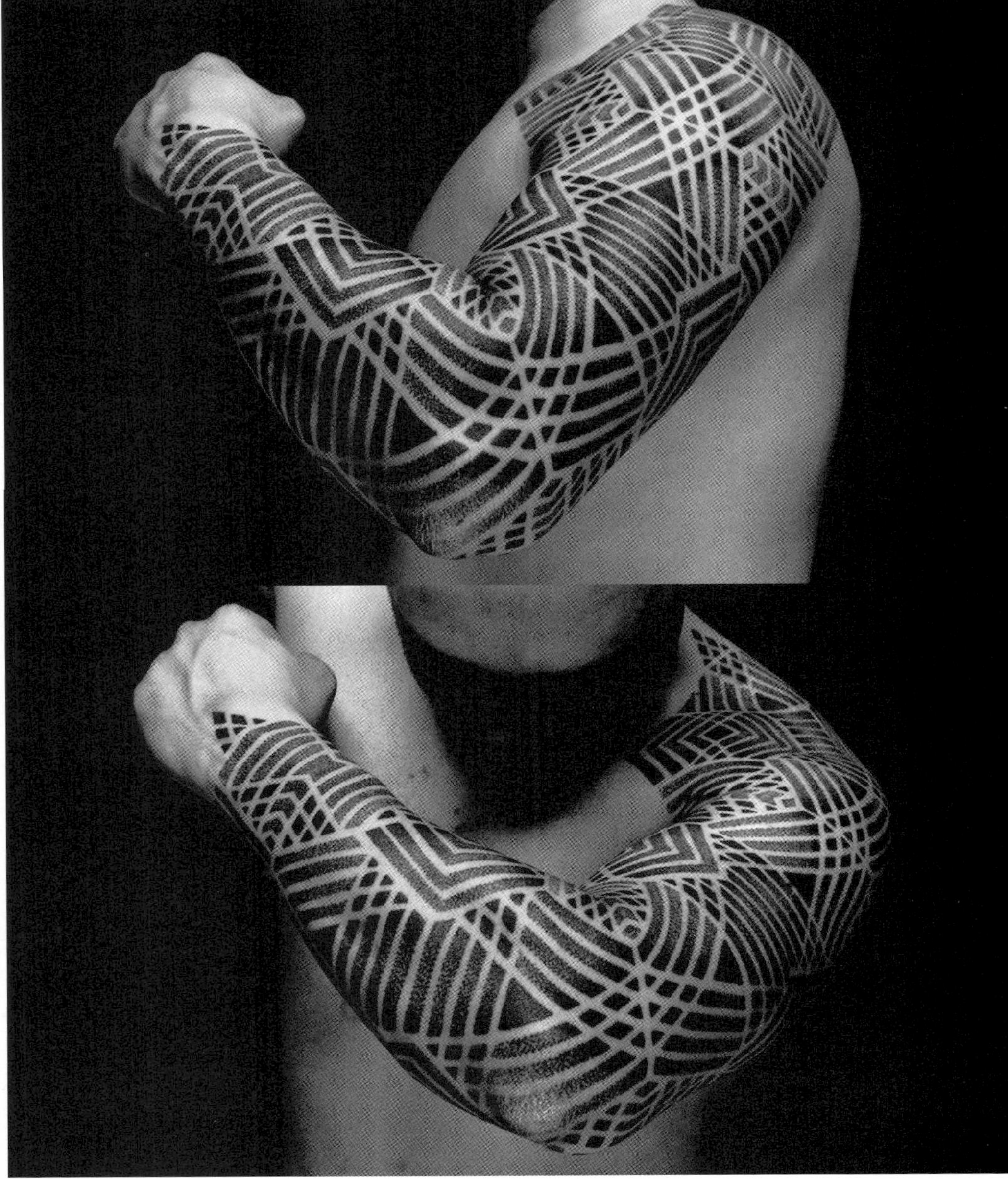

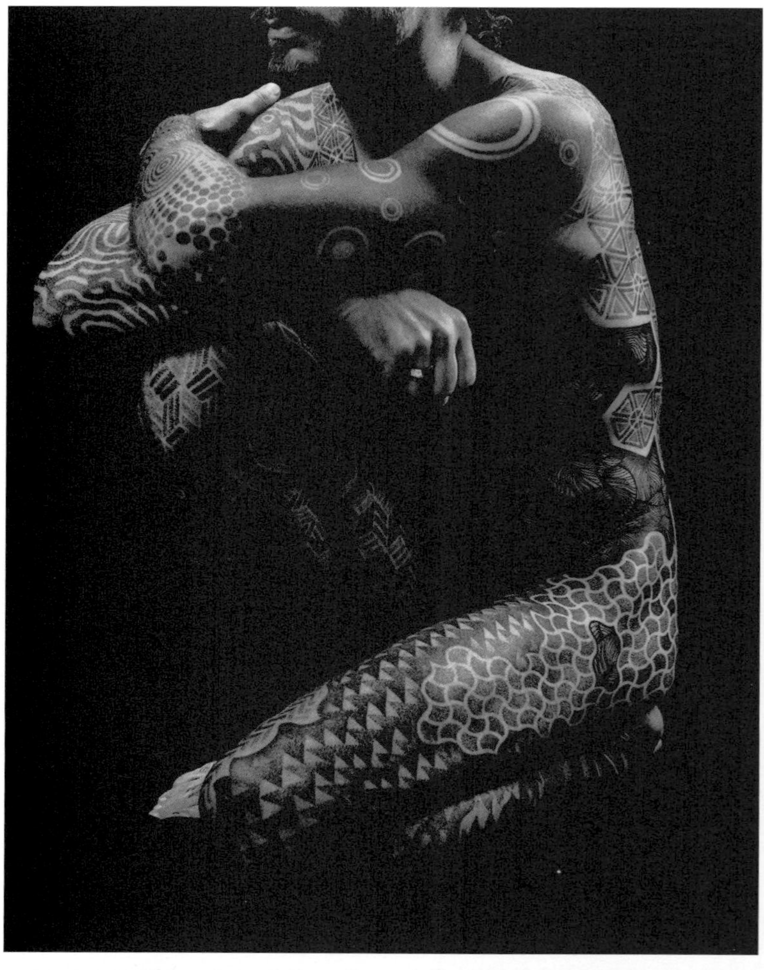

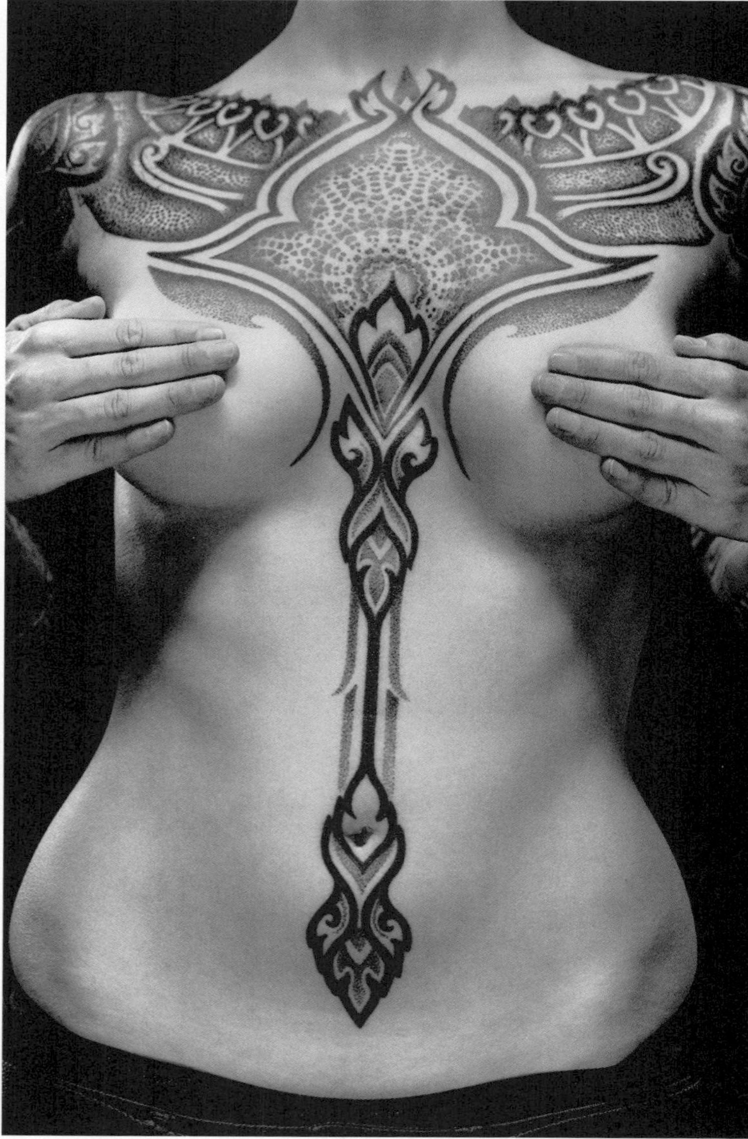

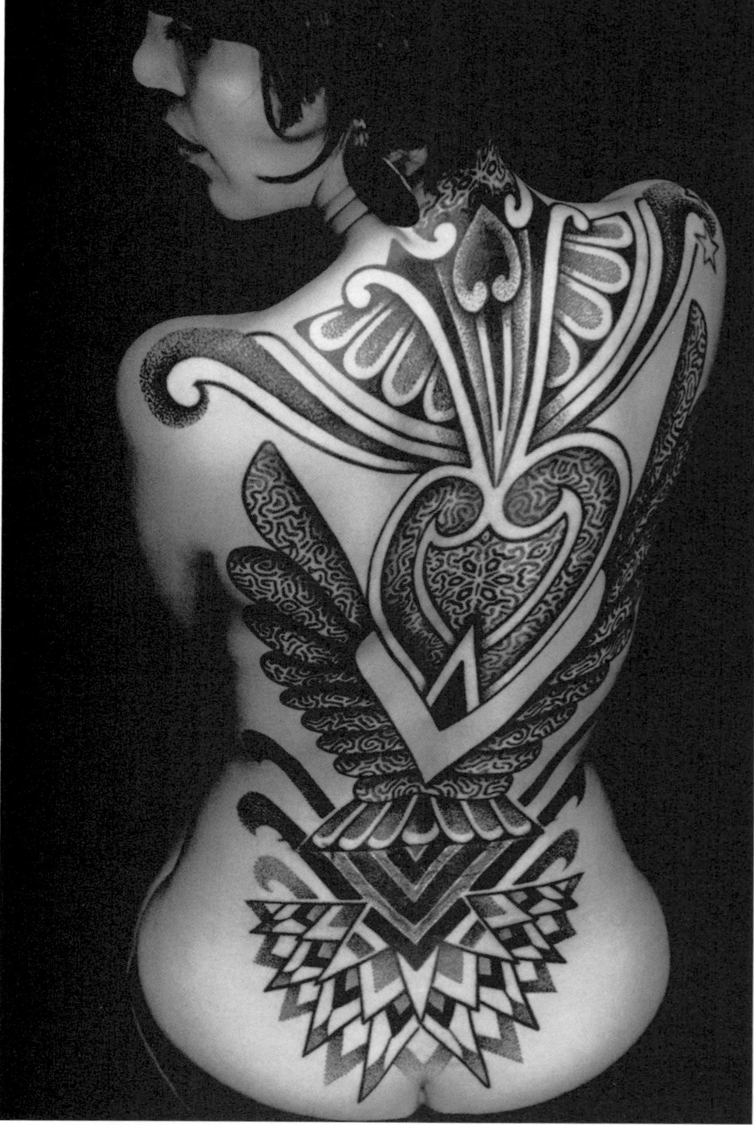

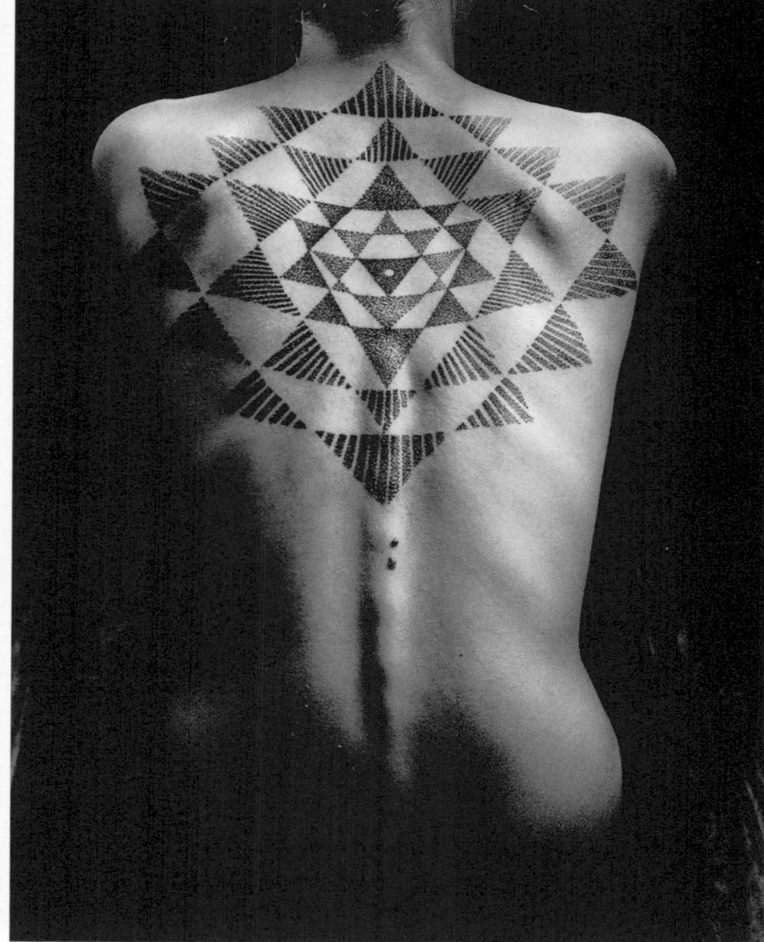

Patrick Hüttlinger

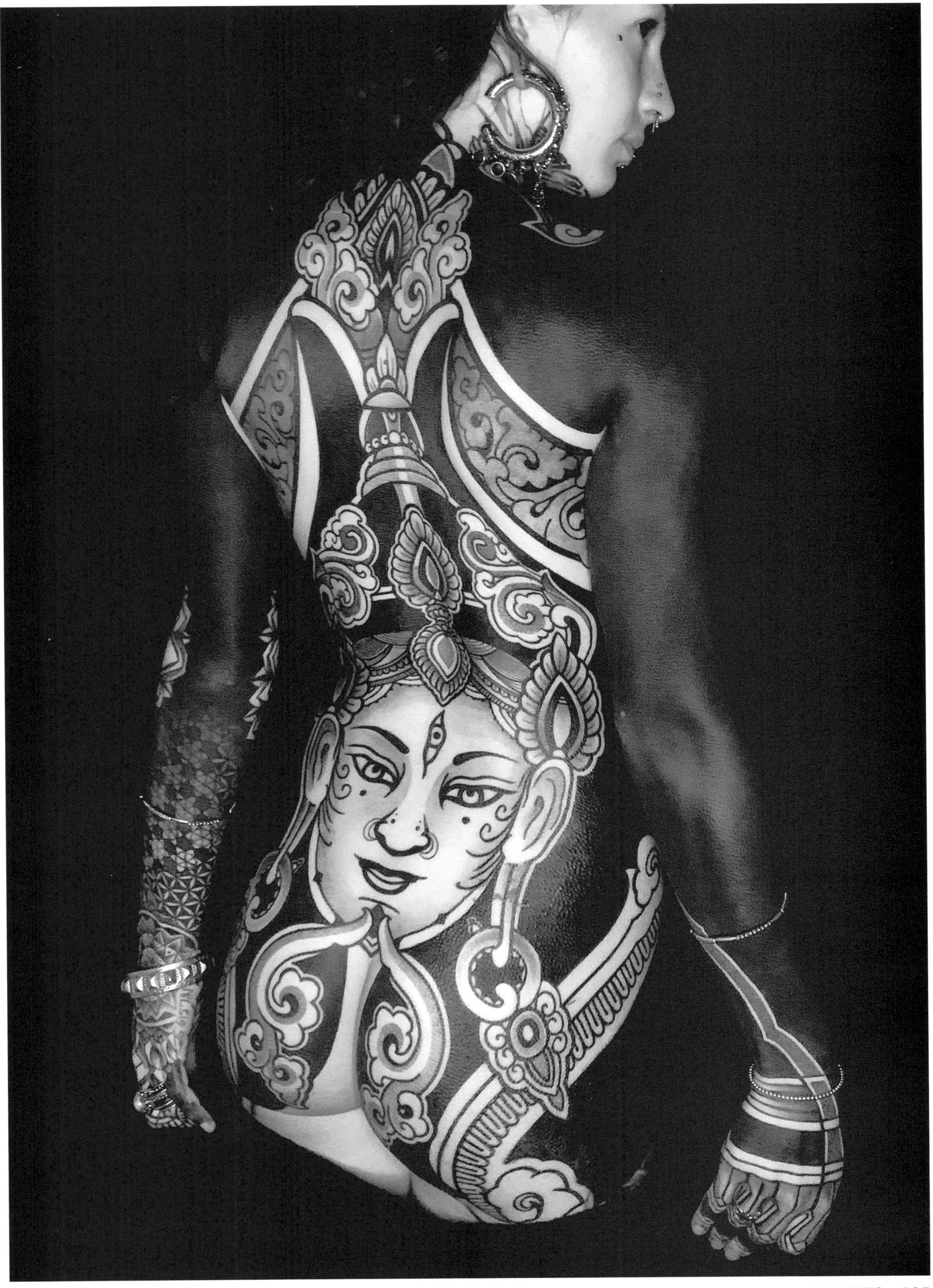

Pierluigi Deliperi

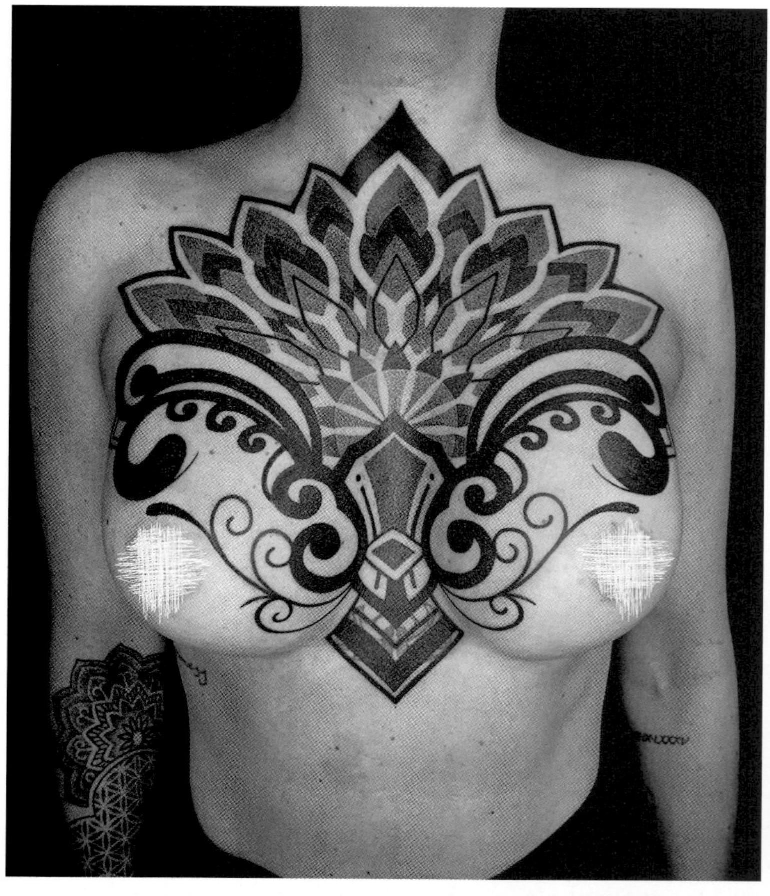

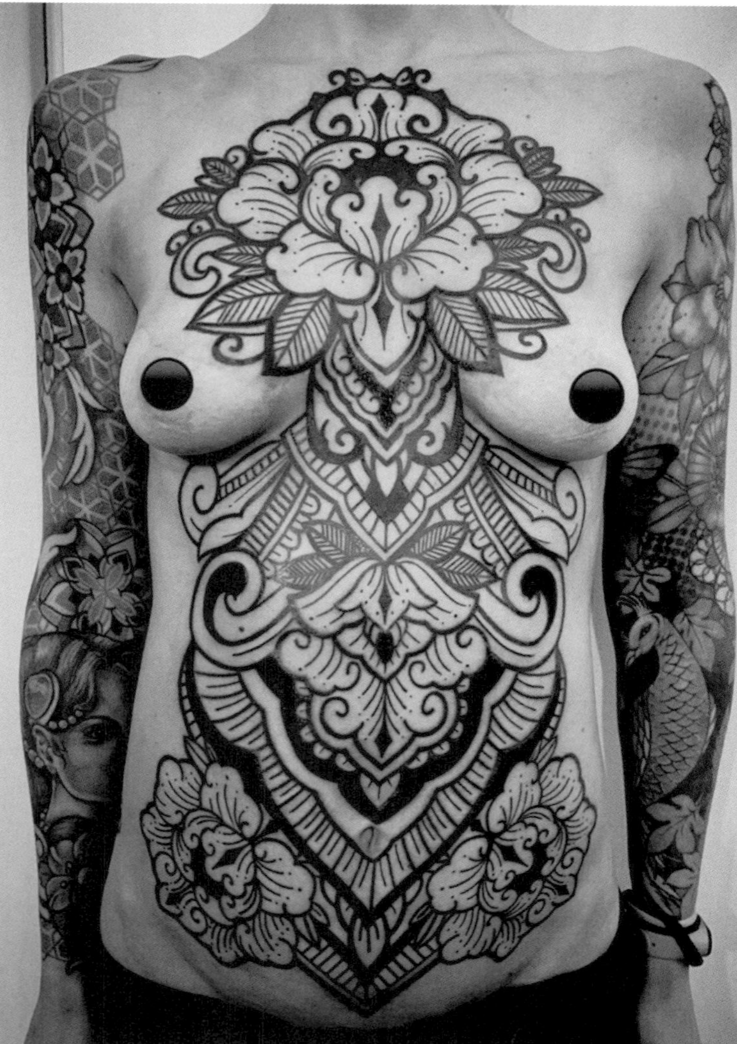

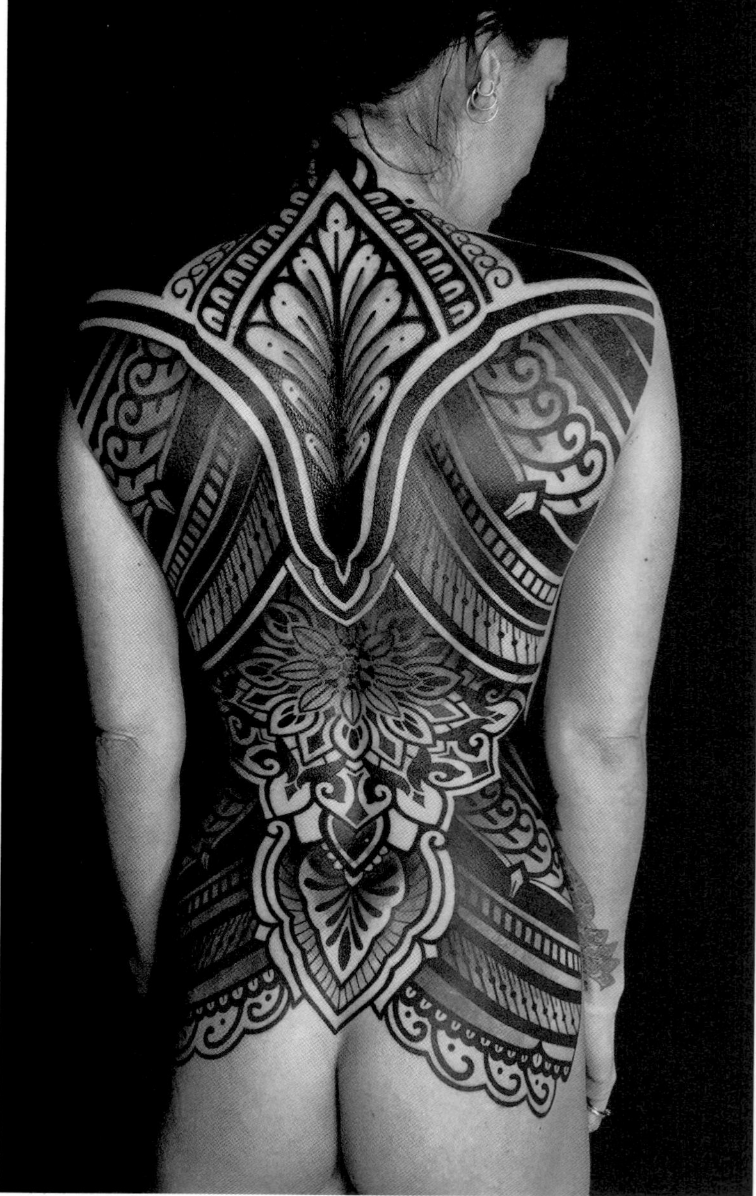

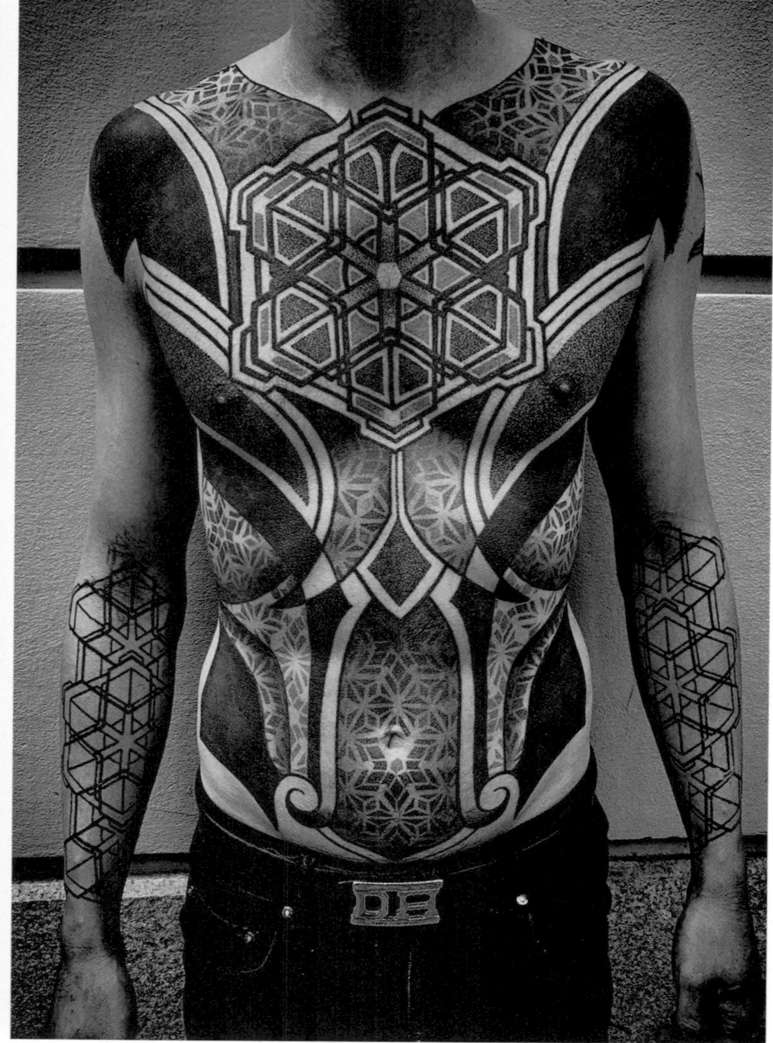

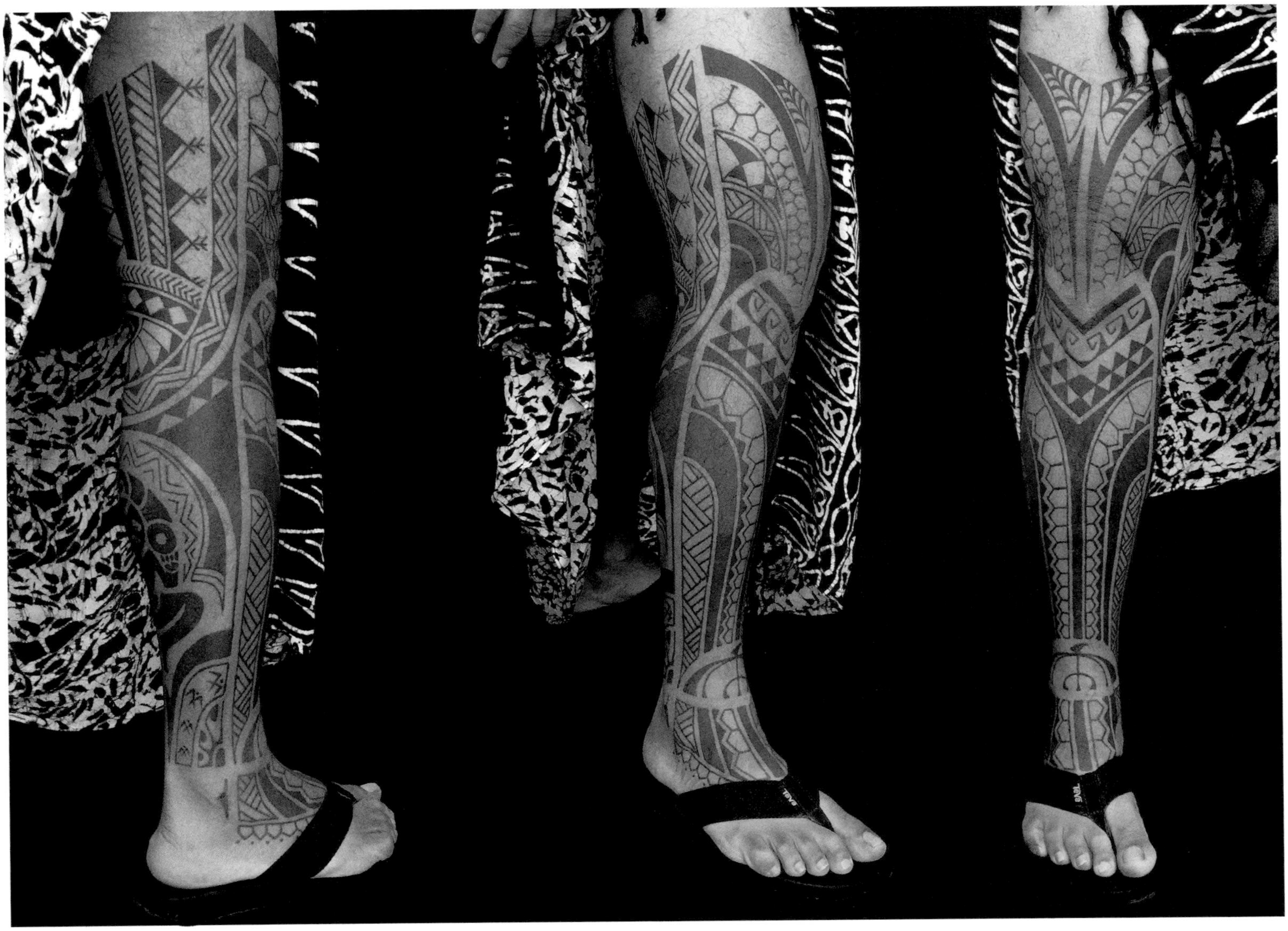

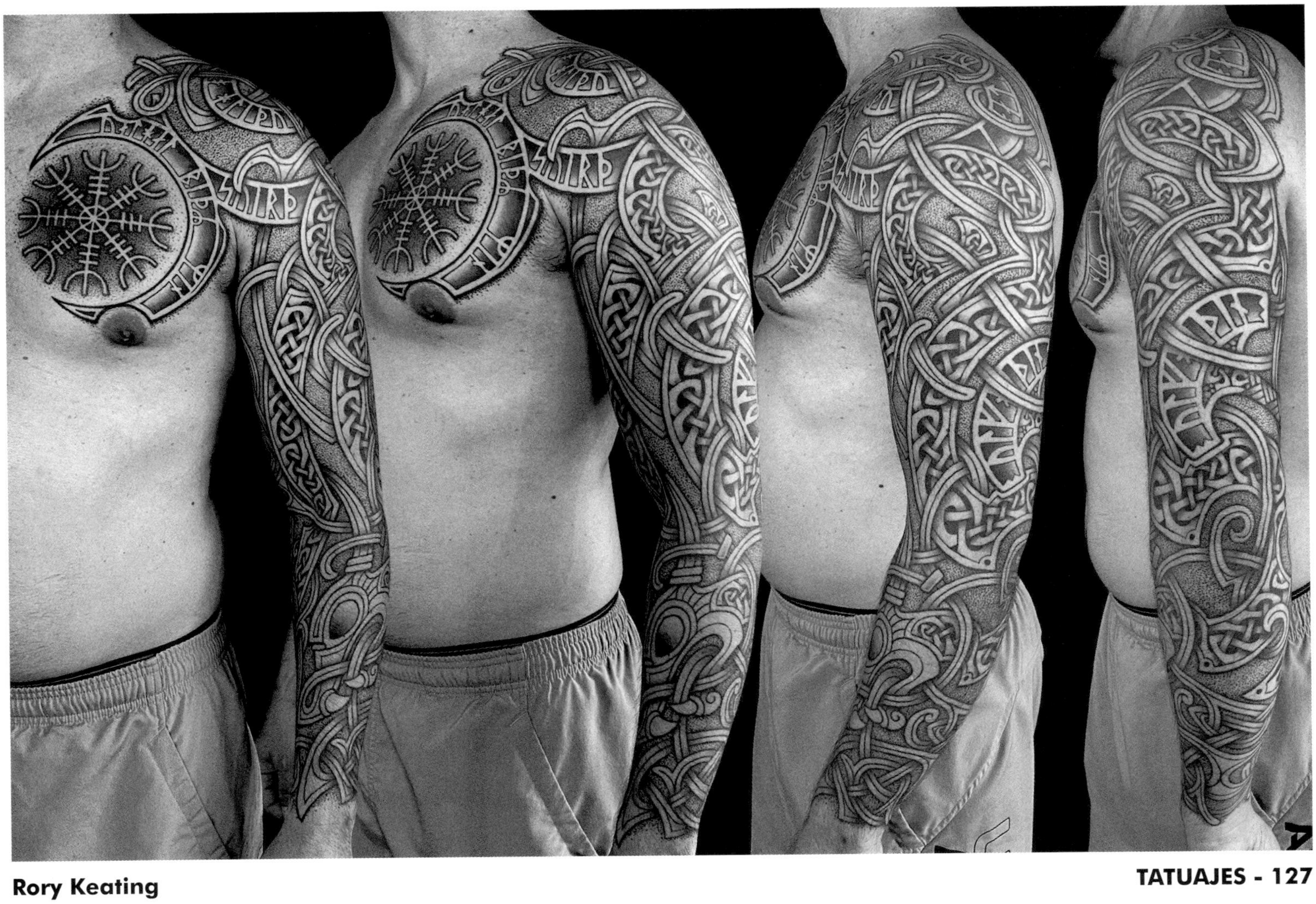

Rory Keating

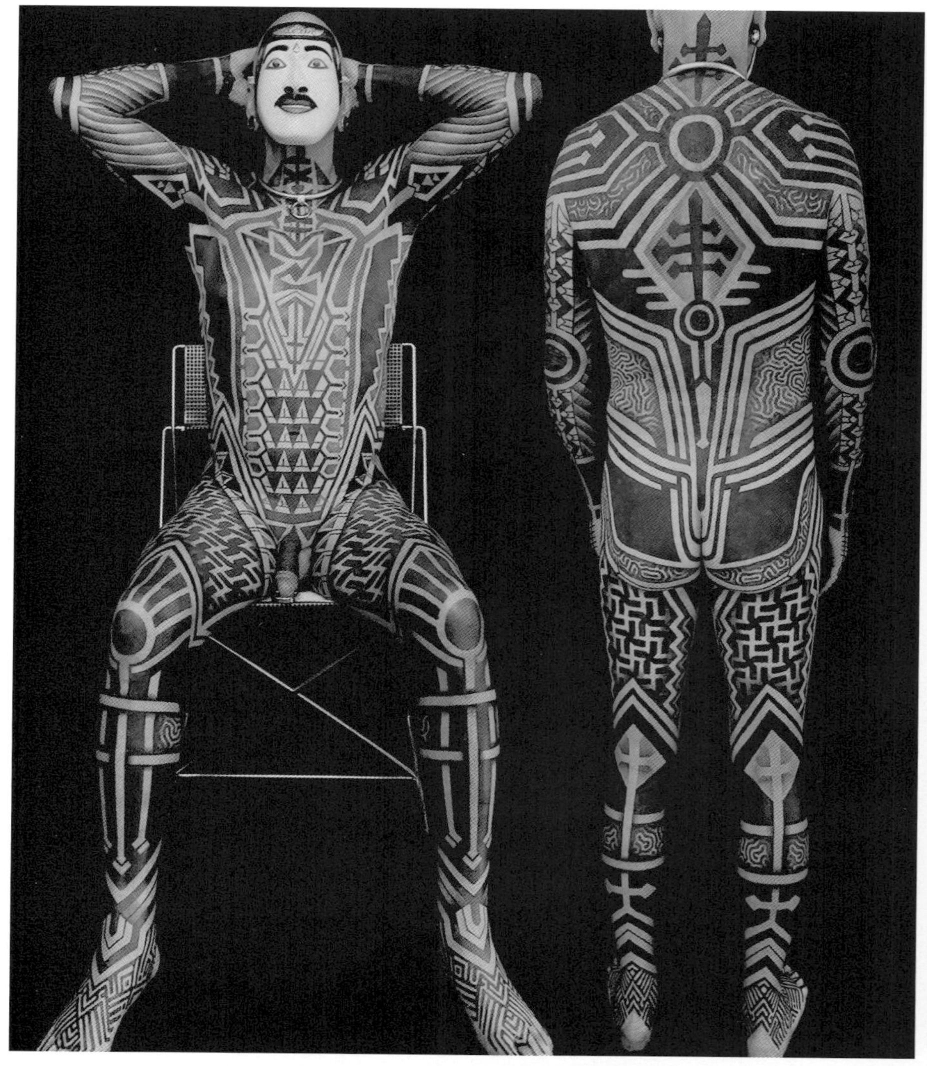

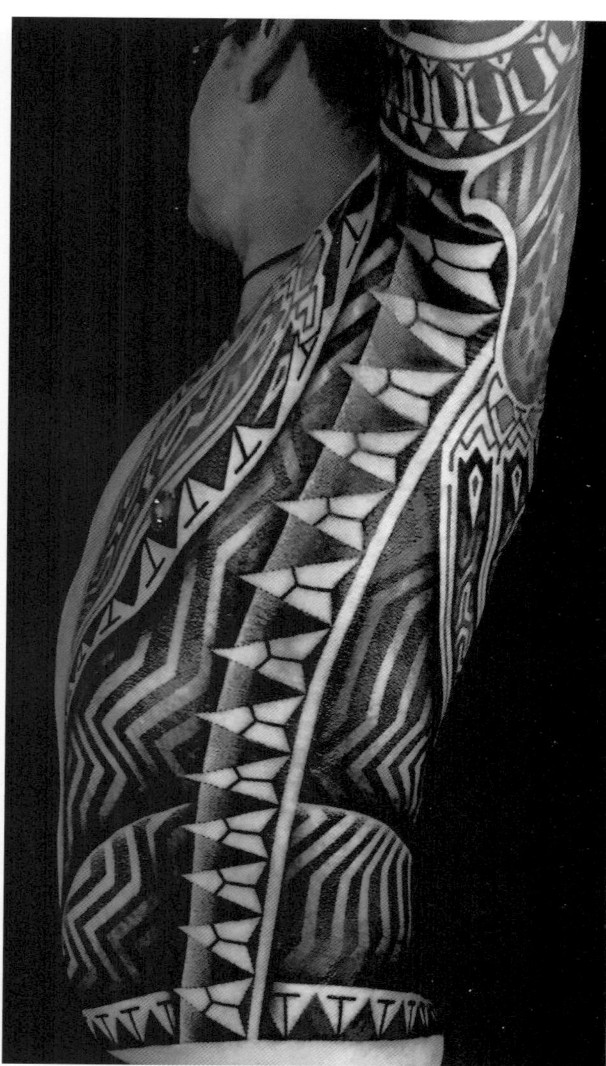

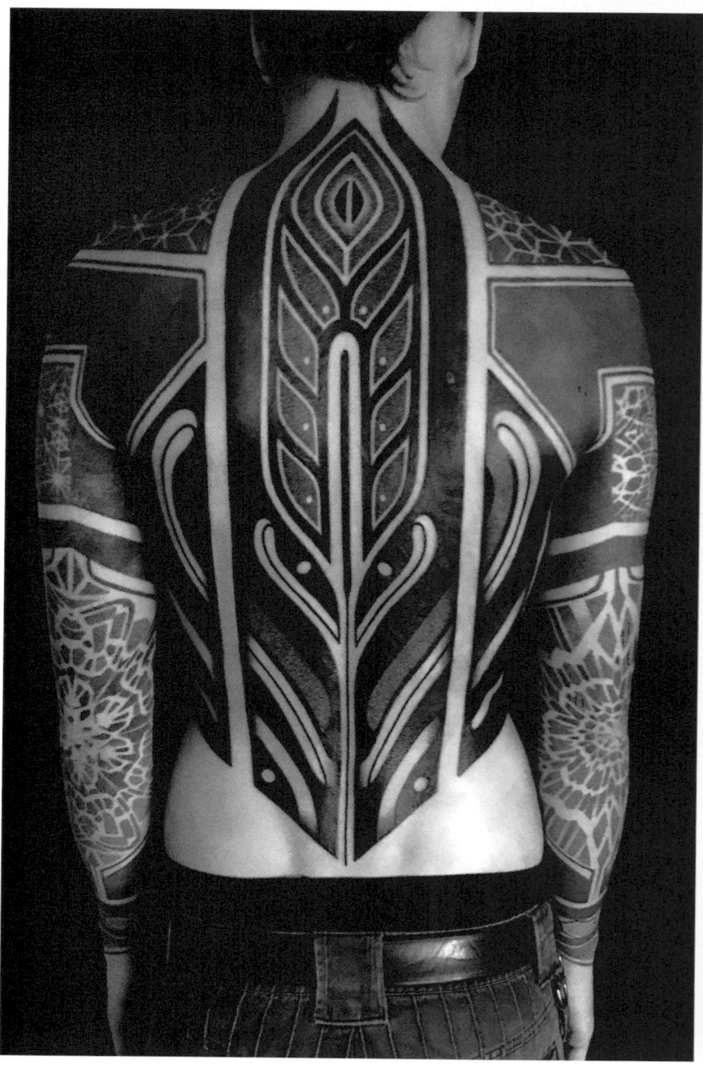

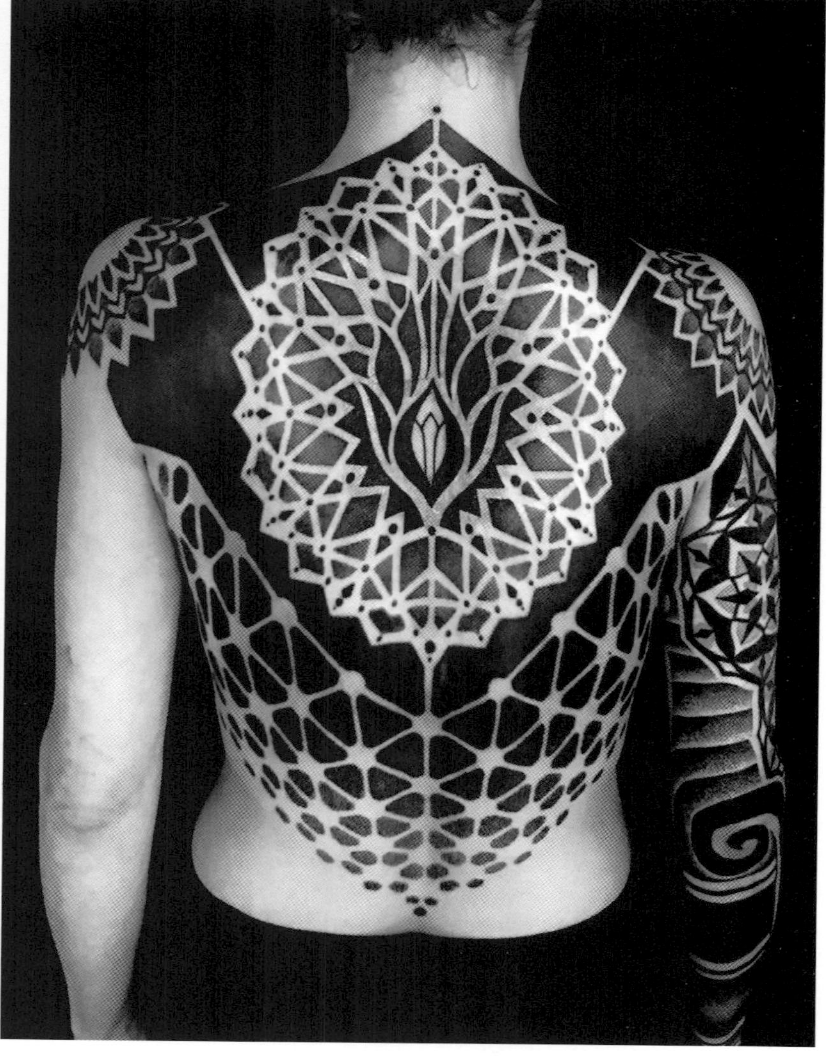

Samuel Christensen

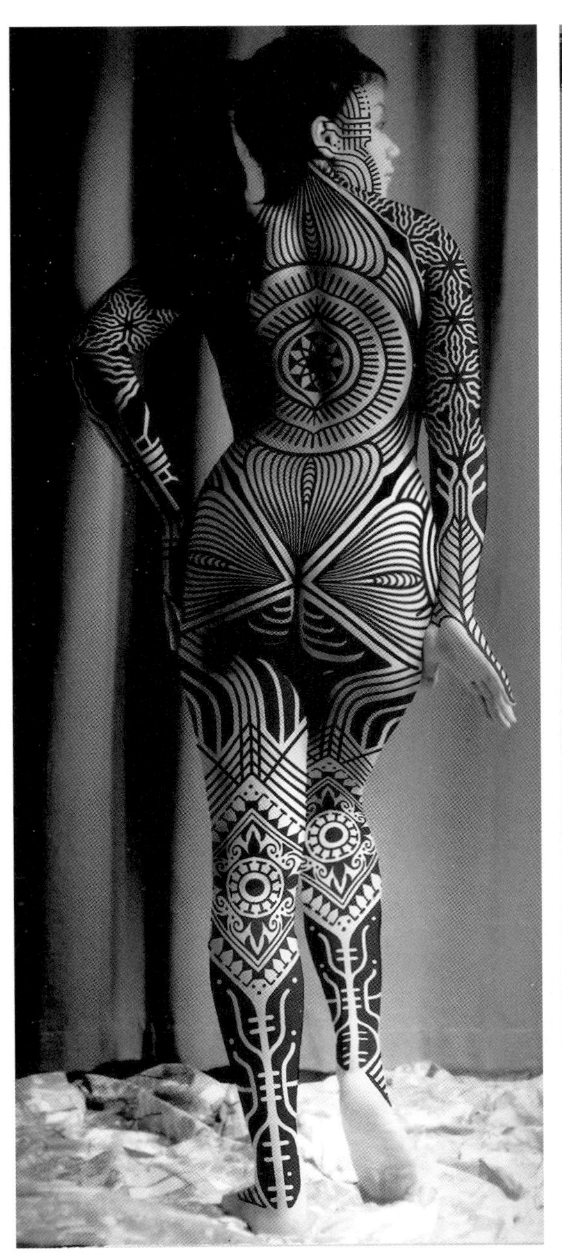

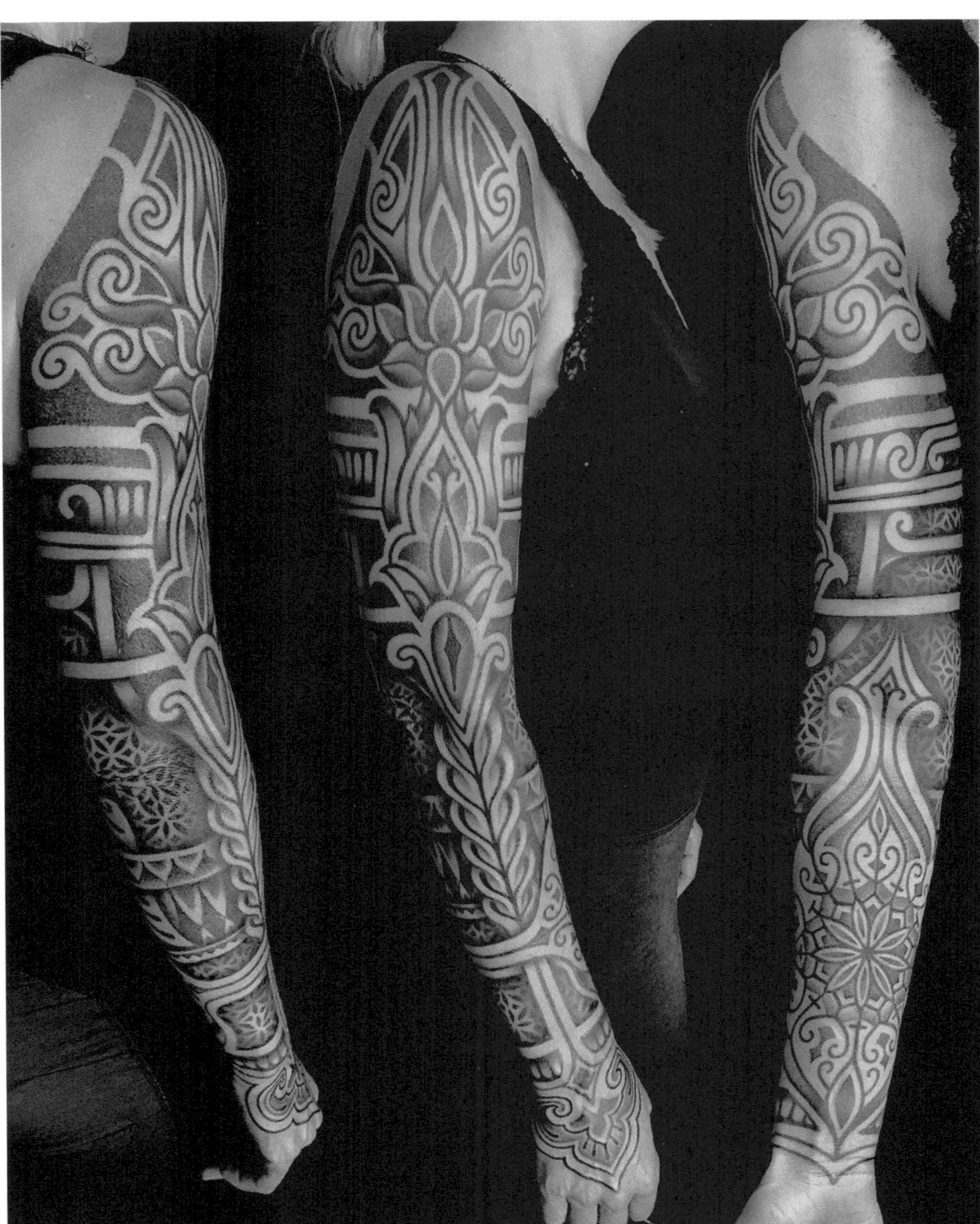

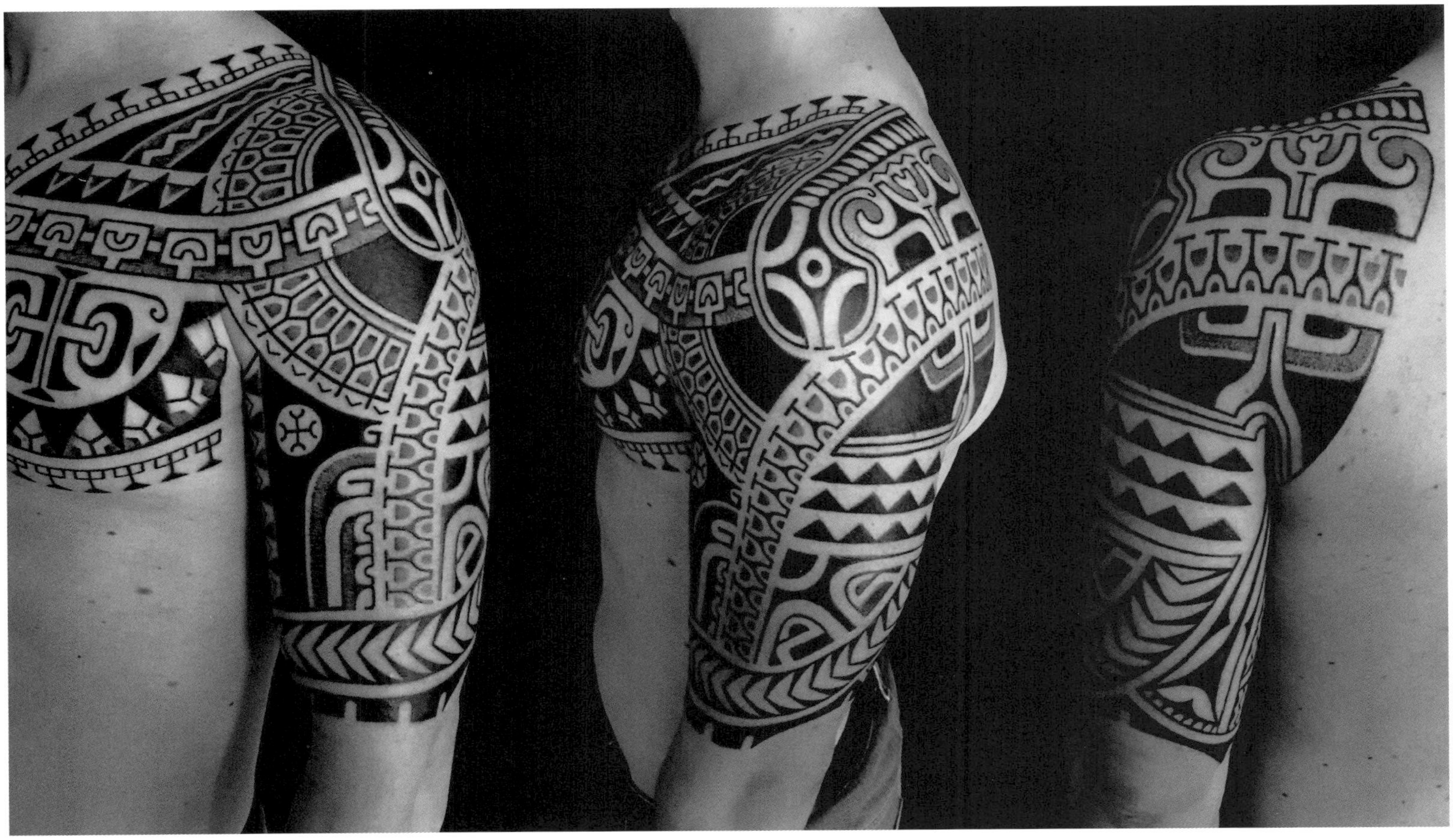

Samuel Christensen

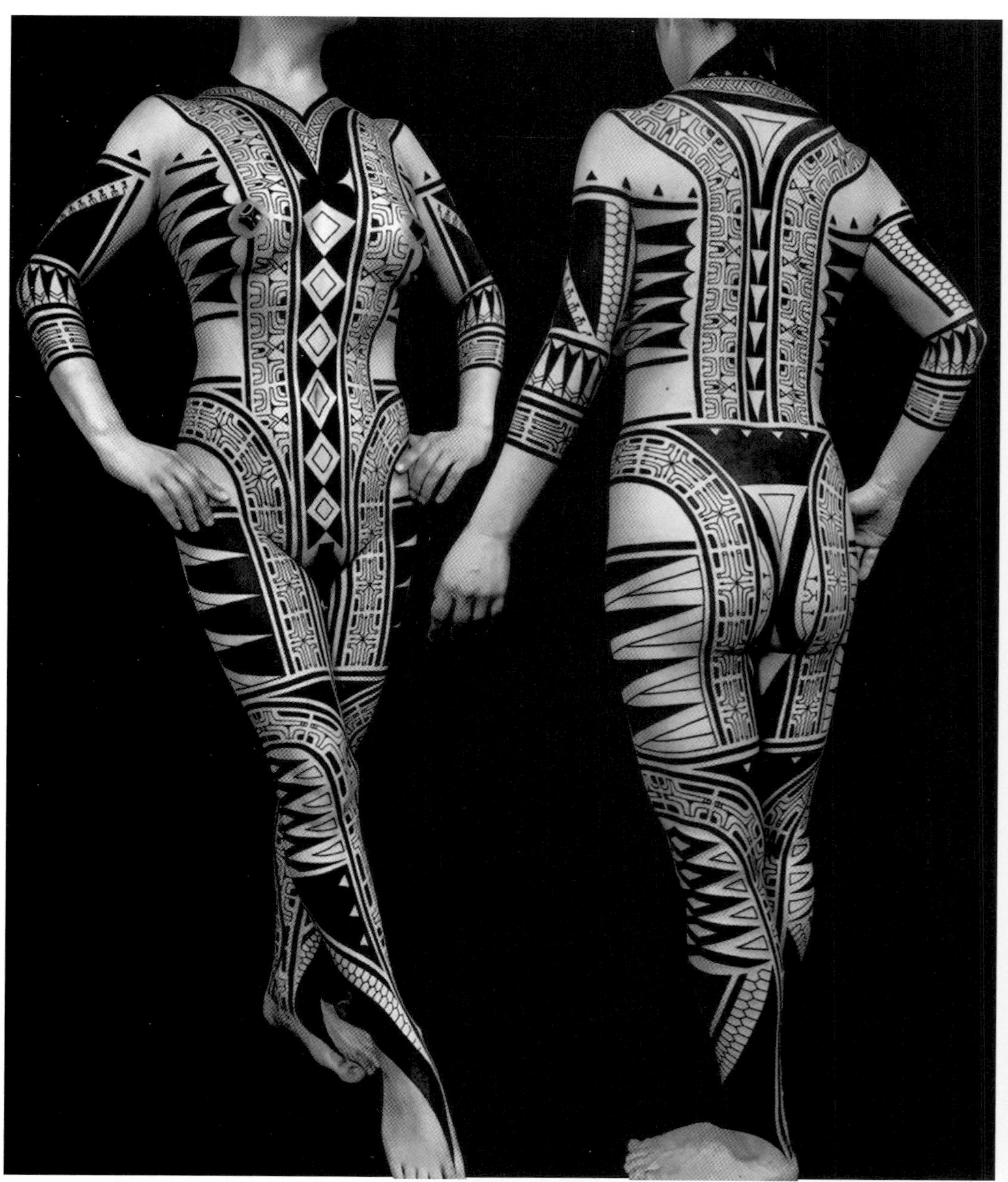

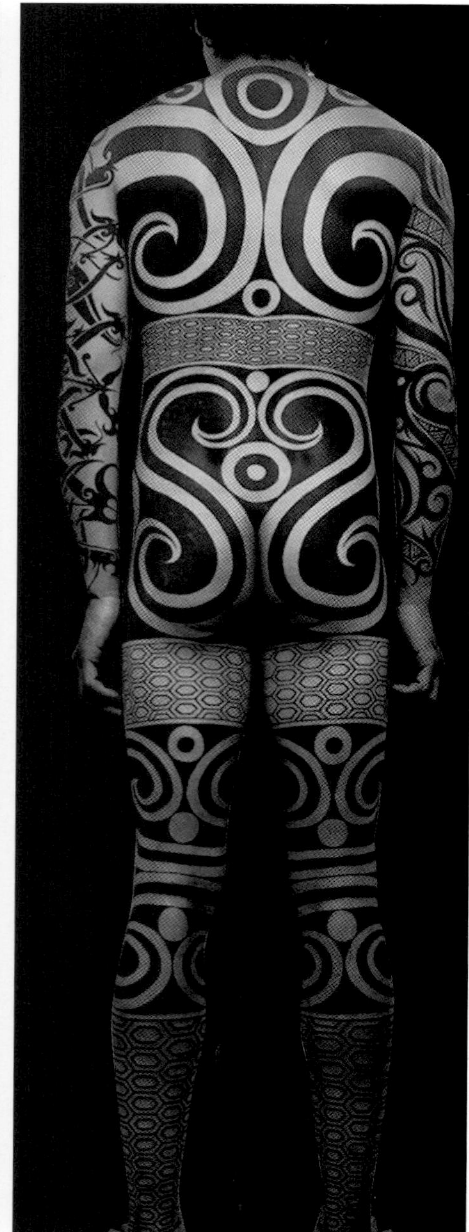

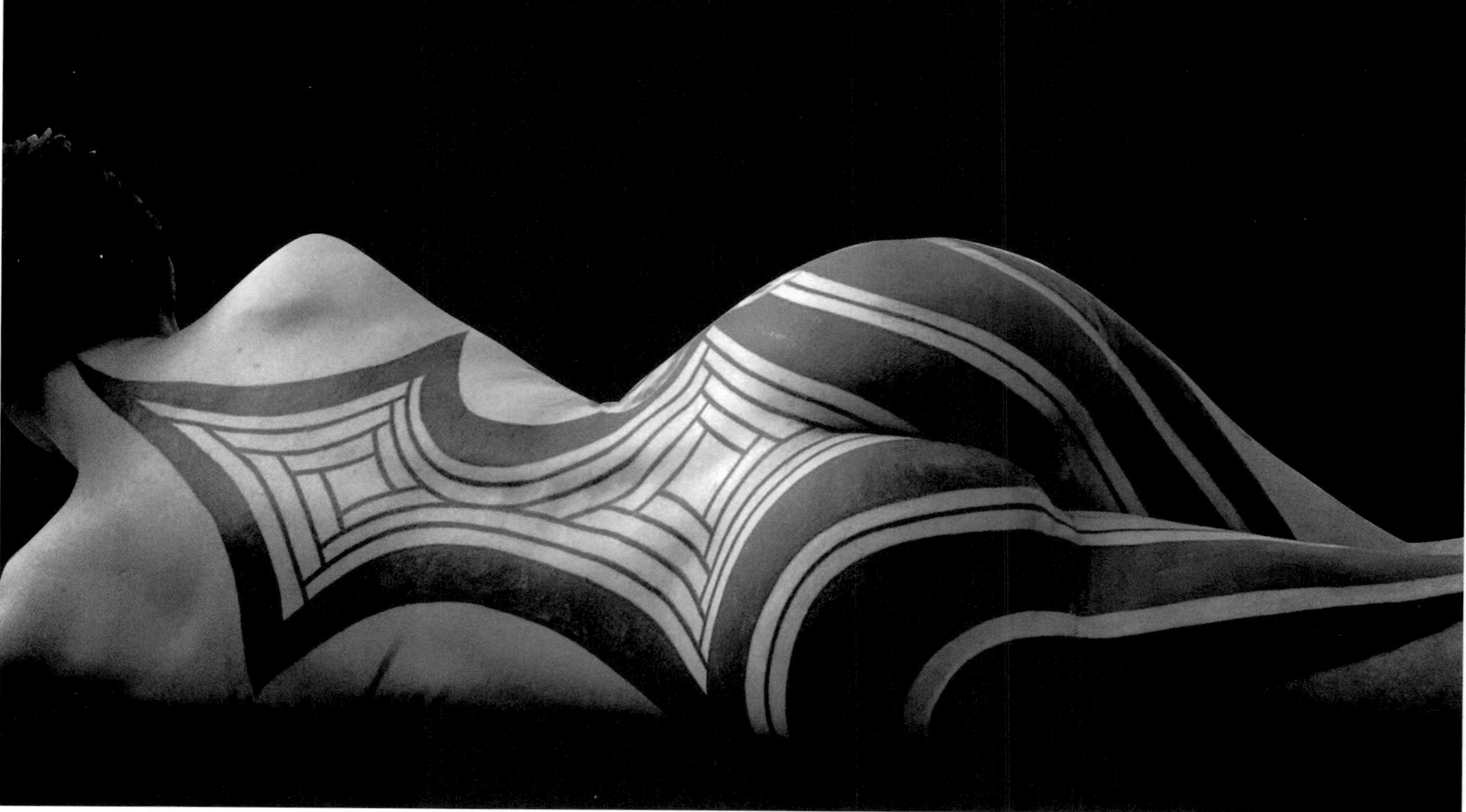

Taku Oshima

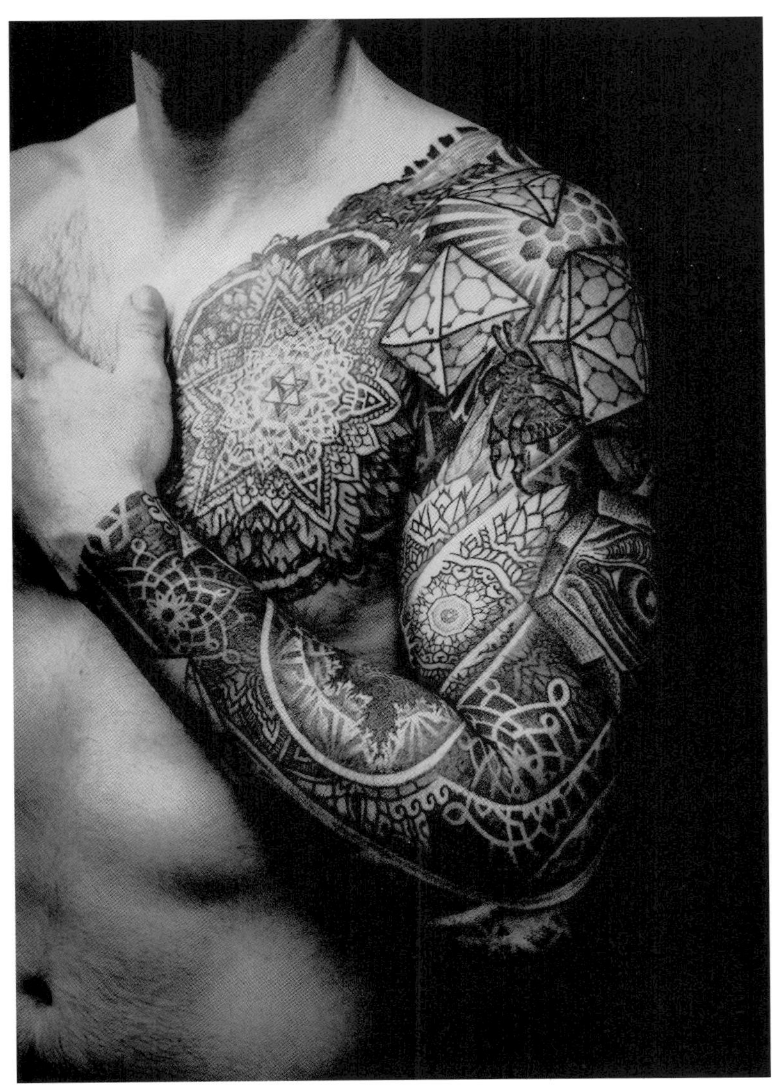

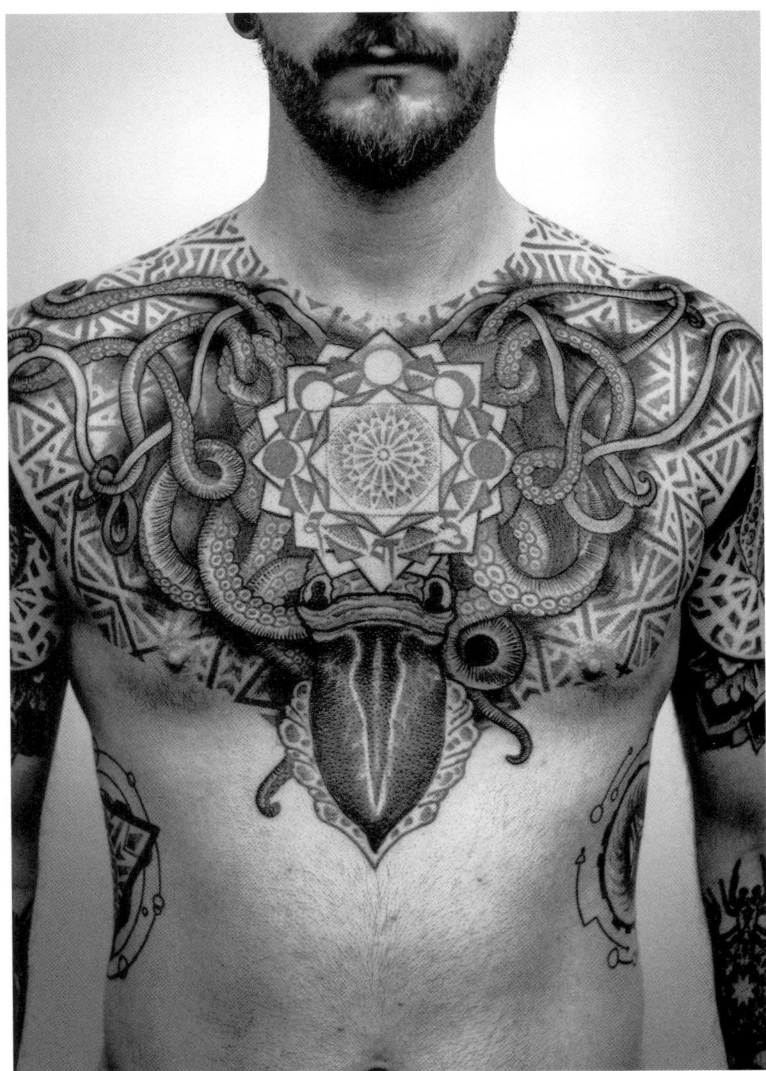

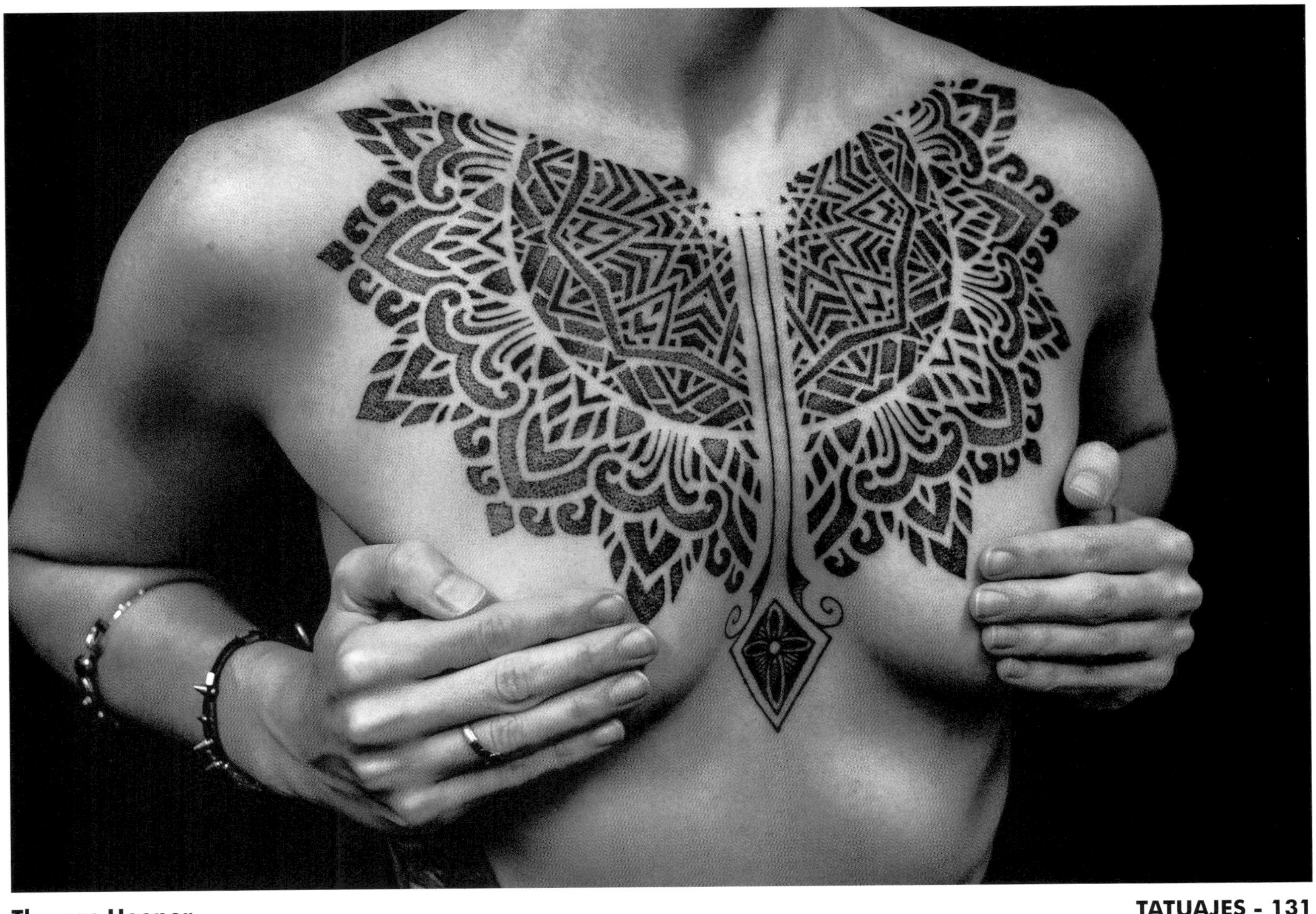

Thomas Hooper

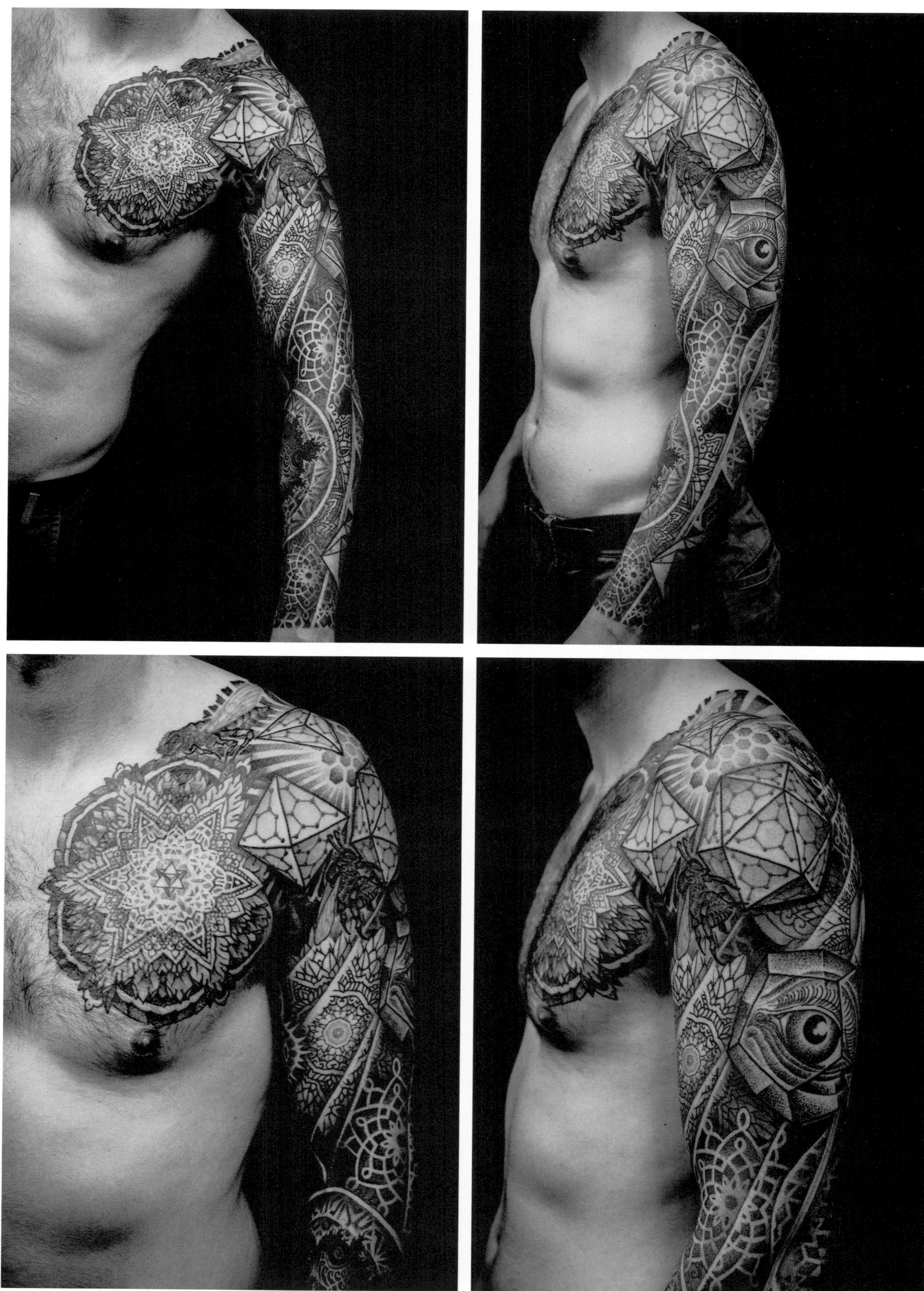

Thomas Hooper

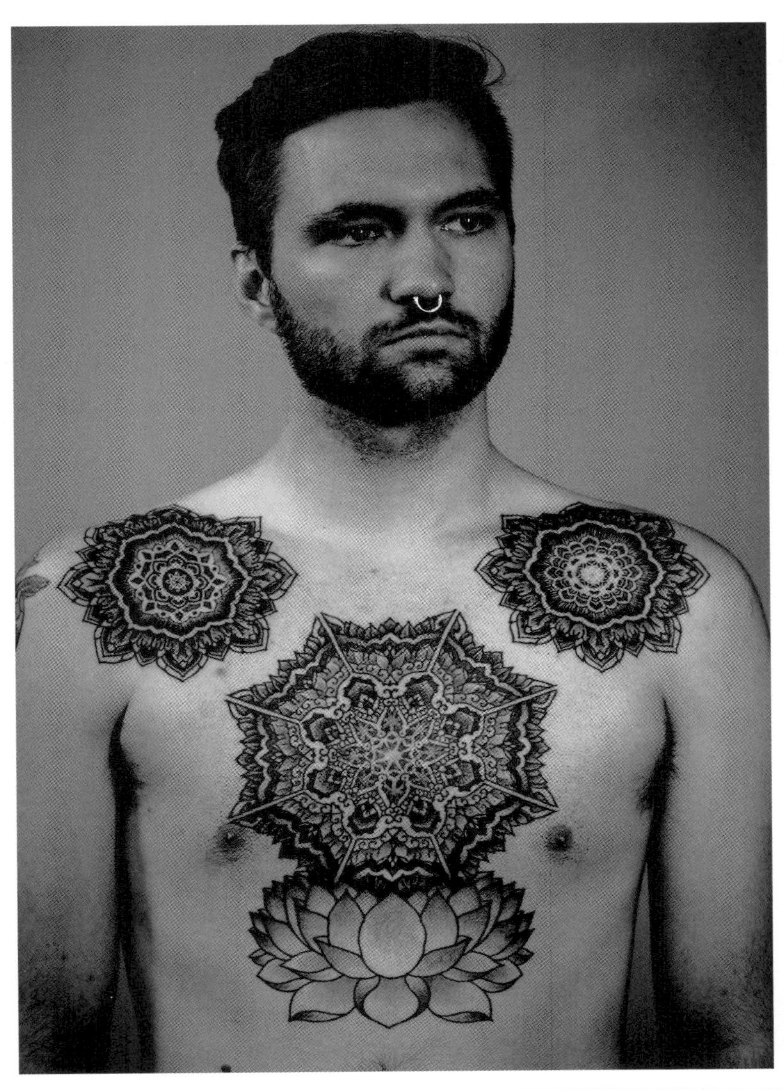

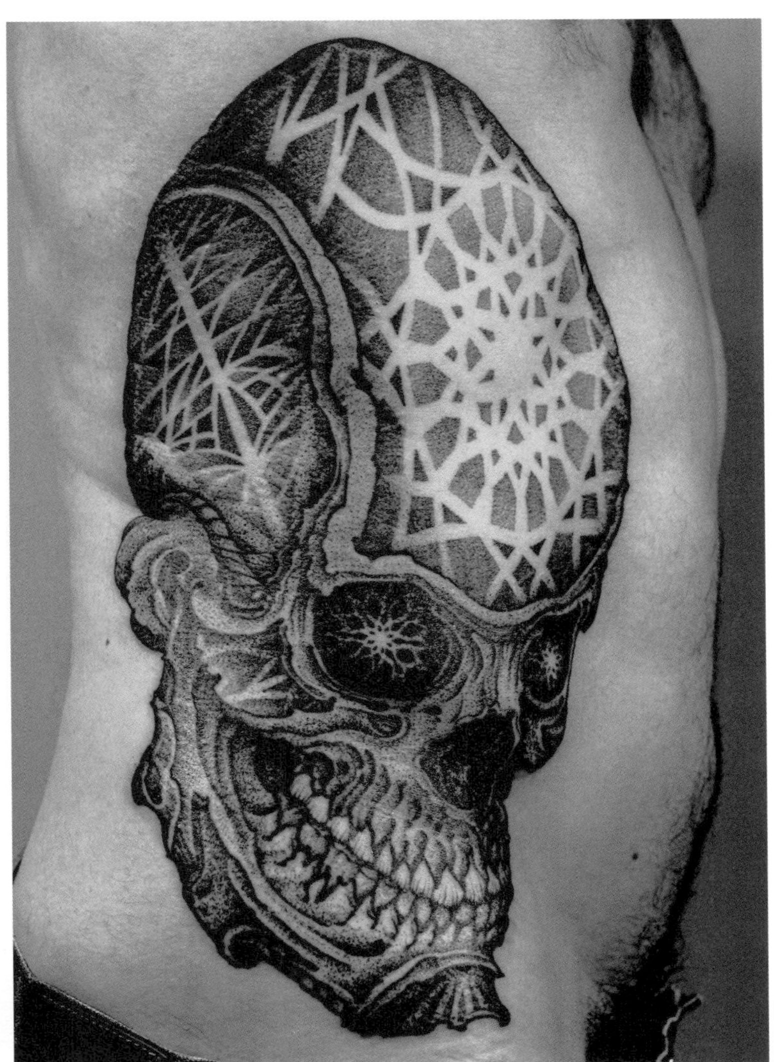

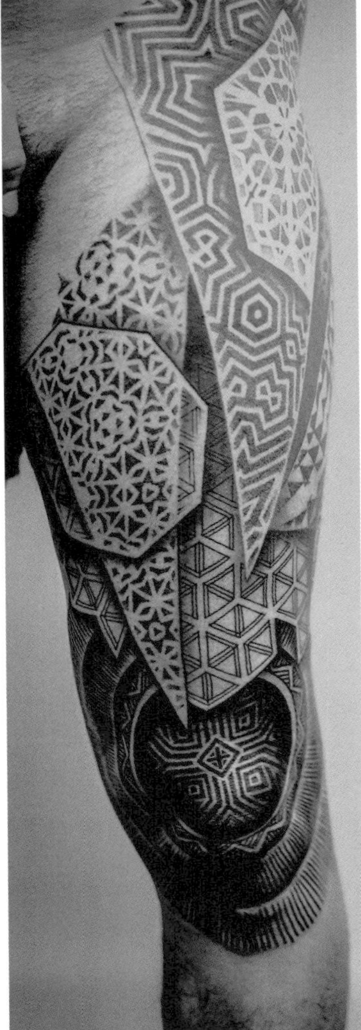

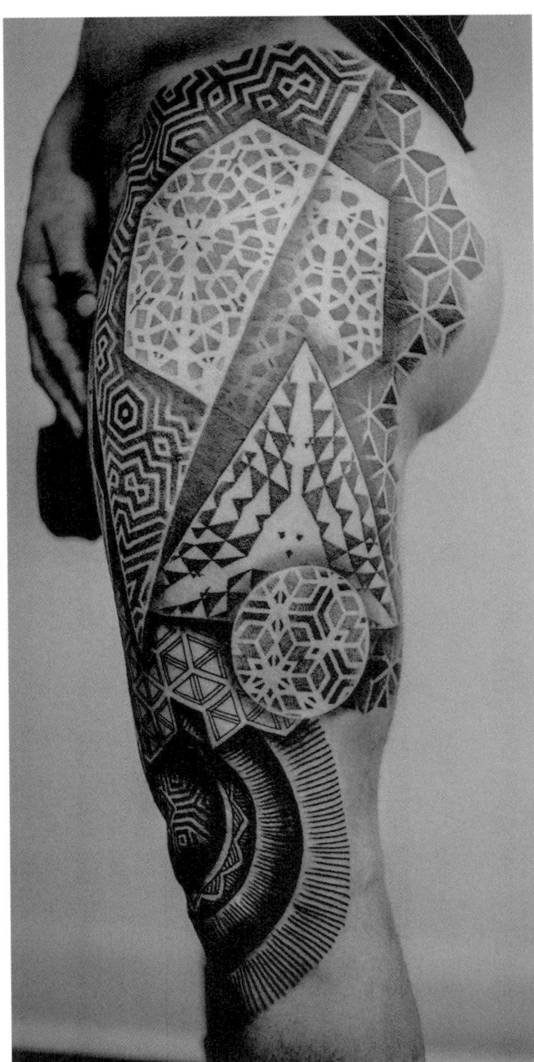

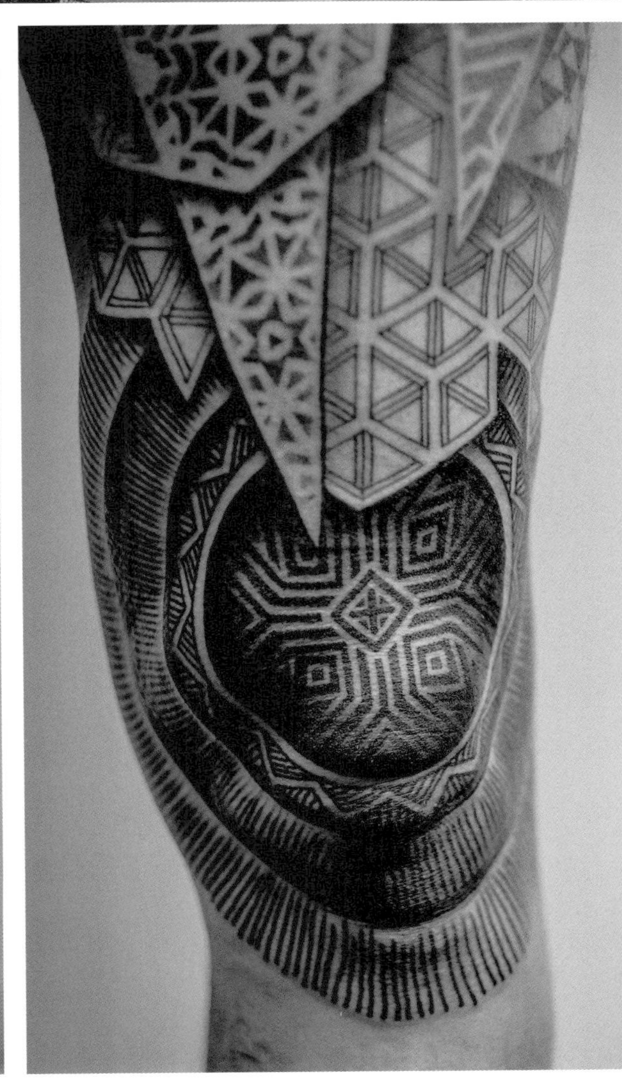

Thomas Hooper

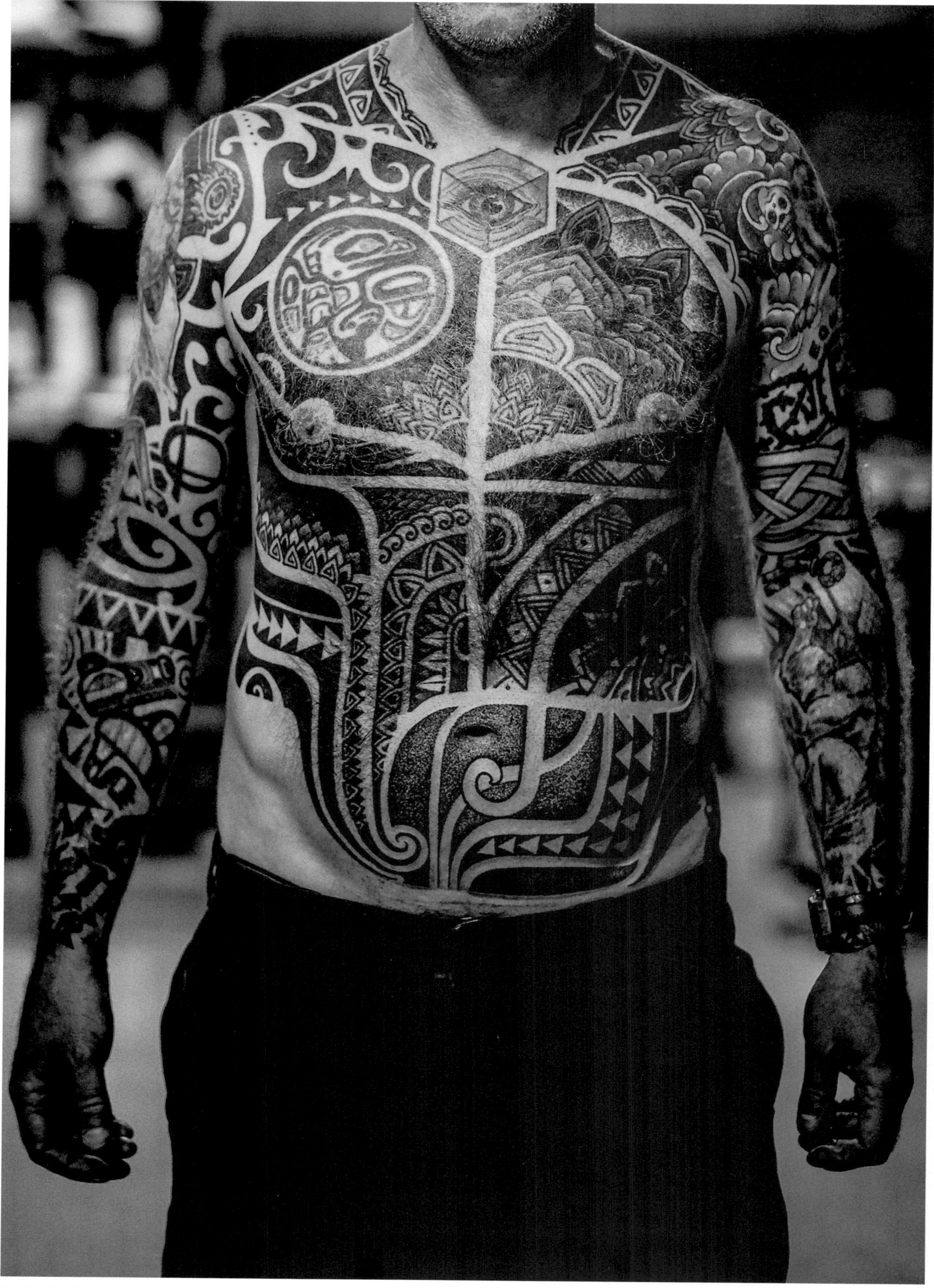

Thomas Hooper

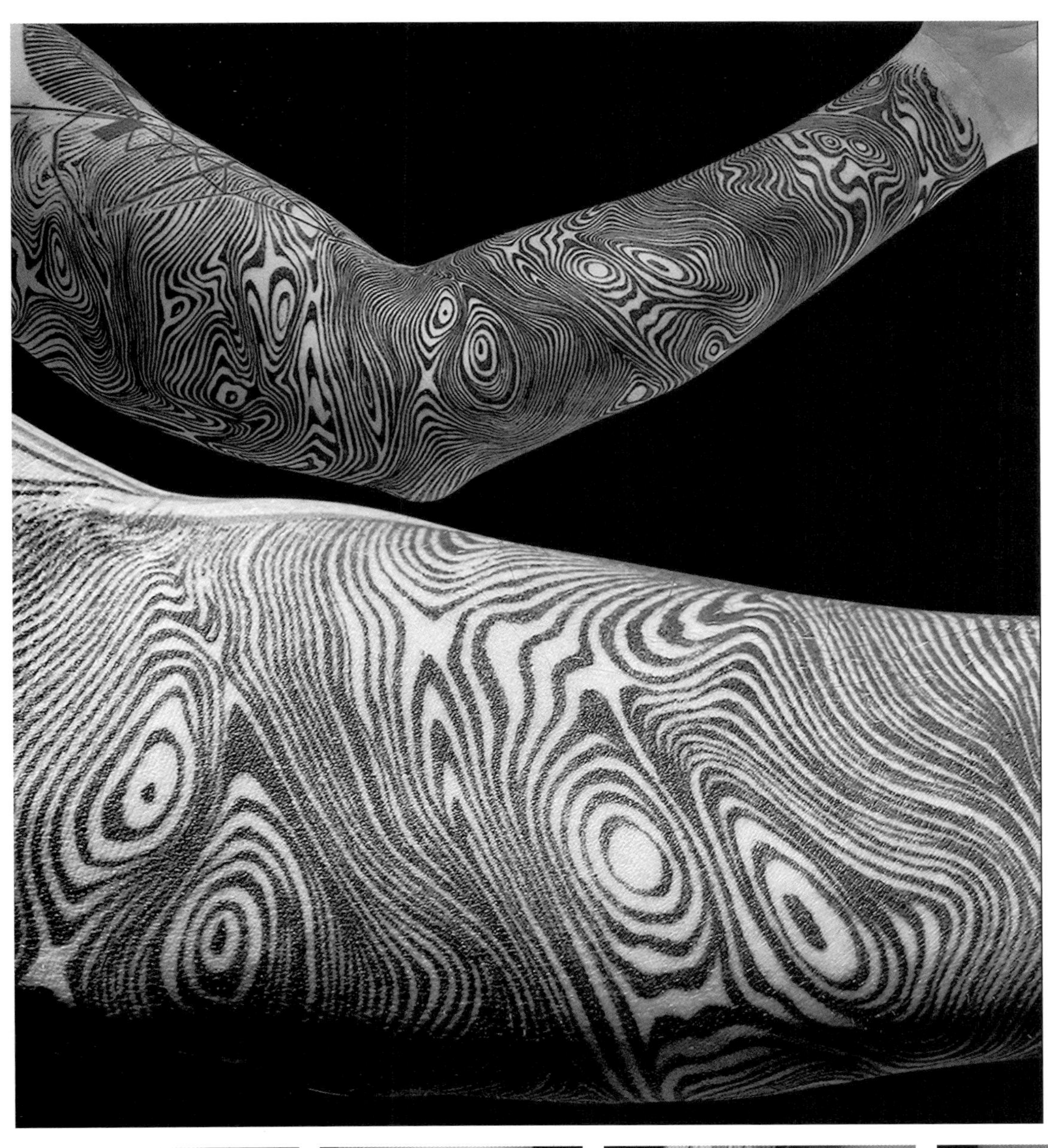

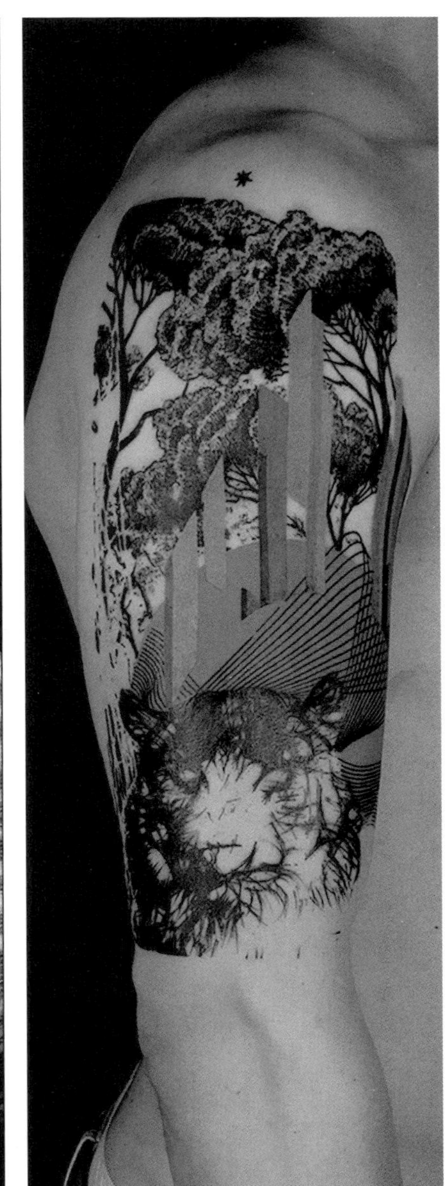

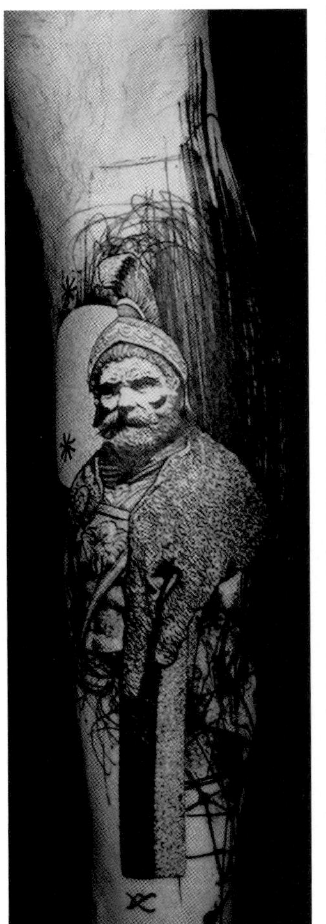

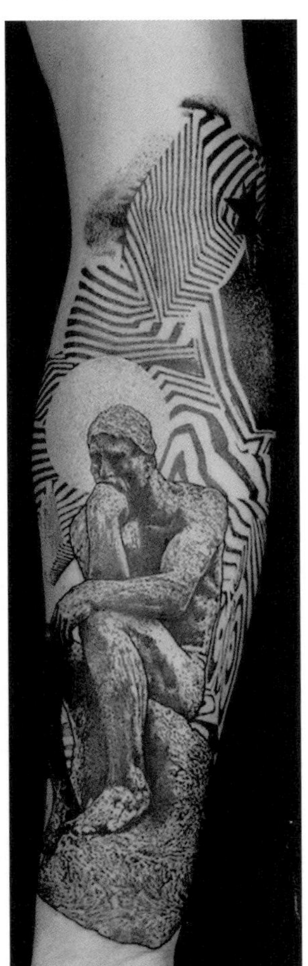

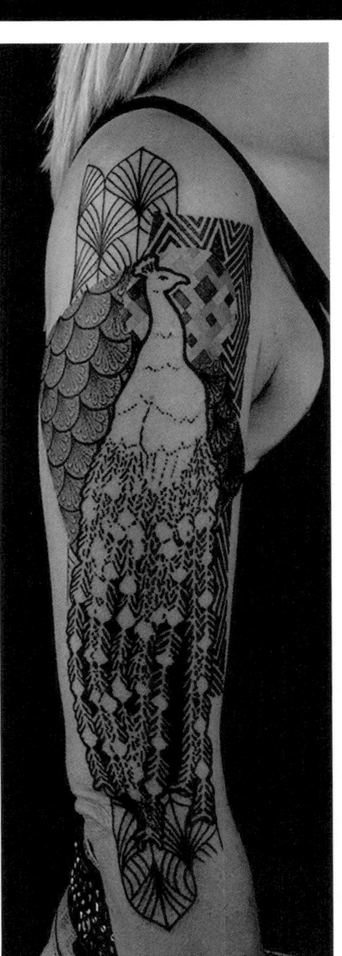

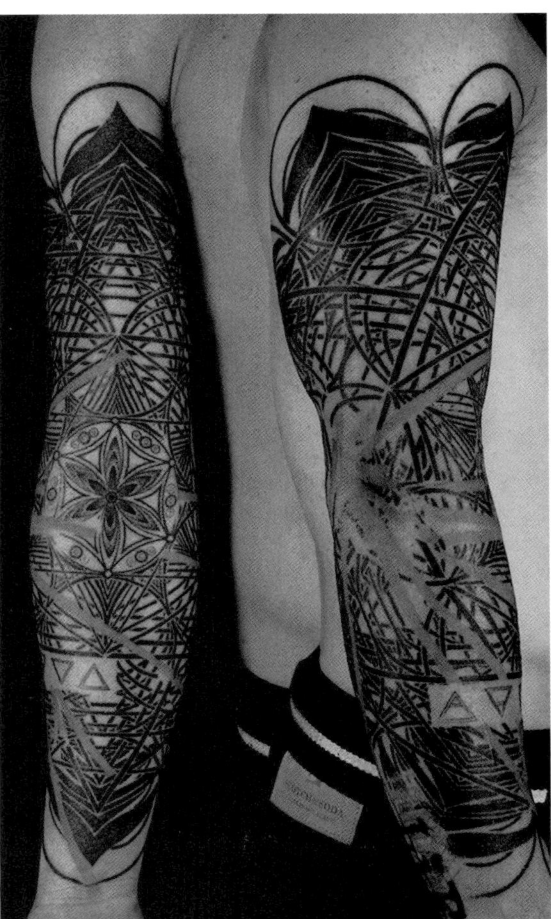

Editor:
Daniel Martino

Diseño y maquetación:
Pablo Fernández

www.revistaartetattoo.com
Instagram: revista_arte_tattoo
Facebook: revistatattoomag

Contacto:
15-6689-2111
artetattoorevista@gmail.com

Impreso en 4 Colores S.A.

ABRIL 2021

Imagen de tapa: Nissaco.
Imagenes de contratapa: Dale Sarok, El Nigro, Guy Le Tatooer y Lewisink.